水利部公益性行业科研专项经费项目(201301034)

黄河下游堤岸稳定性机理研究

赵宇坤　李庆安　赵　宁　成洪凯　著

黄河水利出版社
·郑州·

内 容 提 要

黄河下游堤岸是自明清以来陆续修建的，堤岸稳定关系到黄河平原地区人民生命财产的安全。洪水长期浸泡及水位升降影响边坡的稳定性。本书在总结前人研究成果的基础上，针对目前边坡中存在的一些问题，以黄河下游标准化堤岸为例，对洪水长期浸泡和水位升降情况下的稳定性进行系统分析。通过选取黄河下游标准化堤岸土样，进行不同浸泡时间的室内土工试验，获得了土体被水长期浸泡条件下的力学性能变化机理，并对试验结果进行分析和预测。本文引入非饱和渗流理论，以黄河下游标准化堤岸济南段右岸桩号 28 + 000 为例，分析了水位升降过程中坡体内流速矢量、体积含水量、孔隙水压力等的暂态响应规律，并基于渗流模拟得到孔隙水压力分布，分析了边坡的动态稳定性变化规律，着重研究了水位骤降条件下的堤岸坡体渗流场变化、稳定性变化以及失稳机理。

本书可供从事水电工程设计、科研、施工与管理，以及环境影响评估等工作的技术人员参考使用，也可作为岩土、水利专业本科生、研究生的教学参考用书。

图书在版编目(CIP)数据

黄河下游堤岸稳定性机理研究/赵宇坤等著. —郑州：黄河水利出版社，2014. 12

ISBN 978 - 7 - 5509 - 0900 - 7

Ⅰ. ①黄…　Ⅱ. ①赵…　Ⅲ. ①黄河 - 下游 - 堤岸 - 稳定性 - 理论研究 - 高等职业教育 - 教材　Ⅳ. ①TV882. 1

中国版本图书馆 CIP 数据核字(2014)第 203428 号

组稿编辑：路夷坦　电话：0371 - 66022111　E-mail：hhsllyt@163. com

出 版 社：黄河水利出版社

地址：河南省郑州市顺河路黄委会综合楼 14 层　邮政编码：450003

发行单位：黄河水利出版社

发行部电话：0371 - 66026940、66020550、66028024、66022620(传真)

E-mail：hhslcbs@126. com

承印单位：河南新华印刷集团有限公司

开本：787 mm × 1 092 mm　1/16

印张：10. 5

字数：243 千字　印数：1—1 000

版次：2014 年 12 月第 1 版　印次：2014 年 12 月第 1 次印刷

定价：25. 00 元

序

黄河是我国的第二大河流，也是中华民族的母亲河，它孕育了灿烂的华夏文明。黄河下游河道是举世闻名的“善淤、善决、善徙”的地上悬河，黄河下游堤防是明清以来断续修建，经过多次加高培厚形成的。黄河下游现行河道是1855年在河南兰考铜瓦厢决口，改道北流，夺大清河入海后形成的，全长628 km。黄河下游两岸堤防的安危，不仅关系到黄淮海平原地区人民生命财产安全，而且水退沙存，河渠淤塞，农田沙化，生态环境将长期难以恢复。

赵宇坤博士毕业后一直从事黄河下游堤防安全方面的科研和设计工作。出版的专著《黄河下游堤岸稳定性机理研究》，在总结前人研究成果的基础上，以黄河下游标准化堤防为例，对洪水长期浸泡和水位升降等非稳定流情况下黄河堤岸的稳定性机理进行了系统深入的分析研究。我认为这是本书的特色和与其他堤防相关成果的不同之处。

鉴于水利工程中水位升降及水位骤降诱发边坡失稳机理的复杂性，书中论述的问题尚需要进一步研究。提出问题就是解决问题的一半，希望本书的出版能引起有关专家学者的兴趣，触发相关深入讨论，以利于黄河长久安澜。

特作此序。

刘汉东

2014年5月

序

2014年5月

前　言

本书以洪水长期浸泡及水位升降影响边坡的稳定性为主线展开介绍，采用理论介绍与工程实例演算相结合的形式，全面深入地对洪水长期浸泡及水位升降对边坡的影响和作用机理进行研究，对黄河堤防稳定性研究的通常计算方式方法进行了弥补，实用性强，有利于推广。在讲述山东黄河历史变迁、介绍常用堤防稳定分析方法的同时，着重介绍了现代堤防的非稳定渗流的分析方法，对日常工作中常用的稳定渗流分析所未涉及的层面进行了介绍和分析，并应用工程实例进行阐述和验证，使读者能够深入浅出地掌握非稳定渗流理论以及稳定分析方法。内容包括山东黄河的历史变迁，常用堤防稳定分析方法，洪水浸泡的土性参数试验，洪水浸泡的堤岸稳定分析，洪水升降期的堤岸渗流规律及变形破坏规律，水位变化条件下的堤岸模型试验研究，水位升降条件下的堤岸稳定性分析。本书主要特点如下。

（1）基于实际工程中，土工试验部分只针对黄河堤岸取土土样进行试验，没有考虑洪水浸泡问题的现状，本文提出新的试验方案，即被洪水浸泡不同时间后的堤岸土体强度的土工试验，为堤岸土体的现有试验工况做出补充，该试验结果对黄河大堤的其他堤段的实际工程运用中的类似情况，提供了试验依据和参考。

（2）针对多年黄河下游来水情况，考虑黄河堤岸在被洪水浸泡几十天的情况下的稳定性，建立了洪水长期浸泡后黄河下游标准化堤岸稳定性分析模型，获得了洪水长期浸泡后的堤岸稳定性结果，对现有黄河堤岸稳定性评价体系做出补充，并对黄河下游标准化堤岸在类似工况下的运行安全稳定问题，提供了参考。

（3）鉴于在以往的黄河大堤稳定性分析中，均基于饱和渗流理论进行渗流、稳定分析，与黄河大堤实际临水条件和工程运行状况相差较大，本文基于饱和－非饱和渗流理论，建立了饱和－非饱和渗流有限元模型，对水位升降特别是水位骤降条件下的堤坡暂态响应规律、暂态稳定性进行了系统研究，得到了堤坡在不同水位、不同洪水下降速度情况下的动态稳定性变化规律，并分析了洪水长期浸泡耦合水位骤降条件下的堤坡稳定性。

（4）采用水工模型试验与地质力学模型试验相结合的方法，建立了黄河下游标准化堤岸水工模型，对水位骤降引起的堤岸失稳状态进行了模型试验研究，获得了水位骤降条件下堤岸的稳定状态模型，其特点是在水位骤降的速度和降水水位达到一定条件时，产生滑坡，并具有一定的突变性和连续性，为后续研究提供了参考数据。

（5）获得了堤坡随洪水浸泡时间变化的稳定状态图、洪水水位以不同速度下降至不同水位时的稳定状态图、洪水水位下降组合洪水浸泡条件下的稳定状态图，依据图中两条安全系数曲线划分出稳定状态、临界状态和破坏状态三个区域，并可从图中得到各状态下对应的安全系数和浸泡时间、洪水下降速度以及下降后的洪水水位，可应用于工程实践并加以推广。

本书由赵宇坤、李庆安、赵宁、成洪凯著，其中赵宇坤负责第6、8、9章，李庆安负责第

2 章，赵宁负责第 4、5、7 章，成洪凯负责第 1、3 章。全书由赵宇坤统稿。本书在编写过程中得到了许多同行的帮助和支持，在此一并表示感谢。特别感谢华北水利水电大学刘汉东副校长对本书提出的宝贵意见和建议以及为本书作序！由于编者水平有限，书中难免存在错误与不妥之处，恳请广大读者批评指正。

作　者

2014 年 5 月

目 录

1 引 言

1.1 研究背景

1.1.1 黄河概况

黄河是我国的第二大河，也是中华民族的母亲河，它孕育了灿烂的华夏文明，哺育了千千万万的中华儿女。

黄河发源于青藏高原巴颜喀拉山北麓的约古宗列盆地，流经青海、四川、甘肃、宁夏、内蒙古、陕西、山西、河南、山东 9 个省（区），在山东省垦利县注入渤海。对于黄河，黄河干流全长 5 464 km，流域面积 79.5 万 km^2（包括内流区 4.2 万 km^2），上下游受洪水影响的范围共约 91.5 万 km^2，流域人口 1.1 亿人，占全国人口的 8.7%，耕地 1.97 亿亩。上下游河南、山东沿黄关系密切的地区，总人口 1.89 亿人，耕地面积约 3 亿亩。

黄河根据河道流经地区的自然环境和水文情势，将其作了上、中、下游的划分，见图 1-1。黄河上游长 346 km，从河源至内蒙古自治区托克托（河口镇），河流穿越青藏高原，流经峡谷，其间分布有 20 多个著名的峡谷。这里山高坡陡，落差大，蕴藏着丰富的水力资源。水多沙少、河水较清、流量均匀是该河段的水文特征。黄河流出青铜峡之后，其地势平坦开阔，进入宁夏平原和内蒙古河套平原。这里水渠纵横交错，成为黄河上游最早的农业开发区之一。黄河中游 1 234 km，从内蒙古自治区托克托县的河口镇到河南郑州桃花峪。该段河道的水文特征：由于夏秋季多暴雨，沙源丰富，多水多沙，洪峰流量大，含沙量高，成为世界有名的多沙河流。河道淤积与侵蚀河段交互出现，峡谷与宽谷相间。黄河下游 786 km，从河南郑州桃花峪到山东垦利县，由西向东流经华北平原。河道坡降小，水流平缓。加之河道宽浅散乱，泥沙淤积严重，河床逐渐升高，两岸几乎全靠大堤作为屏障。河道滩面一般高出两岸地面 2 ~ 5 m，有的高达 10 m，是世界上著名的“悬河”。

河南郑州桃花峪以下的黄河河段为黄河下游，河长 786 km，流域面积仅 2.3 万 km^2，占全流域面积的 3%；下游河段总落差 93.6 m，平均比降 0.12‰；区间增加的水量占黄河水量的 3.5%。由于黄河泥沙量大，下游河段长期淤积形成举世闻名的“地上悬河”，黄河约束在大堤内成为海河流域与淮河流域的分水岭。除大汶河由东平湖汇入外，本河段无较大支流汇入。黄河下游位置及河道简图如图 1-2 所示。历史上，下游河段决口泛滥频繁，给中华民族带来了沉重的灾难。下游河段除南岸东平湖至济南间为低山丘陵外，其余全靠堤防挡水，临黄大堤长 1 324 km，堤线总貌前宽后窄，艾山以上堤距 5 ~ 20 km，艾山以下堤距为 0.5 ~ 5 km，造成行洪困难。为达到“上拦下排，两岸分滞”的治黄方针，开辟

注：1 亩 = 1/15 hm^2，全书同。

了北金堤和东平湖两大滞洪区。但因黄河泥沙居世界之冠，多年平均每年进入下游泥沙16亿t，其中3亿～4亿t泥沙淤积在河道内，每年河床升高约0.1 m，形成了日益增高的"地上悬河"。1950～1990年河床淤高2～3 m，滩地一般高出背河地面3～5 m，多的高达10～11 m。而且黄河主流游荡摇摆不定，经常发生"淤槽刷滩""横河""斜河"等现象，造成河水大溜顶冲和顺堤行洪冲刷堤脚，威胁着大堤的安全。黄河下游堤岸很多段是明清以来断续修建，经过多次加高培厚而成的，又因其"常年不临水，临水即高位"的特殊性，所以，对黄河大堤的抗滑稳定需要做出全面的科学的评价，以期对下游黄河大堤的加固和整修提供依据。

1.1.2 近年洪水危害简介

洪水灾害居各种自然灾害之首，而且其发生的频率和严重程度有不断加大的趋势。我国自古以来就是水患大国。按照国内七大江河考虑，约有1/2的人口和70%的资产集中在洪泛区内，一旦洪水破堤泛滥，损失必然严重。例如1991年的江淮洪水就给江苏、安徽两省带来直接经济损失484亿元，已接近长江三峡工程的原预算投资总额，间接损失更是无法计算。1998年长江洪水九江大堤溃堤，造成巨大的损失。1998年长江洪水过后，国家投入巨资加固黄河大堤，为黄河大堤的安稳提供了物质基础。

黄河下游的洪水，主要来自中游三个河段，即河口镇至龙门间（简称河龙间），龙门至三门峡间（简称龙三间），三门峡至花园口间（简称三花间）。这三个区间产生的洪水是构成下游洪水的主体。上述三个不同来源区的洪水，组成花园口站三种不同类型的洪水：

（1）以三门峡以上的河龙间和龙三间来水为主形成的大洪水（称为上大洪水）。如1933年洪水，陕县站实测洪峰流量22 000 m^3/s；1843年大洪水，据调查估算陕县站洪峰流量为36 000 m^3/s。这类洪水具有峰高、量大、含沙量大的特点，对下游防洪威胁严重。

（2）三门峡以下三花间来水为主（称为下大洪水）。如1958年花园口站实测洪峰流量22 300 m^3/s和调查的1761年花园口站32 000 m^3/s洪水。这类洪水的特点是涨势猛、洪峰高、含沙量小、预见期短，对黄河下游防洪威胁最大。

（3）以三门峡以上的龙三间和三门峡以下的三花间共同来水组成的大洪水（称为上下较大洪水）。如1957年及1964年洪水，花园口站流量分别为13 000 m^3/s和9 430 m^3/s。其特点是洪峰较低，但历时较长，对下游堤岸威胁也相当严重。

黄河下游河道是举世闻名的"善淤、善决、善徙"的地上悬河。历史上黄河下游水患灾害频发，从公元前602年至1938年的2 540年中，下游决口泛滥的年份就有543年，共计1 590次，其间的黄河下游河道经历了5次迁徙。历史上洪水波及范围北抵天津，南达江淮，纵横25万km^2，给国家和人民带来了沉重的灾难。洪流所经之处，房屋倒塌，人畜漂没。洪水过后，疾病流行，河道淤塞，良田沙化，土壤盐碱化，对环境造成的破坏性影响，长期难以恢复。

从1911年到1946年的35年间，黄河下游发生10 000 m^3/s以上洪水8次，有7次决口泛滥，灾害严重。其中，1933年陕县站洪峰流量22 000 m^3/s洪水，花园口站洪峰流量为20 400 m^3/s，水大沙多，边涨边淤，水位特高，洪水一出峡谷，从温县、武陟到兰考、长垣，两岸堤岸共决口61处，不少是洪水漫过堤顶决口成灾。淹没冀、鲁、豫、苏四省30县

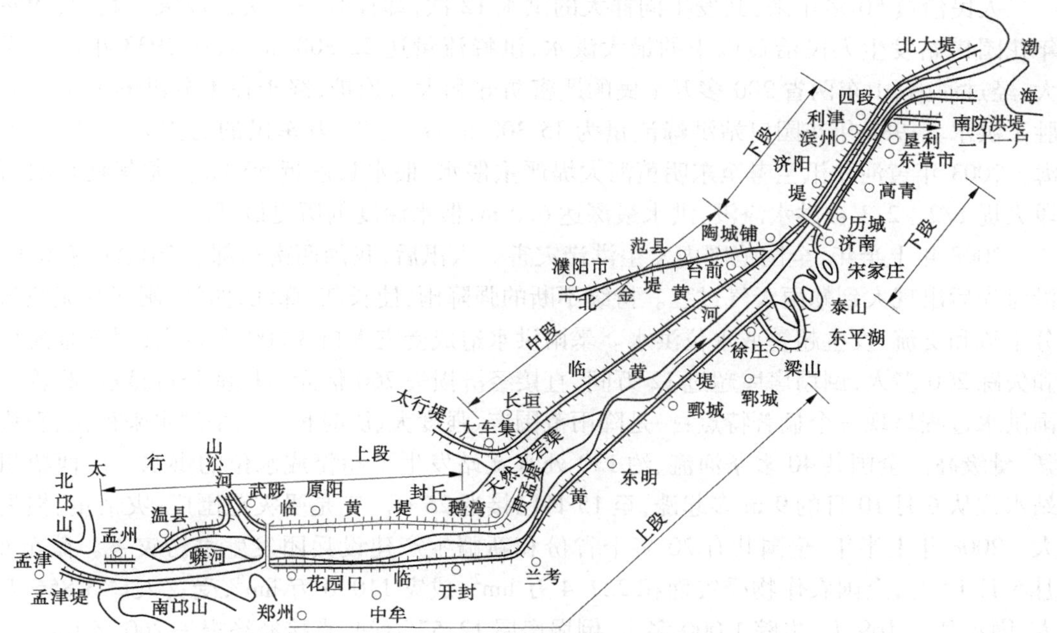

图 1-2　黄河下游位置及河道简图

6 592 km^2,受灾人口 273 万,死亡 12 700 人。1935 年花园站洪峰流量为 14 900 m^3/s,在山东鄄城董庄决口,溃水淹及鲁、苏两省 27 县,受灾人口 341 万,受灾面积 12 215 km^2。由于泥沙淤积,还导致河床宽浅,溜势多变,一旦大溜顶冲大堤,也常发生冲决。几次大洪水引起的黄河下游堤岸及近堤险情情况统计见表 1-1。黄河决口后,如长期不能堵合,即形成河道迁徙改道。

表 1-1　几次大洪水黄河下游堤岸及近堤险情统计表

年份	管涌(个)	渗水(m)	漏洞(个)	滑坡(m)	裂缝(m)	陷坑(个)
1958	4 312	59 960	18	23 879	1 392	228
1976	2 925	10 252	3	75 131	3 778	34
1982	83	3 900	3	355	798	27
1996	8	40 383	0	0	5 280	3

年份	花园口站流量(m^3/s)	假堤		出险次数	出现频率(%)
		长度(m)	水深(m)		
1958	22 300	—	4 ~6	1 998	39.9
1976	9 210	1 080	4 ~5	1 700	34.0
1982	15 300	887	2 ~4	1 136	22.7
1996	7 600	951	2 ~4	170	3.4

人民治黄 50 多年来，共发生同样大的洪水 12 次，却没有一次决口成灾。其中，1958 年花园口站发生人民治黄以来的最大洪水，洪峰流量达 22 300 m^3/s，比 1933 年洪水还大，经过河南、山东两省 200 多万军民的严密防守和大力抢护，终于在不分洪的情况下战胜了洪水。1982 年花园口站洪峰流量为 15 300 m^3/s，经 30 万军民的努力防守，安全入海。2003 年黄河秋汛兰考至东明黄河大堤严重偎水，偎水长度近 50 km。尤其是东明河段大堤 1/2 ~ 2/3 被洪水淹没，洪水最深达 6.0 m，偎水深度创历史最高。

2008 年上半年，全国范围内发生洪涝灾害。入汛后，我国西南东部、华南、江南、浙闽沿海先后出现大到暴雨天气过程。持续不断的强降雨，使长江、珠江、西江、闽江等流域部分干流和支流，发生超警戒水位洪水。暴雨洪水造成受灾人口 3 800 多万人，因灾难死亡和失踪 200 多人，倒塌房屋超过 12 万间，直接经济损失 260 亿元。权威分析显示，此轮暴雨洪水过程呈现三个显著特点：一是降雨范围广、强度大、历时长。二是洪水来得快、涨势猛、量级高。全国共 40 多条河流、约 130 处水文站发生了超警戒水位的洪水。广西梧州站水位从 6 月 10 日的 9 m 多起涨，至 15 日已接近 25 m。三是受灾范围广、灾情重、损失大。2008 年上半年，全国共有 20 多个省份和新疆生产建设兵团发生洪涝灾害。截至 6 月 5 日 12 时，全国农作物受灾面积 227.4 万 hm^2，成灾 110.0 万 hm^2，受灾人口 3 856 万人，因灾死亡 169 人，失踪 1 000 多人，倒塌房屋 12.57 万间，直接经济损失 260 亿元。

洪水无情在于它发生的时间、地点、强度都很难预测。所以，在洪水有可能威胁到的地方，应尽量做好防范工作。黄河堤岸牵系着千千万万的百姓的幸福，其重要程度要求我们做到在各种各样的洪水情况下的预测和保护工作。

在做了大量工作的基础上，本文的预期结果会对黄河下游堤岸的实际工程运用有很好的参照和指导作用。可以预测在高水位洪水长期浸泡黄河下游堤岸后，堤岸的稳定情况；可以预测在洪水水位骤降情况下，黄河下游堤堤岸坝的稳定情况。

1.1.3　水对堤岸边坡稳定性的影响

河道充水后，地下水对边坡岩土体物理力学性质的影响，一方面岩土体饱水软化，由于水的润滑作用，土体颗粒间的摩阻系数及胶结能力降低，边坡潜在滑动面抗剪强度降低，进而降低了坡体的抗滑力；另一方面，当河道运行时，河流水位反复升降，使得坡体内出现循环的渗流作用，地下水渗流对坡体产生溶滤作用，即细小颗粒在地下水的作用下发生运移，坡体出现侵蚀现象，坡体潜在滑动面出现微观或宏观上的孔穴，从而使得潜在滑动面的抗剪强度降低。

浸没于河水中的岩土体受到水的浮托作用，浮托力的大小等于水下计算岩土体的体积和水重度的乘积，一般水下边坡在计算滑体重量时，按其浮重度考虑。浮托力对边坡稳定性有两方面的影响。由于浮托力减小了滑体的有效重量，一方面，它降低了滑面的阻滑力，给边坡的稳定性带来不利的影响，另一方面，滑体重量的减小，使其下滑力减小，有助于边坡的稳定，因而，不能简单地评价浮托力对边坡稳定性的利弊，而应根据具体的工程地质条件和岩土体的力学参数进行综合评判。

1.2 国内外研究现状及存在问题

1.2.1 研究现状

堤岸稳定分析的工况分无水、设防水位，即满水和水位骤变几种情况。无水时，一般稳定安全系数都很高，堤岸失稳现象较少。设防水位期的稳定渗流情况下，安全系数虽不及无水条件下高，但不是最危险情况，基本能满足稳定要求。目前对于堤岸稳定性的分析，均基于规范做常规分析，没有考虑到极端恶劣条件下的堤岸运行情况。

受黄河下游河道调蓄能力影响，黄河下游河道是一个相当大的自然滞洪区，对洪水有显著的滞洪削峰作用，尤其对小花间发生的较大洪水，因峰型较瘦，其滞洪削峰作用更为显著。大洪水对堤岸的浸泡作用应予以重视。洪水时期，正常水位以上土体受洪水浸泡作用，堤岸土质软化，其土体强度明显下降，同时由于堤内浸润线抬升而使渗透力增大，这些因素都增加了堤岸的不稳定性，甚至可能带来安全隐患。文献[5]~[9]对水浸泡后土的强度指标的变化和由此引发的边坡稳定问题作了研究，认为土质边坡受到高水位的洪水浸泡会导致强度指标 c 降低。

王思敬等通过对比板岩泥化夹层浸水前后抗剪强度曲线发现，$\tan\varphi$ 值下降达 15% ~ 20%，黏聚力 c 值下降 35% ~75%。

廖红建，韩波等通过试验研究了浸水使土体强度降低的程度，结果表明，浸水后土堤的黏聚力 c 降低可达 55%，而对内摩擦角 φ 几乎没有影响。

琼斯(Jones)等调查了 Roosevelt 湖附近地区 1941 ~ 1953 年发生的一些滑坡，结果发现，有 49% 发生在 1941 ~ 1942 年的蓄水初期，30% 发生在水位骤降 10 ~ 20 m 的情况下，其余为发生在其他时间的小型滑坡。在日本，大约 60% 的水库滑坡发生在库水位骤降时期，其余 40% 发生在水位上升时期，包括初期蓄水。瓦依昂水库滑坡事件是滑坡研究史上的重要里程碑。该水库在 1960 年初次蓄水至 652 m 高程时其边坡上出现一个小崩塌，同时在上部平台上发生裂缝。于是通过降低水位，对滑坡的稳定性进行调查。1963 年第二次蓄水时，从正常水位下降之后，2.4 亿 m^3 的滑坡体突然滑入水库，溢出的水流袭击了与 Piave 河汇合处的 Longarone 镇，造成灾难性的后果。

一般而言，自然边坡经过长期的地质作用，在自然营力的作用下，绝大多数已经趋于稳定，但在河流高水位运行后，由于河流水位的升高，边坡的水文地质条件发生了很大的改变，其岩土物理力学性质出现恶化，表现为岩土体的抗剪强度降低，浮托力增大，原处于极限平衡状态或接近极限平衡状态的岸坡往往发生失稳破坏。特别是在水位骤降时，由于岩土体排水不畅，岸坡中的地下水形成了滞后的渗透力，使得坡体的下滑力急剧增加，促使滑坡产生，其变形破坏具有突发性。由此可见，在对堤岸边坡进行稳定性分析时，应考虑水位骤降的影响。文献[15]-[22]对水位骤降的水库岸坡稳定情况作了分析和研究。

Neuman 采用 Galerkin 加权残值法(即 Galerkin 有限元法)求解二维饱和-非饱和渗流，利用有限元方法对工程边坡的渗流自由面进行研究。

王钊对此也有研究,认为渗流自由面下降过程中的最高点位置确定后,就可以根据巴普罗夫斯基的分段法计算渗出点的高度和自由面的位置。

彭良泉和王钊认为,在库水位降落的情况下,边坡失稳的主要原因是由于内部超孔隙水压力增加、土体有效应力(或抗剪强度)降低的结果。

而刘新喜等认为,滑坡的渗透系数和库水位下降速度是影响滑坡稳定性的主要因素。

Morgenstern 在不考虑孔压消散的假定基础上,利用极限平衡法探讨了库水位变化对均质边坡安全系数的影响。分析表明:边坡安全系数随着库水位的上升而增大。

Griffiths 和 Lane 基于自己开发的有限元软件,利用强度折减法分析了水位变化对边坡安全系数的影响,结果表明:边坡安全系数随着库水位的增加呈现先变小后变大的趋势。在不考虑水土软化情况下探讨了库水位变化对边坡安全系数的影响,结果显示水位下降导致边坡安全系数降低的最大幅度约为7%。但 Griffiths 和 Lane 仅探讨了坡体内浸润线与库水位等高情况下的水位变化与安全系数的关系,没有探讨库水位变化快慢对边坡安全系数的影响。

国内学者对库水位变化对库岸边坡稳定性影响的问题做了大量的相关研究,主要探讨了库水位变化时坡体内浸润线的确定,降雨条件或降雨量对边坡坡体位移及稳定性的影响,水土软化作用对边坡安全系数的影响等。

1.2.2 存在问题

从前述的研究现状可以看出,国内外学者在边坡稳定的理论研究和实践方面已做了许多研究,取得了可喜的进展,但其大多是研究水库库岸边坡。而水库库岸边坡,多为高陡边坡或岩石与土混合坡体,而非黄河堤岸的人工填土土坡。由于黄河下游堤岸、黄河标准化堤岸的地质条件的特殊性,水文条件的特殊性,使得目前的研究还存在以下的问题:

(1)洪水长期浸泡对黄河下游堤岸土体强度的削弱,并未考虑。

(2)传统的饱和渗流理论无法正确描述水位升降过程中岸坡内孔压的动态变化及其对堤岸边坡稳定性的影响规律。

1.3 本文研究内容及研究方法

本文在总结前人研究成果的基础上,针对目前黄河下游标准化堤岸边坡中存在的一些问题,不再考虑现行堤岸设计和管理工作中考虑的正常水位和设计水平年水位的稳定渗流期工况,而着重研究洪水滞留及洪水长期浸泡、水位升降(包括水位骤降)情况下的堤岸稳定问题,以期对黄河下游堤岸的稳定做出补充评价。

1.3.1 洪水浸泡下的堤岸土体强度试验研究

根据大量的黄河下游堤岸勘测资料,选取黄河下游标准化堤岸土样,结合《土工试验规程》(SL 237—1999),对土样进行不同浸泡时间后的室内试验,并对试验结果进行分析和预测,对堤岸土体现有试验工况做出补充。

1.3.2 洪水浸泡下的堤岸稳定性分析

根据上面的试验数据，对洪水浸泡下的堤岸的稳定性进行分析及预测，分析洪水浸泡时间对堤岸稳定性的影响，对现有堤岸稳定性评价准则做补充评价。

1.3.3 堤岸边坡饱和－非饱和渗流模拟及动态稳定性分析

堤岸边坡因受到洪水升降而影响其稳定性，传统的饱和渗流理论无法正确描述水位升降过程中边坡内孔压场的动态变化及其对边坡稳定性的影响规律。本文引入非饱和土的渗流和抗剪强度理论，以黄河下游标准化堤岸济南段右岸桩号 28＋000 为例，分析了水位升降过程中坡体内流速矢量、体积含水量、孔隙水压力等的暂态响应规律；并基于渗流模拟得到堤岸坡体浸润线，分析了边坡的动态稳定性变化规律。

1.3.4 堤岸水工模型试验研究洪水骤降条件下的堤岸稳定性

通过水工模型试验，定性研究洪水骤降条件下的堤岸稳定情况，分析试验结果，并与数值分析结果相比较。

本书以山东黄河河道堤防为研究对象，对山东黄河河道的历史变迁、河工变化情况进行介绍，重点对洪水长期浸泡及水位升降情况对河道堤岸稳定性影响及影响机理进行研究。

2 黄河下游山东段的历史变迁

黄河下游现行河道是1855年在河南兰考铜瓦厢决口，改道北流，夺大清河入海后形成的，全长628 km。山东段黄河自菏泽地区东明县进入山东省，至东营流入渤海，陶城铺以下河道长424 km，其中：陶城铺至渔洼河段长349 km，渔洼至入海口河段长75 km。

陶城铺以下河道的河道整治实践阶段划分为三个阶段：

(1)1855年至1949年9月(新中国成立前)阶段。该阶段陶城铺至渔洼河段的河道整治无统一规划，只修险工护堤，没有修建控导工程护滩，不能控制主流；河口河段无河道整治工程，入海流路是任其自然改道形成。

(2) 1949年9月至1985年年底阶段。该阶段陶城铺至渔洼河段是险工加高加固和修建大量的控导工程的集中整治时期；河口河段是人工干预安排入海流路时期。

(3)1985年底至2009年阶段。该阶段陶城铺至渔洼河段是河道整治工程完善及加高加固时期；河口河段是按规划对清水沟流路河道整治工程的集中整治时期。

2.1 1855年至1949年9月(新中国成立前)阶段

2.1.1 陶城铺至渔洼河段

2.1.1.1 河势变化

黄河陶城铺以下河道是1855年黄河在河南省铜瓦厢决口改道北行，在章丘横穿运河夺大清河故道而成的。大清河本是济水故道，上源为汶河，它是一条窄深弯曲的地下河。黄河夺大清河后，黄河河道形成大体经历了以下三个阶段。

第一阶段是1855～1862年，因为黄河来水多，大清河河道断面小，不能全部容纳黄河来水，致使黄河水漫溢两岸，处处成灾，多处发生自然裁弯。由于黄河水泛滥成灾，两岸居民为了保护自己的生命财产，先后都修起了民埝，随着流势的摆动变迁，民埝也相应改变路线。以后漫水逐渐集中，民埝由小到大，最后有部分民埝发展成为大堤。

第二阶段是1862～1875年，大清河逐渐被黄河来水冲宽刷深，过流能力增加，河道发展为崖高水深的地下河，由于河槽能容纳黄河水流，两岸堤埝无甚发展。

第三阶段是1875～1884年，大清河由冲刷转向淤积，随着河槽逐渐淤高，由窄深的地下河逐渐向地上河转变，河势发生游荡，洪水灾害加重，出现年年决口的局面。河床迅速淤积的原因有三点：①1875～1877年，陶城铺以上河道建成两岸大堤束水，下泄沙量增大，加重沿程淤积；②河口流路不畅，河口铁门关以下节节生淤，造成溯源淤积；③频繁决口，造成决口口门下游局部河段淤积。1882年历城桃园决口后，官府迫切感到需要修筑陶城铺以下河道的堤防，并于1883年开始修筑，1884年5月新筑两岸堤防竣工(1886年8月又增培黄河两岸遥堤工程及两岸民埝)。

随着河槽逐渐淤高，河势还会发生游荡，并常出现突然的河势变化，1892 年齐东县城三面临水而塌入河里，被迫迁往九户镇；刘家圈由位于黄河以南变成位于黄河以北；孙家圈也由河南变为河北。1900 年滨县张肖堂决口合龙后，形成南北两股河（北股走大清河故道岸边的旧蒲台城现今滨州市之间），1903 年北股因河势突变发生滚河而淤废，南股走独股河，大体即现今流路。

1855 年黄河夺大清河故道入海至 1949 年 9 月，陶城铺以下河道经历了先冲后淤，由地下河变为地上河的过程。因为流量激增，要求流路较前和缓平顺，许多河湾被裁直，河道长度缩短，曲折系数减小，有些老险工脱河又出新险，局部河段横向摆动。该段河道平面形态的特点：一是河型弯曲；二是宽窄相间，形成三宽两窄，陶城铺至北店子、胡家岸至利津城、王家庄险工以下等三段河道相对较宽。北店子至胡家岸（特别是泺口以上）、利津城至王家庄等两段为"窄胡同"河道，堤距最窄处曹家圈为 465 m，利津站为 612 m；三是自上而下有数处自然或人工形成的节点（卡口），对河势弯变的传递，起到了一定的控制作用，例如，位山 25#坝和解山间、旧城险工 35#坝与铁相胶泥嘴、井圈 13#坝和外山、平阴大桥处、曹家圈与王庄、胡家岸与沟阳家、宫家与麻湾等处；四是陶城铺至北店子河段，左岸大堤险工毗连，右岸为长平山区，虽无堤防，但有黄庄、解山、姜沟山、外山、龙桥、田山、望口山、刘山头等 8 座山头突入河中，具有控导流势能力；五是这段河道自 1855 年至 1949 年 9 月间两岸共有险工 117 处，这是由于工程约束水流并限制了河湾的发展。自 1890 年至 1949 年 9 月河势主要变化表现为：①由于自然裁弯取直，原来的河湾逐渐变顺；②河势变化主要为溜势上提下延，基本上是下延，河湾总的发展趋势为弯顶逐渐下移，至近河口又上提呈周期性变化；③北股河南移，主要是张肖堂至宫家河段，河势变化较大之处多出现在一岸有工程控制而另一岸无工程控制，或者堤距相对较宽的河段内；④窄河段河势无大变化，主槽的变化基本上仍保持着现在的河道弯曲外形。

2.1.1.2 河道整治

山东黄河河道由 1855 年黄河在河南省铜瓦厢决口改道夺大清河故道而成，居民为了防御洪水修埝，以后就埝筑堤，形成上宽下窄的河道，陶城铺至渔洼河段为窄河段属弯曲型河道。

自铜瓦厢决口至 1911 年辛亥革命，现河道在晚清时期历时 56 年。这段时间，正值清政府政治腐败，财力支绌，内忧外患频繁，封建统治摇摇欲堕，根本无力顾及黄河治理。河防失修，决溢频繁，河患非常严重。当时虽也有人对黄河提出过治理的办法和建议，但限于社会与科学技术的种种原因，终难实施，除筑堤、抢险、堵口外，并未进行河道整治。清代修防工程，以堤工为主，当时守堤只靠险工埽坝，对控导主流，虽也感觉到护滩保堤的重要性，但并未能付诸实施。

从 1911 年辛亥革命建立的民国前期，由于没有统一的治黄机构，黄河下游归各省治理，各自为政，陶城铺以下河段的河防工程失修，河患深重。1933 年黄河发生大水之后，国民政府黄河水利委员会成立，黄河由分省治理走向统一，对黄河治理进行过多次考察，提出过一些治理的规划、方案。同时，由于西方水利新技术的引进，使治河技术发生了一定的变化。当时，西方治理专家受中国政府的聘请、委托，对黄河进行了考察研究，19 世纪末期德国萨克逊大学教授、著名河工模型试验专家恩格斯，于 1920 ~ 1934 年，先后三次进行黄河下游治理的模型试验，提出："固定中水位河槽"的治河方策。恩格斯的学生、德国汉诺夫大学教授方修斯在1928年应聘来中国，他提出："整理洪水河床，乃治黄河之第一步，应筑成与溜势适合较窄之新堤以束水，利用普通洪水冲刷河底，使洪位降低，特别大水漫入新旧两堤之间，使之淤高。"其基本思想是要造成一种便于通过一般洪水的河槽，即恩格斯所说的中水位河槽。我国近代著名水利学者李仪祉在任黄河水利委员会委员长期间，对下游河槽的整治，主张按照恩格斯的办法，即："固定中常水位河槽，依各段中常水位之流量，规定河槽断面，并以修正主河线，设施工程，以求河槽冲深，滩地淤高。"上述中外治河专家学者提出的建议和主张，在半封建半殖民地的旧中国并未能实施。民国期间，防御大堤溃决，仍只是修守险工埽坝，对于运用护滩工程（即控导工程，下同）固定中水河槽，控导主流，也未能施行。

2.1.1.3 河工变化

1. 险工

在经常靠水的堤段，为了防御水流冲刷堤身，依托大堤修建的防护工程，即称险工。险工是黄河堤防的一部分。

1855年黄河在铜瓦厢决口改行现河道，陶城铺以下河段的险工是随着新河道形成、筑堤后而修建的。新中国成立前，历代治河修建险工无统一规划，单纯为了保护局部堤段的安全，在紧急抢修情况下顺堤线平面外形修建，或在堵口合龙后筑坝形成险工，工程强度低。由于河道缺乏统一的治理规划，多数险工是在紧急情况下抢修而成，工程布局不合理，控导河势能力差，常因溜势改变造成老险工脱河，猝生新险。

险工由坝、垛（短坝）与护岸组成。坝身较长，突入河中迎挑水流的叫坝，或称丁坝。坝的作用是挑溜外移，掩护其下游大堤不受水流冲刷。坝身较短，不挑溜外移堤岸的叫垛，垛的作用是迎托水流，消减水势，防御水流冲刷堤岸。直接修在堤坡上，用以防御正溜、回溜冲刷堤坡和防护风浪的叫护岸。坝、垛、护岸三者是相辅相成的。陶城铺以下河道狭窄，水流横向摆动不大，多数坝岸是临堤下埽，以短坝为主，坝长与挡距之比，一般为1:1～1:2，护岸为辅。坝多修在堤线内曲处，例如邹平段的梯子坝险工，坝长1 632 m，或险工下首挑溜外移之处，以迎托水流，不使水流靠近堤岸。

新中国成立前，修建险工缺乏总体设计，多是根据当时河势溜向变化的需要，分期、分段、分组布置坝岸。一般3～5道坝为一组，每组坝中有主坝和次坝，长短不齐。主坝突出顶冲大溜，重点修守，掩护次坝（或护岸）。各个坝组因修建时机先后不同，上下段配合衔接不好，坝头凹凸不顺。有些险工在大弯里又形成几个不规顺的小弯，这种布置形式是靠少数主坝挑溜，导流功能差，不能很好地控制河势，出溜方向不稳；且多数次坝疏于修守，强度低，基础差，往往因河势突变，着溜冲刷出现大险，造成防守被动。

陶城铺以下河段，原为大清河故道，铜瓦厢决口后经历冲宽、刷深、淤积，由地下河变为地上河，1884年两岸筑堤完成后相继修建险工，但由于当时地方官府群众注重修守民埝，虽建成官堤，但相当一部分险工仍建于民埝上。东阿、齐河河段受南岸平阴、长清山麓和北堤的约束，限制了河道发展；北店子至泺口、宫家至王庄两段窄河道，两岸对峙，河势变动余地较小，所建险工多是依堤修建，多为短坝与护岸工程。新中国成立前，陶城铺以下河段最早在1857年建有白龙湾险工；1890年以前先后修建了杨庄、簸箕李、梯子坝、路家庄、河套圈、大王庙、南坦、于庄、程官庄、葛家店、阴河、韩刘、官庄、谯庄、王庄、赵庄、泺口、傅家庄等险工。以后由于河势变化,老险工脱河成为平工,平工着溜添筑新险工,截至1938年陶城铺以下河段共有险工120处。1938年6月至1947年3月,花园口决口后黄河夺淮入黄海,山东黄河断流9年,堤防和险工遭受严重破坏。从1946年起,冀鲁豫和渤海解放区人民,为了粉碎国民党堵复花园口引黄归故水淹解放区的阴谋,在极端困难的条件下,开始修复残破的堤防和险工。自1946年至1949年经过整修和抢修的险工,截至1949年,陶城铺至渔洼河段共有险工117处。

新中国成立前修建的险工多以埽工为主。埽工是以薪柴(秸、柳、苇等)土为主体,以桩绳为联系的一种水工建筑物,其结构、材料、施工方法不断改进完善。清代以前,作埽的材料主要用柳,1687年以后因柳少就以芦苇代替,1724年开始改用秸料作埽,直到新中国成立前,作埽都以秸料为主,并以柳石护根。秸埽在河势发生突变、大溜冲刷堤岸时用于紧急抢险效果显著,其缺点是体轻易浮、容易腐朽,不适用于永久性工程。秸埽因坡度陡立,往往因大溜冲刷、埽体墩蛰造成巨险。1821年前后开始在埽前散抛碎石护根,此后逐渐推行这一办法。1835年开始发展砖工,代替抛石护埽。1888年提出筑石坝以代秸埽,抛石护基,并用水泥涂灌坝身砖面石缝。1890年泺口险工修成石坝。1904年开始把部分险工改筑为石坝,并在宫家、三合庄、彩庄设官窑烧砖,把宫家、王庄等险工修成砖坝。

2. 控导(护滩)工程

新中国成立前限于社会、经济与科学技术的种种原因,未修建控导工程。

2.1.2 河口河段

2.1.2.1 河势变化

渔洼以下河段是河口河段,该河段控制工程很少,河势受河口影响变化较大。黄河河口属弱潮汐、多泥沙、陆相强烈堆积性河口,在河口三角洲上的河道,因受来水来沙及河道淤积延伸的影响,河道进行自然调整,以求输沙相对平衡,经常发生摆动改道。黄河自1855年夺大清河流入渤海,开始是以垦利县宁海为顶点形成河口三角洲,由于河口三角洲不断向海淤积延伸,河口三角洲顶点也随之下延,1947年后由于人工的控制,河口三角洲顶点下移到垦利县渔洼。从1855年至1949年9月,因人为或自然因素在宁海为顶点的三角洲扇面上决口、分汊、改道频繁。据历史文献记载和调查统计,决口改道达50余次,其中导致尾闾流路变迁6次,各条流路行水情况如下:

(1)第一条流路。1855年6月,黄河沿宁海、十六户、薄家庄、台子庄、韩家垣在铁门关以北,肖神庙以下之二河盖牡蛎嘴入海。历时34年,实际行水19年(其余时间系因上游决口改道而干河,下同)。

(2)第二条流路。1889年3月,韩家垣漫溢决口,溃水在老鸹岭附近分汊后,又在付家窝附近合股归一,经四段及杨家嘴至毛丝坨以下(今建林东)入海,历时8年,实际行水5年10个月。

(3)第三条流路。1897年5月,北岭、西滩两地漫决。不久,西滩口门渐被淤塞,大溜全注北岭,溃水由薄家庄南向东流,过集贤村转向东南,经左家庄、永安镇、老十五村由丝网口(今宋家坨子)以下团坨子以北入海,历时7年,实际行水5年又9个月。

(4)第四条流路。1904年6月,薄家庄决口,黄河经青边岭、虎滩嘴、流口、薄家屋子、义和庄入徒骇河下游绛河故道,在太平镇以北老鸹嘴入海。13年后此道淤塞,又在太平镇改行东北经大洋铺、中和堂在车子沟入海;另由虎滩嘴东南、陈家屋子北分出岔河从面条沟(今挑河)入海。1925年又在虎滩嘴分岔向西北出沾化入无棣由套儿河入海。此次北流入海历时22年,实际行水17年又9个月。

(5)第五条流路。1926年6月,八里庄以北(吕家洼)决口,向东北经丰国镇(今汀河)沿铁门关故道及沙子头(刁口河)入海,历时3年。

(6)第六条流路。1929年8月,纪家庄盗掘大堤成口东泄,黄河经义和村、东张、西双河、民丰、一村等地,最初由南旺河(今支脉沟)入海,在7~8个月后又在乱井子以南改行东南,至民丰以北入第3次行水故道;一年后又在永安镇以南改向,经下镇由宋春荣沟入海;行水2年后,复在永安镇西南改向青坨子入海。历时5年,实际行水3年又4个月。

(7)第七条流路。1934年8月,合龙处(今涯东村)决口,溃水向东漫流,先由丝坨以北老神仙沟入海;后又形成神仙沟、甜水沟、宋春荣沟三路入海形势。1938年6月,河南省郑州花园口决口,黄河改道从淮河流入黄河,山东河竭。1947年3月,花园口口门堵复,黄河重归山东仍循甜水沟(过水约七成)、神仙沟(过水约二成)、宋春荣沟(过水近一成)分流入渤海。至1953年历时19年,实际行水9年又2个月。

1855年到1889年的34年中,铜瓦厢以下河道开始由于缺乏堤防约束,流路任意变迁,泥沙绝大部分淤积在两岸广大平原上,随着堤防的修筑,泥沙淤积逐步下移,河道的挟沙能力在堆积过程中自上而下地逐步提高,河道逐渐塑造成和来水来沙能够互相适应的纵剖面。此后,泥沙输送至河口的数量逐年增多,黄河口已进入淤积延伸、侵蚀基准面相对升高起主导作用的第二阶段。1889年3月韩家垣漫溢决口,河流东移,由毛丝坨入海,黄河口自此发生改道后,河口演变的规律出现了性质上的变化,尾闾处于周期性淤积延伸摆动改道的发展过程,这是由于黄河来沙量过大,海洋动力相对弱,入海泥沙大部分不能外输而决定的。

黄河河口经过改道初期的游荡摆动及归股、单一、弯曲阶段后,随着河口淤积延伸,水位升高,产生出汊摆动,经过若干小时段的小三角洲变迁,从而使流路充分发育成熟以至衰亡,最终发展到出汊点位于三角洲扇面轴点附近的改道,向新流路演进。河道改走新流路后,一般改道点以上河段发生溯源冲刷,此种演变过程通常称为小循环。

从1855年至1949年9月河口较大的摆动改道共有6次,各条流路在三角洲范围内表现互不重复的循环演变形式。改道行河的次序是先行三角洲的东北方向(第一条流路),次行三角洲东或东南方向(第二、三条流路),然后再行三角洲的北部(第四条流路),完成这样一次演变过程需时约半个世纪。随后河道又向东摆动改行北偏东方向(第五条流路),次行三角洲东南部(第六条流路),再行三角洲东北部(第七条流路)。河口流路变迁有以下特点:

(1)淤积延伸摆动改道是黄河口自然演变的基本形式。泥沙在河口堆积后,相应改变河流侵蚀基准面高程,导致河床比降变缓,水位升高。达到一定程度后,近口流路势必自寻最小阻力捷径入海,孕育一次尾闾改道。在水沙条件没有重大变化的情况下,一条流路的自然演变周期大体为10年左右。

(2)每条流路行水期间，平面河型演变过程为：改道初期游荡散乱→归股→单一→弯曲→出汊摆动→出汊点上移→再改道散乱。以上发育过程完成后，构成一次“小循环”。几次不同入海流路的“小循环”在三角洲面上从中部开始，先南后北横扫一遍后，构成一次“大循环”，三角洲岸线则普遍向海推进一次，导致河口水位进一步上升。

(3)每次尾闾变迁对下游河道的冲淤变化都产生直接影响。一般表现为初期流路缩短，比降变陡，改道点以上发生溯源冲刷，上界可抵达刘家园或泺口，距改道点 200 km 左右。维持几年的低水位状态后，又开始溯源堆积或沿程堆积，河床高程上升，同流量水位再度升高。

2.1.2.2 河道整治

1855 年黄河在铜瓦厢决口由山东利津流入渤海，初时河口淤积尚不足为患，1884 年前后，河口淤积日趋严重，曾提出截支强干、裁弯取直、筑堤入海、河口浚淤等建议。筑堤入海的办法，因筑堤于漫水之中无从下手，而未实施。河口浚淤的办法，先后在 1884 年和 1887 年试办，都未取得成效，其他建议均未实行，对于展宽河身、迁民让地、筑堤束水、攻沙入海等争议也是持久未决。因此，清末时黄河口仅以低矮短小的民埝御水，漫溢溃决几乎每年发生。一旦决溢，常以地广人稀为理由，任其自寻流路入海，发生自然改道三次。1899 年 2 月，比利时籍工程师卢法尔对盐窝以下尾闾考察研究后提出：可借鉴美国密西西比河等海口，因拦门沙阻碍行船，堵塞严重，用大石填海，筑造海塘，高出大潮水面，两塘相距九十丈，塘成之日，海口竟深至两丈的成功经验。也有人提出过一些治理河口的见解，但限于技术、经费等制约，很少付诸实施。

民国时期，专家学者们从近代水利科学观点出发，提出上中下游全面治理的方略，进而达到治理河口的意见。他们主张引进西方治河技术，重视基础资料积累，对黄河口进行统筹规划，并做过一些准备工程。1918 年和 1933 年曾两次进行河口地形测量。1934 年黄河水利委员会派员查勘河口，测得河口泥沙的沉淀半径为 15 km，面积为 1 000 km^2。

清代及民国期间，对黄河口的治理虽然提出不少主张，做了一些调查研究和工程，但限于当时的历史和经济条件，治理成效甚少，黄河口依然决溢、变迁、改道频繁。

2.1.2.3 河工变化

新中国成立前，河口河段没有修建险工和控导工程。但在 1884 年曾经用船只拖带铁篦子混江龙等器具，上下疏刷，最后由于笨重难行，未能见效。在 1887 年又购买法国挖泥机器船两只，在利津太平湾试验，仅能吸水不能挖泥，把船退还。1936 年在河口进行裁弯取直工程，从乱井子至寿光围子之间河段进行人工裁弯，并修挑水坝两座。

2.2 1949 年 9 月至 1985 年年底阶段

2.2.1 陶城铺至渔洼河段

2.2.1.1 河势变化

20 世纪 50 年代初期河势变化较大。特别是 1949 年汛期出现七次洪峰，有两次花园口站洪峰流量超过 1 万 m^3/s。中高水位持续时间长，造床效果显著，主流变化很大，滩地严重坍塌,先后有 40 余处险工流势大幅度下延,9 处老险工脱河。同时发生不少新险,大量的险工埽坝,接连不断地出现重大险情。当时,章丘土城子至济阳小街子河段,右岸大量坍塌,引起左岸济阳朝阳庄、罗家、沟头、葛家店、张辛庄、小街子等多处险工发生连续不断河势下延,造成长达 3 km 的临堤抢险,防守非常被动,情况十分危急,博兴麻湾、利津王庄、垦利前左等险工,也都因河势变化而进行规模较大的抢险。齐河水牛赵至南坦险工之间,因河势变化使红庙村坍滩落河,小庞庄串沟分流,又经 1954 年、1957 年两年汛期大水冲刷,串沟扩大、加深,终于 1957 年 8 月 1 日大河由此夺流改道,自然裁弯,齐河索袁徐险工全部脱河,南坦险工溜势大为下延。

60 年代,三门峡水库运用及改建,并采取不同方式下泄水、沙,改变了下游原来的来水来沙分布与过程。中水时间延长,来沙系数一般变大,下游河道先冲后淤。陶城铺以下河段,有些险工与护滩工程发生溜势下延变化。原来控导工程较多的河段,也感工程长度对"管河"有所不足,特别仅一岸有控导工程的河段,对河势变化更为敏感,有的甚至影响引水。个别河段更因受生产堤的影响,滩唇高仰,滩面横比降增大,例如高青孟口 1976 年大水时期即出现串沟引溜,顺堤行洪,临堤抢险。

70 年代由于来水来沙条件变异及河道控制工程进一步增建加强,控溜效应加大,河床虽仍有淤积,但大部分河段河势基本稳定。1981 年以后,来水来沙条件较为有利,连续几年水多沙少,河道由淤积变为冲刷,艾山、泺口站 1985 年汛末主槽平均高程恢复到 1975 年的状况。刘家园以下河道因受河口清水沟改道以后演变的影响,已与 1970 年前后的主槽平均高程接近,滩槽高差增大 1 ~ 2 m,主槽深泓点摆动距离继续减小(见表 2-1)。中水河槽仍基本固定,1976 年和 1982 年大水期间,险工着溜均在工程控制范围之内,没再发生老险工脱河、另出新险的被动局面。但有的河段也有局部溜势改变,如 1983 年汛期,麻湾险工溜势上提,南坝头重又着溜;前左以下近河口河段溜势也有些较明显的变化。

表 2-1　主槽深泓点摆动距离　　(单位:m)

年份	杨房	薛王邵	齐冯	兰家	户家	龙王崖
1965 ~ 1976	305	832	170	359	228	386
1976 ~ 1983	15	311	199	148	154	368

1949 年 9 月至 1985 年底这一时段,陶城铺至渔洼河段"宽深比"($\sqrt{B}/H$)的变化:最大为 15.6,最小为 2,一般为 5 左右。1960 年三门峡水库建成运用前"宽深比"较小,水库建成后逐渐加大,1964 年河床下切后又有所减小。1969 年以后,河槽淤积较多,又逐渐增大,至 1974 年达最大,以后,经过 1975 年后的几次大水年,"宽深比"又有所减小。滩槽差的变化:一般为 2 ~ 6 m,多数为 5 m 左右(泺口断面有时达到 9 m 以上)。1954 年滩槽差较小,经过 1958 年洪水后,滩地普遍淤积,滩槽差加大,1964 年主槽普遍下切,滩槽差继续增大。1969 年以后由于主槽严重淤积,滩槽差又大幅度减小。经过 1975 年以后几次大水年份,滩槽差又有所增加。

1949 年 9 月至 1985 年,各河段河势主要变化情况和特点如下。

1. 陶城铺至李营河段

该河段长60 km,左岸险工毗连,右岸为长平山区,中间有黄庄山、解山、姜沟山、外山、龙桥山、田山、望口山、刘山头等八座山头的山脚突入河道主槽,河道宽度一般为500～800 m,最大河宽为1 003 m(黄庄),最窄处位山险工25#坝与解山、井圈子13#坝与外山河宽仅275 m;河道平面外形:位山至姜沟、康口至李营上下两段比较弯曲,中段较为顺直,水流受两岸边界条件约束,河湾不能充分自然发育。

河势演变除主要受来水来沙条件影响外,还受以下几个因素的影响:

(1)两岸边界约束水流能力强,左岸有险工及护滩工程,右岸为山根及护滩工程;两岸对峙有多处天然卡口。

(2)右岸有支流汇入,顶托水流,使主流左移,如大清河、浪溪河、玉带河等;大水过后,且受右岸漫滩水的顶托;清水的汇入,使河床局部发生冲淤变化。

(3)河道狭窄,左岸河床较右岸河床易受冲刷,两岸工程形势的进退,对溜势变化反应比较敏感。

(4)1959～1963年位山枢纽工程截流与破坝的影响。

该段河势除具有一般大、中、小水不同的自然演变规律外,还受上述人为因素的影响,使局部河势发生急剧变化,而造成左岸险工突然出险。

1949年以来,该河段河势总的变化特点是主溜下延,右岸河势发展下挫,使左岸险工下段着溜加重,如位山、范坡、井圈、周门前、陶邵、李营等险工,河势变化比较大的河段为位山至范坡、旧城至艾山、康口至周门前、朱圈至李营,这几段河道都是右岸离山较远,有比较宽阔的滩地,河湾有发展变化的余地。六七十年代两岸修建护滩工程后,主溜得到控制,河势基本稳定。其河势变化特点,可以分为以下四段进行分析:

(1)陶城铺至范坡。1949年前位山险工7#～25#坝着溜。1950～1957年期间,陶城铺险工脱河,位山险工河势基本稳定,右岸阴柳科逐渐坍塌坐弯,长达4.5 km,范坡险工溜势受其影响,1952年先上提,1956年又下延。1958年汛期石桥脱河下延到张庄,右岸黄庄以上形成大弯,位山险工溜势下延至25#坝,25#坝以上脱溜。1959～1964年位山截流及破除拦河坝两段时间,先是黄河改行黄庄山与柏木山之间;范坡险工着溜加重,1960年1月,4#护岸突然坍塌抢险,由于拦河闸下泄水流较清,河床受冲下切,4#、6#和12#～23#坝岸均有根石严重走失。1964年破坝后,溜出正河口门至黄庄正北,由于故道底已淤黏土难以冲刷,顶托水流使右岸解山以上塌滩宽400 m左右,位山险工河势下延;阴柳科以下至八里汀坍塌长1.4 km,河湾下移,因而范坡险工河势下挫。1966年位山河段逐渐恢复截流前的溜势,1969年修建阴柳科护滩工程,1973年建位山护滩工程后,河势基本稳定。

(2)旧城至艾山。大溜由旧城险工37#坝折向右岸桃园、丁口护滩工程,转弯后置趋右岸外山,经外山山脚挑出,渐趋向井圈险工。1949年前,该河段溜势平顺,右岸桃园滩岸着边溜。1949年汛期开始在桃园村村西坐弯,塌滩宽百米。至1954年,鱼山滩岸后退100 m左右,姜沟山前坐弯,旧城险工因而突出挑溜,桃园继续塌滩坐弯,引起左岸丁口滩岸坍塌,同年抢修石垛5段。1968年桃园修建护滩工程河湾得到控制,1974年建外山护滩工程,1976年由于桃园护滩建扬水站,坝头突出河内挑溜,左岸丁口护滩工程被冲毁,以后经修复、接长,该段河势基本稳定。

(3)康口至周门前。1957 年汛前,溜出康口险工 9#坝,趋向田山以上河湾,折向周门前险工,1#、5#、7#、13#坝着大溜,经 13#坝挑溜至望口山。由于左岸大义屯坍塌,右岸凌庄淤出嫩滩,汛期,康口险工溜势北移,田山河势下延,引起周门前险工主溜下延至 17#~22#坝。1958 年汛期,康口河势下挫,孙溜东滩嘴坍塌,田山、周门前河势下延,周门前险工 19#~27#坝着大溜,董圈村南塌滩宽 115 m。1960 年因右岸石庄滩嘴刷退,周门前险工继续下延。1970 年修建田山扬水站,周门前险工又见上提,9#~23#坝着大溜。1977 年田山前修建护滩工程,以后,周门前险工河势较前稳定。

(4)朱圈至李营。1953 年汛前刘山头上首坐弯,主溜直冲陶邵险工上首,大水时溜势下延,陶邵险工 19#~18#坝着主溜,李营险工上段脱险。1956 年陶邵险工主溜下延至 21#、33#、39#坝,李营险工小水提到 1#~5#坝,大水靠边溜。1958 年汛期,庞道口至付庄塌滩宽 50~60 m,引起李营险工溜势下延至 9#~12#坝。1959 年汛期第 12、14 次洪峰期间,刘山头山后分流过水,溜势右移,陶邵险工着溜平缓,主溜直趋燕刘宋。此后,刘山头至陶邵主槽渐右移、趋向顺直。1967 年汛期,陶邵险工 33#、37#、39#坝大溜顶冲,燕刘宋滩岸坍塌,当年修建护滩工程。后陶邵险工河势继续下挫,43#坝下塌滩,李营险工溜势下移到 10#坝以下。1973 年在陶邵险工下首修建付岸护滩工程。1976 年、1982 年大水期间,河势基本稳定。1983 年汛末,陶邵险工 37#~41#坝着大溜,李营险工脱河,坝前淤滩百余米。

2. 李营至南坦河段

该河段长 50 余 km,左岸为大堤,险工总长达 18 km,都是 1890 年前后始建修守至今的老险工。右岸为长清滩区,距山较远,没有近河的山头突入河中,有沙河、玉符河等支流汇入,属一岸有工程、一岸无控制河段,主槽宽 400~600 m,右岸滩地宽达 4~6 km,不断坍塌变化,河湾发育,从水波到于庄,中间桃园、官庄、韩刘、苗庄、程官庄受黏土河床土质分布约束,形成两个连续“S”形陡弯,大溜顶冲。由于右岸的河弯无控制,弯顶逐渐屈深下挫,引起左岸险工不断下延。1949 年以来,至 60 年代中期,长清滩区有 22 个村庄,17 000多亩土地落河。这一时期该河段主要是只重视整修加固险工,基本上没有计划的修做护滩工程。自 1965 年开始至 1972 年长清先后修建顾小庄、桃园、董庙、孟李魏、老李郭等 12 处护滩工程。同一时期左岸齐河也新建了水波、大庞等 4 处护滩工程,使两岸控导工程长度达到河道长度的 90% 左右,由此河道溜势得以控制。新中国成立后历年河势演变的基本情况是:1949 年汛期各险工溜势下延,河道一般顺直,此后主溜线逐渐左右摆动(主要是向右摆),流路弯曲,局部河段河势有较大变化,1957 年汛期水牛赵至南坦形成自然裁弯;1958 年汛期杨孟险工脱险。1965 年开始修建护滩工程,其后河道水流受工程控制约束,平面变化不大,大、中、小水不同流量,主溜提挫正常,1976 年、1982 年大水期间,流路基本一致,河势无大变化。其河势变化特点,又可以分以下三段进行分析:

(1)李营至于庄。1949 年汛期因右岸庞道口塌滩,李营河势下挫到潘庄,抢修出坝七段,此后长清燕刘宋塌滩,潘庄主溜一直下延,以下王坡至顾小庄不断塌滩,主槽右移,1957 年汛期右岸滩地坍塌加剧,小顾道口、孟道口两村落河,1958 年洪水期间,杨孟险工脱溜淤滩,变为平工。由于顾小庄一带塌滩坐弯,水波村东滩地也不断坍塌后退(250 m 左右),危及水波村,同时引起以下河段溜势变化,桃园塌滩,官庄险工上提。1958 年大水时，桃园至韩刘滩地走溜，弃弯取直，冲出串沟，直冲韩刘险工，但因沟底是胶泥层未能裁弯。自 1948 ~ 1970 年，王坡至顾小庄长 2 500 m 的滩岸，累计坍宽约 1 300 m。1965 年修建顾小庄护滩工程，1969 年修建水波、桃园工程，1970 年在土台子又增建乱石堆七段，河势得到基本控制。

（2）于庄至谯庄。1952 年以来，右岸孟李魏滩地逐渐坍塌，阴河险工河势下延。至 1968 年孟李魏累计坍退 600 多 m，阴河险工下挫近千米。1967 年始建孟李魏护滩工程，溜势得到控制。1950 年西兴隆开始护滩，以后逐步纳入整治规划，形成护滩工程，对稳定谯庄险工溜势很起作用。1955 年后受孟李魏、阴河河势变化的影响，西兴隆工程溜势上提，在工程上首塌滩坐弯，谯庄险工溜势上提，1968 年对西兴隆护滩工程上延添修石垛 8 段，以稳定河势。

（3）谯庄至南坦。1949 年老李郭滩地坍塌，豆腐窝险工溜势下挫 1 540 m，小郭庄、侯庄坍入河中，村庄东移两次。1967 年建老李郭护滩工程。1982 年以来，侯庄与老李郭工程上首之间高套村一带塌滩，豆腐窝险工上首滩地长 600 m，坍宽 30 ~ 80 m，主溜上提，豆腐窝分洪闸前围埝一度出险。1949 年汛期水牛赵至南坦之间，曾在红庙出现坍村，小庞庄串沟过水，经 1954 年、1957 年两年大水冲刷，串沟拓宽刷深，1957 年 8 月 1 日，黄河自然裁弯，小庞庄落入河内，索袁徐险工全部脱险，大庞、前河圈、后河圈三个村庄由河东变为河西，南坦险工着溜加重，原为顺溜形势的险工，裁弯改道后变为大溜顶冲。此后至 60 年代中后期红庙、大庞滩岸又渐坐弯，坍塌后退，南坦险工溜势上提，同时引起右岸娘娘店以上塌滩，相应北店子、王庄险工河势上提，齐河东关滩消退，河偎大堤，从红庙到东关形成“S”形河湾。1969 年建大庞护滩工程，1972 年建红庙与南坦护滩工程，控制了南坦险工的溜势。

3. 南坦至邢家渡河段

王庄 71 号坝与曹圈险工河道最窄处为 369 m，河道平面外形除济南郊区的老徐庄与齐河大王庙险工两处坐弯顶冲外，其他河段较为顺直。两岸工程总长 25 km，已大于该河段长度，因而工程控制比较严密，多年来河势基本稳定。60 年代后期，河道淤积，同流量河面有所展宽，局部河段溜势略有提挫，泺口铁桥中水时期主溜渐向左移，赵庄码头出滩宽三四十米，铁桥下游左岸塌滩，盖家沟溜势下延，八里庄和张褚窝护滩工程上提。1980 年前后，来水较小，老徐庄、大王庙、泺口河势有上提，北泺口扬水站以上塌岸坐弯，泺口铁桥主溜线从第 10、11 孔，北移至第 8、9 孔。盖家沟主溜稍下延，赵庄码头小水时仍不靠河，1982 年大水后河势略有好转。济南公路大桥建成后，两个主桥墩均分水挑溜，造成桥下游两岸塌滩，右岸较重，1983 年汛末张褚窝护滩工程向上延修 300 m。

1949 年汛期八里庄及付家庄险工上首小街子塌滩，1950 年试建八里庄及埝头护滩工程，1952 年又建张褚窝护滩工程，八里庄至付家庄间河势趋顺，邢家渡着溜稳定。

4. 邢家渡至桑家渡河段

1949 年汛期，邢家渡塌滩，距堤最近处仅百余米，为防止霍家溜险工河势继续下挫，1950 年、1952 年分别试建邢家渡及周家护滩工程。1975 年、1976 年汛期，连续两年邢家渡 21#、22#、23#3 段坝垛被冲垮，曾发生顺堤行洪，8#防汛屋处堤根遭受冲刷，严重坍塌，1977 年该处设潜坝三道防治。

大柳店险工多年来溜势比较稳定，但由于工程长度较短，险工下首的大堤又折转后退，坝岸不能控溜，大水时主溜下延。60年代后期，花二庄开始塌滩坐弯，1975年、1976年坍塌加剧，至1983年汛后累计坍长800 m，宽150 m，水流逼近堤根，并引起王家梨行险工河势下延，胡家岸险工上提。1984年大柳店险工增建19#坝，预防临堤出险。

胡家岸与沟阳家以下，堤距逐渐展宽，一般为3～4 km，右岸滩地较宽。1949年汛期，土城子至济阳小街子河段河势变化较大，由于右岸塌滩，引起左岸朝阳庄、罗家、张辛庄、高家纸坊4处险工发生一系列大幅度溜势下延。1950～1954年试行两岸配合对该河段进行整治，相继兴建了蒋家、代家、北李、范家园、北刘、张桥、小街等7处护滩工程；在此期间内，1951年以土城子至葛店险工为护滩重点试验河段，按计划治导线、修建护滩工程，并对刘家园险工进行改建，新增土坝基1道，接长土坝基2道。50年代末土城子至小街河段由于主溜得到较大控制，直至70年代初期，该河段河道基本规顺。

1960年以后，由于来水来沙变化河道冲刷，东邢家至何王庄滩岸坍塌，刘家园以下河势右移，1965年修建何王庄护滩工程。代家护滩工程自1970～1974年1#～15#坝垛间逐渐变原来的掏弯为淤滩，18#石堆以下靠水无溜，至1982年后，溜势渐左移又着溜。

章丘段马家至王圈滩岸长约2 500 m，位于范家园、北刘护滩以上，1958年大水之后，沟头险工溜势上提，影响马家滩岸逐渐坍塌，至1968年累计坍长1 500 m，宽120～150 m。1964年沟头险工溜势仍继续上提，马家以下的王圈一带也随之坍塌，至1968年坍宽30～50 m（已坍至村庄），为防范家园护滩工程上溃被抄后路和张辛庄险工下延，1970年建马家、王圈护滩工程后，控制了溜势。1978年范家园护滩8#石垛坍塌后退，引起张辛险工小水上提至1#坝以上，1979年张辛庄险工上首添修柳石堆4段，范家园工程续建恢复，张辛庄险工溜势又下延复原。

5. 张桥至渔洼河段

自邹平段田家拐至义和庄，河道长142 km，堤距0.6～5.1 km，主槽宽450～1 230 m。1950～1955年期间积极开展河道整治，从试办到大发展，兴建了21处护滩工程；为保证打渔张引黄闸引水，于1952年开始重点整治了韩家墩至王旺庄河段；1955年后主要是维修加固已建护滩工程，并少量补充新建工程。至1958年，共有护滩工程26处，护滩长30 km；险工38处，工程长54 km，连同济阳小街子，两岸险工及护滩工程长度85 km，约占该河段长度的60%，并逐渐形成了兰家至刘春家、王大夫至王旺庄、麻湾与官家等几处有较强控溜能力的控导节点。护滩工程经1956～1958年几次大水考验，虽遭受不同程度的破坏，但控导河势溜向的作用仍然明显地展示出来。

60年代中后期，由于河床淤积，险工及护滩工程溜势普遍下延，控溜能力相对有所降低，全部或大部脱溜的险工与护滩工程有17处，有7座涵闸引水受到影响。河势变化较大的主要河段是高青马扎子至刘春家河段。该段河道长36 km，左岸有归仁、杨房等9处险工，工程长度14.8 km，右岸滩地比较宽阔，无工程控制。1961年以来，由于右岸孟口、北杜、新徐、段王等处塌滩严重，引起左岸杨房、薛王邵险工及王平口护滩工程河势下挫，逐渐脱险变为平工；大崔、五甲杨险工大部脱险或脱溜；王集、白龙湾险工溜势下延。1968～1970年各年分别建段王、孟口、新徐护滩工程，该河段溜势基本得到了控制。

1958年后，张桥、小街子险工溜势下延，时圈塌滩严重，梯子坝失去控溜作用，管道、方家一带塌滩，1967 年建官道方护滩工程。由于官道方工程是经几次抢修组建起来的，工程分上下两个弯道（分界点为18#坝），1969 年汛期，流量2 000 m^3/s 时，主溜入上湾，引起簸箕李险工溜势急剧上提，当年在上险工上首接修了4 个石滩。

1964 年以来，王家庄子险工大溜逐年外移而脱险，引起道旭险工溜势下延。

1964 年后利津五庄塌滩宽200 余 m，南坝头基本脱险，引起麻湾险工溜势下延，1968 年建五庄护滩工程，麻湾险工溜势逐渐稳定。

1964 年后，王庄险工溜势下延。1967 年以来东坝塌滩逐年加重，坍塌重点下移，引起义和庄险工主溜上提，在1#坝上已接修护沿80 m；中右店塌滩坐弯，1961～1967 年坍宽400 余 m。1971 年建东坝、中左店护滩工程。前左险工已全部脱河，淤成高滩。前左以下基本没有工程约束，加以受河口段1976 年改道前后的冲淤变化影响，河势变化较大。

至70 年代末，张桥至义和庄河段两岸险工及护滩工程长度约占该河段长度的66%。左右岸险工和护滩工程处数相同（都是33 处），但工程长度不等（左岸为51.2 km，右岸为43.1 km），而河势仍基本稳定。

进入80 年代后，由于水文系列及其他种种原因，河道发生冲刷下切，溜势也有变化，主要表现在已经脱河或脱溜的险工，护滩工程又靠河着溜，如簸箕李1982 年汛初溜势上提到多年脱溜的新5#石堆，新3#至新6#堆抢险；1983 年汛期白龙湾溜势上提，险工上首的货场码头被迫退修30 m，码头以上塌滩；右滩岸大水时着边溜有坍塌，北杜塌滩缓和。1981 年以来，麻家滩坍塌宽200 m，王家庄子险工着溜加重，道旭险工溜势上提；北镇大桥以下主溜左移，五里庄货场、大高等处恢复走溜，大高与韩家墩之间回溜淘刷塌滩坐弯；韩家墩护滩工程上提，王大夫工程下段着溜，1983 年王旺庄险工下首塌滩宽30～60 m；五庄护滩工程1#堆以上回溜淘刷，滩岸后溃（长500 m，宽20 m），需要向上接修工程。南坝头与麻湾险工之间滩岸开始坍塌，1983 年汛期南坝头险工恢复抗溜，麻湾险工有上提趋势。1976～1981 年，王家院险工坝前出滩50～100 m，1982 年汛期大水期间又着边溜，后逐渐加重。前左以下河势变化剧烈，1980 年以来，十八户闸下4～6 km 处（十八户至渔洼）严重塌滩坐弯，弯顶逐年下移。

2.2.1.2 河道整治

新中国成立后，在贯彻“宽河、固堤”治河方针的同时，按照“固定中水河槽”的方策，利用护滩工程固滩定槽，稳定主流。同时，在滩区截治串沟、堤河，塞支强干，使洪水主流集中主槽，以增大河道泄洪排沙能力。护滩工程和治滩措施配合堤防、险工，成为河道整治的工程体系。自1949 年汛期大水后开始在泺口以下少数坍滩、坐弯处进行了坍滩防护试验；1950 年以后又开始有计划、有目的地试验控导护滩工程。以后，又在重点河段进行整治试点，由下而上，逐步开展。

1. 险工与控导工程

1）1949 年9 月至1958 年

1949 年8 月31 日黄河水利委员会（简称黄委会）在《治理黄河初步意见》中，提出：关于河道整治的任务与要求，主要措施是整修险工，有计划、有重点地改秸（柳）埽为石坝，预防因河势变化发生新险；兴建护滩工程，新修埽坝提倡利用柳石结构。

1950 年春，先在泺口以下河段，选择数处塌滩严重、河势变化大的滩弯，以稳定溜势为目的试办护滩工程，当年完成蒋家、苗家、八里庄、邢家渡等 14 处透水柳坝工程，计长 3 235 m；完成张桥、大郭家、刘家园等 6 处护滩柳箔工程，计长 21 636 m^2。经汛期洪水考验，透水柳坝拖溜外移，落淤还滩效果良好，护滩柳箔不能适应河底冲刷变化，多数被冲垮，在抢护过程中张桥、大郭家等处曾改用柳石枕顺岸平排以代替柳箔，护滩效果较好。以后经过改进发展成“柳石堆”结构。从试办工作中可以看到孤立地单搞一处护滩工程，对控导溜势作用有限，如采取上下游、左右岸，连续几个河湾统一规划治理效果会更好。1951 年春，按照“以防洪为主要目的，以护滩、定险(工)、固定中水河槽，稳定河势为基本要求”的原则，把整治章丘土城子至济阳葛家店险工(长约 9 km)河段，列为试办护滩工程的重点。包括南北两岸蒋家、刘家园(险工坝基土方)、何王庄、北李家、戴家 5 处工程，采取“一”字形及“之”字形的透水桩柳坝作为主体整治建筑物。完工后，当年汛期即见陡滩停止坍塌，尖滩被冲刷，河势较前规顺，基本达到了控制葛家店险工及以下河段溜势不再恶性下延的预期目的。

1952～1955 年山东护滩工程处于大发展阶段。1952 年重点修建了博兴道旭至王旺庄河段左岸的护滩工程，以规顺河势并保证打渔张大型灌区引水口稳定。这一时期各地新建工程较多，此后，由于对护滩工程的认识不一致，和护滩工程经几次较大洪水冲击，也有一定程度的破坏，1956～1958 年便转为一般维护与重点加固阶段。截至 1958 年 11 月，山东黄河陶城铺至利津、垦利河段，共修建护滩工程 54 处，防护滩岸长度 57 km，各种坝垛共 819 段(道)，其中透水桩柳坝 67 道，柳石堆 607 段。上述护滩工程防护坍岸长度连同险工长度合计约占该河段长度的 60%。它配合险工形成了几处具有较强控制作用的“节点”，如滨县王大夫与博兴王旺庄等，使基本流路得到控导，相对稳定。

2)1959 年至 1972 年

1960 年 2 月，黄委会在郑州召开了黄河下游河道整治会议，研究了下游河道的治理问题。4 月又在庙工现场会上提出了“纵向控制与束水攻沙并举，纵横结合，堤坝并举，泥柳并用，柳工为辅，控制主溜，淤滩刷槽”的下游河道治理方针。遵照上述精神，山东河务局选择 18 处河湾于汛前修做了试点工程。1960 年 9 月，山东河务局编制了《山东黄河河道整治规划(草案)》，以保堤、固滩、缩槽和控制河势有利引水为原则，提出逐步将现有河道整治为满足防洪、灌溉、航运的河道，要求“五年初控，七年永定”，并以“树、泥、草”的工程措施，大搞群众运动整治河道。在“大跃进”的影响下，对黄河治理提出了一些脱离实际的要求和措施，曾不适当地要求采取缩窄河槽的措施。滩地普遍修起生产堤，并大搞“滩区水利工程”，影响排洪。日后已做的“树泥草”工程，经不起洪水考验大部分垮掉。

1960 年 9 月三门峡水库开始蓄水运用，下泄“清水”，下游河道主槽冲刷下切，特别是经过 1964 年丰水丰沙年，滩地坍塌又趋严重，河势变化又较大。1965 年 2 月 6 日，黄委会发出《关于黄河下游河道整治工作的安排意见》，提出：自三门峡水库运用以后，洪水虽有了一定的控制，但中水流量持续时间增长，造床作用大，这对整治河道说是有利条件，但也由于整治工程没有跟上去，主溜缺乏控制，塌滩情况还很严重，部分河段河势仍继续恶化。许多险工溜势发生上提下挫，并发生不少新险，抢修次数加多，这再一次说明了滩不定则槽不稳，槽不稳则河势不定，因而险工多变，防守被动。当前河道整治主要是结合现有险工和控导护滩工程，修建一些新的控导工程，控制主溜，稳定险工溜势，避免发生新险，争取防洪主动。关于对山东河道整治的任务要求提出：根据当前河道情况，陶城铺以下河段，以基本得到控制，除对原有控导工程进行维修加强外，应适当增修一部分工程，进一步增强河道的稳定性。1965 年后，在总结 1960 年前后曾采用“树、泥、草简易办法”治河的经验教训以后，恢复了仍用正规整治建筑物，进行河道整治。

根据 1964 年以后至 1968 年期间，三门峡水库改建，采取滞洪排沙运用方式，下游河道淤积速度增加，河势恶化等不利情况，本着控导主流，稳定险工溜势，有利防洪，有利涵闸引水的原则，1969 年 2 月编制了《山东黄河河道治理规划》，分析了河势变化情况及今后发展的趋势，陶城铺以下主要是针对整治工程摆布不均，控制溜势还不够完善的问题，提出长清、齐河与高青马扎子至刘春家河段近期继续增设的工程，控制主槽不再右移，以免左岸险工河势大幅度提挫，使防守被动。1969 年新建齐河大庞庄护滩工程。

1970 年 3 月 16 日，黄委会对河道整治工程的设计审批作了规定：陶城铺以下河段，流路基本控制，工程布局大体已定。今后不论新修和续建河道工程，一律由山东河务局审批，新修工程报会备案。按照黄委会关于河道整治工作安排意见及《山东黄河河道治理规划》，至 1972 年底陶城铺以下凡属控导性河弯的整治工程均布设完成，河势溜向初步得到控制。陶城铺以下主要是在一岸有工程、一岸少控制的平阴、长清、高青与惠民河段，增设必要的护滩控导工程，并对原有的护滩工程进行了调整、巩固、续建、改建，进一步增强控导河势的能力。1972 年 10 月 9 日至 11 月 10 日，黄委会召开了黄河下游河道整治经验交流会议，商定 1973 年河道整治任务。会议认为：20 多年来，河道整治陶城铺以下河道已基本得到控制。通过 20 多年河道整治实践、积累了许多宝贵经验：①全面规划，加强领导；②上下游、左右岸要密切协作，团结治河；③因势利导，掌握时机，以坝护弯，以湾导流；④工程结构简易，坚实，宜于修守，就地取材，造价低廉；⑤滩槽并治，治槽与滩面治理相结合；⑥依靠群众，搞好工程管理。

自 60 年代后期至 70 年代，陶城铺以下河段，重点进行了续建、增建、接建、调整巩固，加强了部分护滩工程，控导工程长度已占该段河道长度的 70% 以上。

3）1973 年至 1985 年年底

1973 年以后，三门峡水库采取“蓄清排浑”运用方式，并经过几个水多沙少年份，河床淤积速度有所减缓，特别是经过 1982 年大水后，河道转为冲刷。为加强河势控导，1973 年初，黄委会根据 1969 年三门峡四省治黄会议精神和 1972 年 10 月河道整治会议讨论的意见，拟定了《黄河下游河道整治近期规划》，确定河道整治以防洪防凌为前提，因势利导，控制主溜，护滩定槽，并有利于涵闸引水、有利于滩区农业生产、有利于航运，提出近期河道整治目标：陶城铺以下河道，主溜已基本控制，近期主要是巩固加强现有工程，进一步改善局部不利河势；依此拟定了整治标准和工程措施；采取分期分段治理，首先固定河段的进口流路，防止因河势变化引起长河段的连锁反应；其次，自上而下，逐步治理，利用、改善、续建现有工程控导主流；淤滩、淤串、淤堤河、破除生产堤；规划水平年大体定位 15 年左右，并提出远、近期及 1973 年的工程安排意见和投资。

根据上述规划要求，山东河务局于 1973 年后，对陶城铺以下河段新建 6 处护滩工程：平阴外山（1974 年）、田山（1977 年）、长清王坡（1974 年）、济南郊区泺口铁桥上首（1979 年）、济阳张辛（1979 年）、垦利护林（1977 年），并对现有工程根据情况进行了续建、改建、巩固、加强。

截至1985年底，陶城铺至北店子河道长109 km，两岸共有险工与控导工程65处，长度为100.4 km，占河道长的92.1%；北店子至渔洼河道长240 km，两岸共有险工与控导工程115处，长度为167.1 km，占河道长的69.6%。

从1949年9月至1985年底，陶城铺至渔洼河段经过36年河道整治的实践→总结研究→提高→再实践的过程。总结河道整治的目标是：以防洪防凌为主，护滩保堤。固定中水河槽，控导主流。河道整治实施的方针是：护滩定槽，改善河道形态，控制险工溜势，以利泄洪排沙，兼顾引水、滩区生产、发展航运。河道整治采取的工程措施是：因势利导，以坝（垛）护湾，以湾导流。控导工程顶部高程控制标准：以接近造床流量的设计平滩流量，作为整治流量（5 000 m^3/s），按其相应水位，陶城铺至渔洼河段与附近滩岸平，控制工程顶部高程。整治河宽：陶城铺以下河段按500 m，接近河口河段根据情况，适当加以调整。

2. 滩区串沟堤河

黄河河床有主槽、滩地、堤河、串沟等部分。洪水漫滩后流速减缓，泥沙沉积。距河槽近处，因流速骤减，较粗颗粒泥沙先淤，堆积在滩岸边缘，称为"滩唇"，而距河较远的近大堤处，则落淤较少，地面低洼，因此，滩面出现"横比降"，一般为1/1 500～1/3 000。1958年以后，两岸滩地修起生产堤，使中常洪水漫滩几率减少，泥沙淤积在河槽的数量加多，有些河段河槽平均河底高程高于滩面，加上在近堤处连年挖土筑堤，形成坑塘相连，使一些河段在近堤出现低洼的顺堤河沟一般比"滩唇"低2～4 m。当洪水漫滩，往往经由串沟分流顺堤走河，称为"堤河"。例如高青孟口堤河，长2.9 km，宽80～100 m，深1.5～5.0 m，洪水顺堤分流，大堤多次发生冲刷险情。

滩区串沟的形成：由于滩区已衰亡的河汊因水流及河滩土质的复杂性，如遇洪水漫滩发生冲刷，即可形成新的分支河汊过流，叫做"串沟"。"串沟"经过洪水后，有的可能淤塞，有的可能扩大或派生新串沟，老串沟有的存在达几十年。串沟的多少，与河段形成历史与地貌、土质有关。堤河、串沟二者一般相互连通，而且相辅相成，当洪水漫滩后，先经串沟进入堤河。由于滩面横比降大，往往形成较大支汊分水夺流。历史上往往因串沟、堤河夺流发生滚河、改道，使堤防出险。

新中国成立后，对串沟、堤河，采取措施，加以截治。主要是有计划地修建截堵工程建筑物（例如顺堤行洪防护坝），在洪水漫滩时及利用中常洪水进入串沟堤河的机会，结合引洪淤灌，借助截堵工程建筑物，使串沟、堤河逐渐淤平。例如1977～1999年在高青孟口修建顺堤行洪防护坝工程，共修建了10道防护坝，每道坝长68～319 m。

2.2.1.3 河工变化

1. 险工

新中国成立后，黄河下游治理本着"宽河固堤"的方针，为确保防洪安全进行了三次大修堤，同时对险工坝岸进行了加高改建，逐步将秸埽改砌为石坝，根据河势变化，新修了部分险工。至20世纪50年代末，山东全河险工秸（柳）埽基本上均为石坝，实现了险工石化，埽坝工程强度有了较大地提高。石坝除重力式砌石坝和乱石坝外，并发展了丁扣石坝和平扣石坝。陶城铺以下河段，根据河道整治规划的工程整治线，调整了部分险工的布局和坝的长度、方位，配合护滩工程，较好地发挥了控导河势的作用。

新中国成立后，根据河势变化与河道整治的要求，按照规划的流路，本着因势利导，上下游、左右岸统筹兼顾，以坝护湾、以湾导溜的原则，陶城铺以下未建新险工，对老险工平面布置做了适当调整。如接长填湾、调整方位挡距、续建上接或下延坝垛，险工布局得到改善，稳定河势、控导主溜能力增强，取得防守主动，为保证堤防安全和涵闸引水发挥显著作用。陶城铺以下河段的险工大体分以下四种类型：

(1)凹凸不平型。

正规外形比较平顺，但有一部分坝头向外凸出，另有一部分坝岸向内凹进，显得凹凸不平。具有这样外形的险工，常由两个以上微弯组成，如上游来溜进入同一弯道，经过险工的挑溜作用，出溜方向变化不大；但如上游来溜自一个弯道进入另一个弯道时，则出溜方向有很大改变，因此这种类型的险工并不能很好地控制河势。泺口、小街子(济阳)、簸箕李、五甲杨、刘春家等险工均属此类型。

(2)凸出型。

险工外型(上半段)比较显著地向河中凸出，其后半段呈下凹形式。这种工程控制河势作用的大小，决定于上湾来溜方向和本工程着溜长度。如工程上半段着溜长度较大，主溜顺工程导出后，出溜方向比较固定，挑溜作用较强；如工程上半段着溜长度较小或下半段着溜，则出溜方向不稳定，挑溜作用亦小。阴河、老徐庄、傅家庄、胡家岸、张肖堂、大道王、道旭等均属此类型。

(3)凹入型。

河道整治工程外形向内凹入，具有较圆滑的弯曲外形，即通常所说的坐弯顶冲型工程。这类工程经常着溜，水流顺着凹岸流出，导流和挑溜作用较强。官庄、程官庄、大王庙、盖家沟、葛家店、白龙湾、兰家等均属此类型。

(4)平顺型。

工程外形较为顺直，整个河道整治工程起护岸作用，工程长度大，多布置在窄河段，溜势平顺。井圈、李营、潘庄、席道口、李家岸、赵庄、王家梨行、王家庄子、王家院、常庄、路庄等险工均属此类型。

(5)单坝挑溜型。

修建突入河中很长的拦截水流的长丁坝。这种坝施工困难。单坝着溜后，坝前水流湍急，回流大，淘刷深，防守困难，往往造成对岸和下游河势流路的恶化。这种坝型已经淘汰。

以上五种类型的河道整治工程就控制河势的效果，以凹入型为最佳。为了发挥已有险工在河道整治中的作用，对一些凸出型及平顺型的老险工，已采取在险工上下首接修控导工程的办法进行了改善。

20世纪60年代后，为有效地控导溜势，按照“以坝护湾、以湾导溜”的原则，布置各坝坝头均在一圆滑的曲线上，使各坝均衡抗溜，控制河势效果较好。根据对水流的作用，每处险工大体分为三段：上段迎溜入湾；中段导溜、调整水流方向；下段送溜出湾，弯曲半径一般是上平、下缓、中间陡。上段工程注意“藏头”，下段工程要求“关门”，以免堤岸上溃下坍。

陶城铺以下河道整治工程坝岸为下挑型式，坝轴线与堤线夹角为 30°～60°，自上段向下首夹角逐渐增大，末端的坝与堤线夹角达 80°。多数坝岸为临堤下埽，坝较短。坝长与挡距之比，一般为 1∶1～1∶2。最长的丁坝为邹平段的梯子坝，坝长 1 632 m，其上游有 2 段短坝、5 段护岸。

丁坝坝头型式有四种：①流线形坝头，迎溜顺、托溜稳，导流能力强，坝挡回溜小；②圆头形坝头，能适应溜向变化，抗溜能力强，但回溜大；③斜线形坝头，回溜较弱，节省材料，但对溜向变化适应性能差；④拐头形坝头，主要为防御大溜钻挡，掩护下一段坝迎水面不被水流冲刷后溃，拐头长度一般为坝挡距的 1/4 左右，拐头部分与坝轴线夹角为 20°～30°，这种坝挡大溜顶冲时，回溜较大，易造成上一段坝背水面出险，因此宜建在弯道中下部导溜段上。当前采用较多的为流线形坝头或上跨角呈抛物线形的圆头坝，拐头形坝有少数工程采用。有的丁坝较长，在迎水面后尾加修一个垛，能托出上口的回溜。

临堤下埽的短坝（垛）平面形状有鱼鳞、雁翅、人字、磨盘、月牙或抛物线等形式，根据坝岸所处位置、着溜情况及作用不同分别选用，迎水面与大河水流流向夹角一般为 20°～30°。

2. 工程结构

丁坝由土坝基、土坝基裹护工程（简称裹护）及护根三部分组成。

（1）土坝基顶宽 8～12 m，坝前头为便于抢险加宽至 15 m，边坡 1∶2。

（2）裹护体：在 20 世纪 50 年代初期，主要有石坝（岸）、砖坝（岸）和秸埽三种，当时这几种坝岸的比例大致为 2∶1∶1。秸埽优点是就地取材，施工速度快，特别适用于紧急抢险和堵口工程。但存在体轻易浮、头重脚轻，坡度陡、冲刷坑深、发生险情多，易腐朽、不耐久、维修费用大等缺点。砖坝不耐冻融风化，使用寿命短。到 50 年代末期，将秸埽、砖坝逐渐都改为石坝，实现了险工石化。

石坝（岸）分砌石坝（岸）、扣石坝（岸）、乱石坝（岸）三种，如图 2-1 所示。

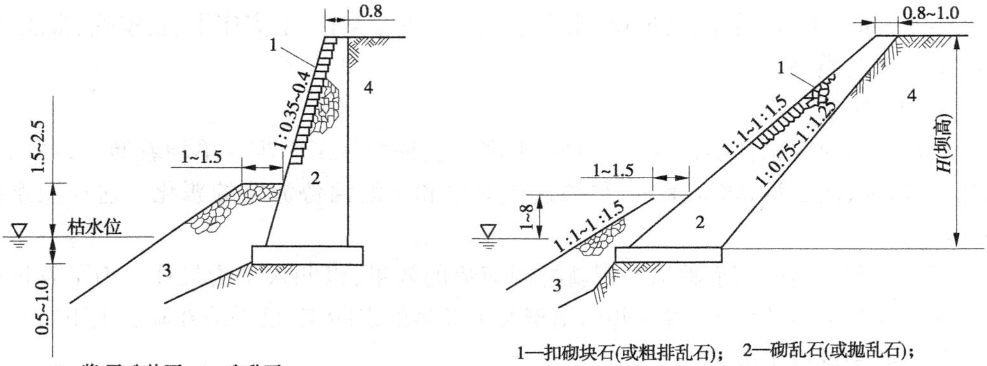

1—浆(干)砌块石；2—砌乱石；
3—抛乱石护根；4—土坝基
(a)砌石坝

1—扣砌块石(或粗排乱石)；2—砌乱石(或抛乱石)；
3—抛乱石护根；4—土坝基
(b)扣石坝(乱石坝)

图 2-1　砌石坝、扣石坝（乱石坝）断面示意　（单位：m）

①砌石坝（岸）：为重力式挡土墙结构，分浆砌与干砌两种。坝的外坡为 1∶0.35 左

右,内坡直立,坝顶宽0.8 ~1 m,为预留加高,有的达到2 m,坝面用沿子石砌垒,整齐美观,坚固耐久,整体性好,抗冲能力强;缺点是坝坡陡,坝前冲刷坑深,高坝稳定性差,依靠较大的根石断面维护坝的安全,不经济。

②扣石坝(岸):为护坡式结构,坝外坡1∶1 ~1∶5,内坡1∶0.75 ~1∶1.25,顶宽0.8 ~1.5 m。分平扣与丁扣两种,块石大面朝外称为平扣;块石端面朝外称为丁扣。这种坝岸的优点是坝面扣砌严密平整,坡度较缓,稳定性好,坝前水流条件平稳,冲刷坑浅。平扣坚固抗冲性能较丁扣差,60年代后,一般不再修平扣坝。

(3)乱石坝(岸):为护坡式结构,坝外坡1∶1 ~1∶1.5,内坡.1∶0.75 ~1∶1.25,新修坝岸或改建坝岸多先修成乱石坝。这种坝优点是坡度缓、稳定性好,基础变动适应性强,险情易于发现,可以随下蛰、随加修;但必须做黏土坝胎,否则坝身发生溃膛、塌陷等险情。适用于河势变化大、基础不稳固、抢险频繁的新险工。

以上这三种裹护体各有优缺点,总体上是护坡式、缓坡坝较好。

(4)护根(指险工):即保护坝岸的下半部分坝身和基础下的河床土壤免被冲塌。设计坝岸是把根石作为坝岸的组成部分,与坝身共同抗冲,护根对坝身安全有决定性作用。水流冲刷坝岸,根石不断走失,须抛石填补。如走失严重,未及时发现抢护,坝身会发生裂缝、蛰陷、滑塌或墩蛰等险情。护根采取的主要措施有散抛乱石、柳石枕、铅丝笼、大块石、黏接大块石等方法,一般新修坝岸或抢险宜采用抛柳石枕,抗冲效果较好;对基础达到一定深度,根石走失严重部位,可抛铅丝笼或大块石,以收稳固根基之效。护根石标准:顶宽1 ~1.5 m,外坡1∶1.1 ~1∶1.5,高出设计枯水位1.5 ~2.5 m。据统计,历年险工岁修改建、防汛抢险所用石料50% ~60%用于护根。

新修坝岸工程或抢险,多采用柳石结构,即柳石枕、柳石搂厢等。这种结构具有体积大、缓溜落淤、抗冲性能好,施工进度快,就地取材、少用石料、节省投资等优点。黄河河工有“新工护土,老工固根”之说,新修坝岸主要依靠抛柳石枕或其他护根措施填充冲刷坑,保护坝岸基础底面下的河床土壤不被冲失,使坝岸基础逐渐达到稳固。柳石结构属于临时性或半永久性工程,新修坝岸基础相对稳定后,即改为乱石坝,进而改为扣石坝或砌石坝。柳石枕直径0.7 ~1.0 m,一般长6 ~10 m,施工中常用淤泥、地瓜石代替乱石,以节约投资。柳石搂厢是一种用桩绳连结搂束层柳层石的结构,多用于新修坝岸水中进占或抢险,一般一次搂厢进占长4 ~6 m,宽8 m左右,见图2-2、图2-3。

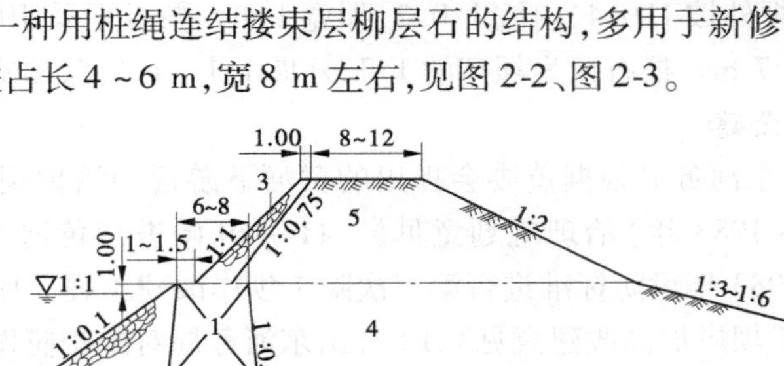

1—柳石搂厢进占;2—抛石或柳石枕护根;
3—抛石进占;4—水中倒土;5—土坝基

图2-2 柳石搂厢进占图 (单位:m)

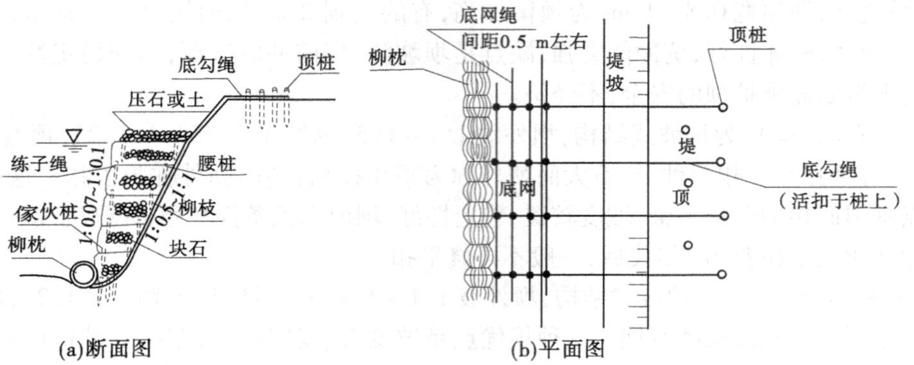

图 2-3　柳石搂厢示意图

3. 加高改建

1）第一次加高改建

50 年代初开始，进行了险工坝岸第一次加高改建。主要是拆（翻）修了残破的旧石坝，整修加高原有的砖石坝岸和秸埽，新修部分埽坝；并逐年分批、先主后次，将秸埽、砖坝改为石坝。到 50 年代末，埽坝改建基本结束，实现了险工石化。坝高由原来的 5 ~ 6 m，达到 6 ~ 8 m。

加高改建标准：坝（岸）顶高出 1949 年洪水位 1.4 m，坝基础底面低于枯水位 0.5 m。砌石坝岸顶宽 0.8 m，外坡 1∶0.35，内坡直立；扣石坝顶宽 0.7 m，外坡 1∶1，内坡 1∶0.75；乱石坝顶宽 0.7 m，外坡 1∶1.5，内坡 1∶1.2。根石台顶高出枯水位 1 ~ 1.5 m，顶宽 0.5 ~ 1.5 m，外坡 1∶1 ~ 1∶1.5。

2）第二次加高改建

山东黄河第二次险工加高改建，自 1964 年开始，至 1966 年基本结束。这次险工坝岸加高 1 ~ 2 m，坝高达 8 ~ 10 m。

加高改建标准：土坝基低于大堤顶 0.5 m，高出坝岸顶 0.3 ~ 0.5 m，顶宽 8 ~ 12 m，边坡 1∶2。砌石坝大部分为挖槽顺坡戴帽加高，外坡 1∶0.35，内坡 1∶0.2 斜插到原坝身，顶宽 1 m。新建砌石坝外坡 1∶0.4，内坡 1∶0.2，顶宽 1 m。扣石坝采用顺坡戴帽加高，内外坡仅为 1∶1，顶宽 0.7 m。根石顶为坝高的 1/3，外坡 1∶1 ~ 1∶1.5，顶宽 1 m。

3）第三次加高改建

1973 年 9 月山东河务局根据黄委会提出的黄河下游近期治理规划意见，制定了《山东黄河近期（1974 ~ 1983 年）治理规划意见》。11 月开始进行黄河下游第三次大修堤。自 1974 年开始按 1983 年设防标准进行第三次险工坝岸改建工程。1978 年 7 月黄委会印发了《黄河下游险工坝岸加高改建意见》，12 月山东河务局对此相应做了补充规定。1979 年 8 月 13 日，山东河务局颁发《关于近期防洪工程标准的规定》，对以前颁发的有关工程标准规定做了修订、补充，重申以此做完勘估工程、设计和施工的依据，其中包括险工加高改建工程标准具体规定。1982 年 3 月 1 日，山东河务局经过综合整理又颁发了《山东黄河近期防洪工程标准》，这次险工坝岸改建工程截至 1985 年基本完成，由黄委会组织进行了验收。

加高改建掌握的原则:①砌石坝拆改,仅限于坝身单薄、质量很差、继续加高有困难的坝段,拆改后一部分仍修成砌石坝岸,一部分改建为扣石坝或乱石坝。绝大多数砌石坝岸采取了挖槽顺坡戴帽加高的方法。今后不再新增砌石坝。②扣石坝基础比较稳固,坝身能够满足改建需要的顺坡加高;若需拆改,仍按原坝型修做。③乱石坝一般是顺坡加高;对溜势比较稳定、坝胎土质较好的主坝,采取粗排或修成扣石坝。

加高改建标准如下:

(1)土坝基顶部高程:陶城铺至艾山高出1983年设计洪水位1.5 m,艾山以下高出1983年设计洪水位1.1 m。

(2)裹护工程设计坝岸顶与土坝基顶相平。为给下一次加高留有余地,凡新修或拆除改建均按上述设计坝顶增高2 m进行铺底施工。这次坝岸一般加高2~3 m,改建后坝高为8~12 m,有的高达13 m。

(3)砌石坝:拆除改建外坡1∶0.35~1∶0.4,内坡1∶0.2,顶宽1.5~2 m,基础要求拆至设计根石台顶以下0.5~1 m。戴帽加高内外坡平行,均为1∶0.35~1∶0.4,顶宽1.5~2 m,挖槽深1.5~2.5 m,回填红土坝胎宽度不小于0.5 m。

(4)扣石坝:拆除改建外坡1∶1,内坡1∶0.8,顶宽1~1.5 m。顺坡加高内外坡平行,均为1∶1,顶宽1~1.5 m,挖槽深1 m,回填红土坝胎宽度不小于0.5 m。

(5)乱石坝顺坡加高,内外坡平行,均为1∶1~1∶1.5,挖槽深1 m,回填红土坝胎。

(6)根石标准:砌石坝主坝根石台顶高出设计枯水位2~2.5 m,次坝根石台顶高出设计枯水位1.5~2.0 m;顶宽1~1.5 m,外坡1∶1.1~1∶1.5。扣石坝和乱石坝根石台顶高出设计枯水位1~2 m,顶宽、外坡同砌石坝。

4)存在问题

险工坝岸经第三次加高改建后,还存在以下几个问题:

(1)砌石坝岸稳定性差,潜在着垮坝威胁。

山东黄河现有砌石坝866段,大部分是20世纪50年代拆修的,当时坝高仅5~6 m,坝身稳定性较好。后经几次加高改建,坝高达10~12 m,其缺点逐渐暴露。砌石坝岸是重力式挡土墙结构,坝高10余m、承受土压力过大,坝坡陡,设计坝身断面小,根石标准低,特别是经两次或三次戴帽加高的坝,断面结构形成“头重脚轻、腰身单薄”。经验算砌石坝岸抗滑稳定安全系数仅为1.0左右,处于不稳定或极限平衡状态,潜在着垮坝威胁。遇稍有不利条件,如地基不良、河势突变着溜冲刷加重、根石严重走失或大河水位骤降等情况,再加施工质量和工程管理的某些问题,因此近几年砌石坝岸已先后出现数起整体或局部滑塌垮坝险情,多数是在非汛期、小水出大险。如王家梨行险工8#~11#坝、泺口险工10#~12#坝(见表2-2)。针对这一情况,山东河务局于1985年7~10月对聊城、济南、德州三个修防处的46个险工、673段砌石坝岸加高改建情况,做了专题调查研究,提出了改进意见上报黄委会:①提高根石标准,加大根石断面;②拆改坝身,将戴帽加高的砌石坝岸拆改成缓坡坝。

(2)根石不足影响坝身安全。

险工坝岸第三次加高改建,坝身部分至1985年底已基本完成,但根石部分因受投资所限,没能完成计划任务。根石的高、宽和坡度尚未达到原定的设计标准,特别是水下部分根石走失严重,坡度普遍较陡,直接影响坝身安全。据1985年调查的458段砌石坝岸中有246段根石坡度不足1:1.5,占54%。按稳定计算成果,根石原设计标准偏低,须适当提高、加宽、放缓边坡。

表2-2 1981年以来砌石坝岸险情统计

编号	时间	地点	坝号	坝型	险情	抗滑稳定安全系数
1	1981-12-25	历城段王家梨行	8#、9#、10#、11#	浆砌石护岸 浆砌石坝	滑塌	9#护岸 0.81~0.95
2	1982-01-05	历城段盖家沟	21#	砌石坝	坝顶顺堤裂缝长77 m,宽1~10 cm	0.82~1.03
3	1982-08-10	东阿段井圈	40-4#	砌石护岸	裂缝、滑塌	0.903~1.06
4	1982-09-08	齐河段大王庙	35#	砌石坝	坝顶顺堤裂缝长22 m,宽1~2 mm	0.924~1.008
5	1982-10-02	齐河段大王庙	18#、19#	砌石护岸 砌石坝	坝顶顺堤裂缝长24 m,宽5~15 mm	
6	1985-06-06	齐河段油房赵	25#	砌石坝	根石顶以上1 m处鼓肚、裂缝	
7	1985-11-17	郊区段泺口	10#、11#、12#	砌石护岸 砌石坝	顺堤长78 m,宽2~9 m,水面以上8.5~8.7 m全部滑塌入水	0.828~0.932

4.控导(护滩)工程

1)工程类型

控导工程配合险工,共同发挥控导河势溜向的作用。其平面布置大体分为以下四种类型:

(1)河湾控制性工程。按统一规划流路布设的控导性河湾整治工程。这类工程是控导工程的主体,主要作用是控导河势溜向,固槽定险(工),兼顾保护滩地。大部分护滩控导工程属于此类,如阴柳科、顾小庄、苗庄、孟李魏、西兴隆、八里庄、邢家渡、土城子至何王庄、马家至范家园、张桥、官道方、孟口、段王、小街、赵四勿、韩家墩至王大夫等工程。

(2)节点控制性工程。上下游两岸邻近的二至三处控导工程紧密配合形成节点,协同发挥控导河势的作用,如北李—葛家店、兰家—纸坊、刘春家—埝里贾、王大夫—王旺庄—丁家等工程。

(3)险工上延或下延性工程。因溜势上提下挫,险工原有长度不足,在险工上下首修建的上延或下延性护滩工程,如大郭家、位台、麻家滩、利津东关等工程。

(4)一般护滩性工程。修做工程的主要目的是护滩保村兼有控导河势的作用,如丁口、王小庄、刘官庄、许道口、姚河门等工程。

2)工程布置

(1)遵循的原则:全面规划、分段治理,区别轻重缓急、逐步实施;上下游、左右岸统筹兼顾、团结治河;因势利导尽量利用原有工程及地形、地质等条件;尽量就地取材,节约投资。掌握时机施工。

(2)确定整治工程。

①规划治导线。

在总结历史河势流路及河弯演变规律的基础上,规划确定流路与治导线。在实施过程中根据河势发展,因势利导作局部调整。一般是弯道与直河段相间布置,相邻上下弯之间联以直线段。有两种基本形式:一是直段与弯段相接的连续弯道式。多数河段属于这种形式,弯道总的要求是曲率适度,和缓平顺,利于引流入弯及导流出弯。这种布置大体有两种情况:一种为大弯道、长直河,如胡家岸、沟阳家－土城子,以及刘家园－葛店;另一种小弯道、短直河。前一种布置情况一般较后者水流平顺,主流易于稳定,投资省,整治经济效益较高。二是陡弯下接较长的直河。

除以上两种基本形式,在实践中还有一个弯道分成几组,即一处工程分几组,各组曲率半径不同。这种布置如上、下组衔接不顺,溜势易发生突弯。这种布置形式,当其上弯来流方向发生变化时,工程本身平面不顺,控流不稳,送流方向随之多变,往往使下弯溜势不稳,防守困难。

②确定工程位置。

按规划治导线确定工程位置,并根据实际情况做必要的修正。因为规划的治导线是基本的流路,并不能完全适应小水河势上提、大水河势下延的各种变化,特别是整治初期,河势常有较大的变化。为了保证工程安全,并有效地控导河势,利于迎流入弯及导流出弯,一般是采取“上平、下缓、中间陡”的布局,使弯道半径中间小、下段大、上段最大,甚至渐进成直线,整个弯道的平面形状呈凹入型复合圆弧曲线。在工程上首注意做好“藏头”,在下首形成“关门”的形势。已建的控导工程曲率半径一般为 2 000 ~4 000 m,少数 1 500 m,有的 5 000 m 或更大;转向角为 60°~120°;直河段长度为 2 ~6 km,大于 6 km 时,为求主流稳定两弯中间的直段两岸也据情增设辅助性护滩工程,每处护滩控导工程长度一般在 2 ~4 km。

③建筑物布设。

陶城铺以下河段大多数采取柳石堆(垛),中心距为 60 ~100 m,围长 40 ~80 m,迎水面与流向夹角成 30°左右。柳石堆平面形状做成大体为抛物线形的雁翅或鱼鳞、人字垛等形式,一般依托滩沿修筑,不修连坝。邹平、高青等段为加强工程管理,便于运输料物和查险防守,沿护滩工程修筑稍高于附近滩面的道路,通向大堤。

3)工程结构

陶城铺以下护滩工程,50 年代初期以透水桩柳坝为主,至 50 年代末期逐渐改为以柳石堆为主,基础稳定后改为石垛。除此还有少量活柳桩坝及柳石潜坝。

柳石堆修做方法分旱工、水工两种。旱工一般在枯水季节修筑。先将滩沿作成 1:0.5 ~1:1的坡度,在控制的滩岸线边沿挖基槽,槽底低于枯水位 0.3 ~0.5 m,槽中铺柳石枕,枕径0.7~1.0 m,上部仍用柳石枕排垒,向上逐层减少;水工修做一般是直接往水中抛放柳石枕出水后,上部排压柳石枕或乱石。有的先以柳石搂厢出水,上压柳石枕或乱石。柳石堆的优点为:抗冲性能强,水下可缓流落淤;易修易守,操作简易,可随蛰随修;造价比透水桩柳坝低。但只能起短丁坝的作用,不能落淤还滩。

透水桩柳坝一般采用长6~10 m,梢径0.2 m左右的松圆木桩,间距1 m,成排打入河底,入土深为桩长1/2~2/3,从河底至桩顶,以直径0.12~0.15 m的柳把反正交错编于桩上。每道柳坝长100~200 m,间距大致为桩长的1.5倍左右,坝轴线与流向交角为30°~45°,有"单排直线形"、"之"字形及"钩头形"三种坝型。坝头及坝身抗流部分上下游均抛柳石枕护根,坝后尾嵌入滩岸柳石槽内,以防后溃。因木桩长度(10 m)不能满足冲刷的要求,在工程前期曾采取在柳坝迎水面河底打拉桩的办法,用铅丝缆拉住坝前段,以防坝向下游倾倒,经实践效果不大,以后不用。透水柳坝优点是具有落淤还滩的效能。缺点为:造价较柳石堆高;水上施工操作复杂、技术性高;抗冲能力差,凌汛期易遭破坏;维护及出险抢修困难。由于上述缺点,进入60年代后,未再修做木桩透水柳坝。

5. 串沟、堤河防治措施

滩区串沟、堤河防治的工程布置主要采取筑坝截堵进口,及沿沟(河)分段筑坝阻拦水流,使其不能串通、畅流,以达到缓流落淤、逐渐淤平。

串沟(有斜走向与横走向),一般在入口距滩唇近处,选定适宜地点,在非汛期(多在春修期间)修筑横拦沟槽的坚实土坝(略高于滩唇),加以截堵。土坝在坦脚部位密植丛柳,并在坝坦、坝顶采取淤泥包边盖顶作防护。

筑坝时,在串沟、堤河沿程每隔相当距离连修几道,作为重障,以加强阻拦与缓流的效果。对重大串沟,特别是沟的入口在近溜河岸,根据河势情况,利用护滩工程适当控制、堵截,以防其扩大夺流改道。

堤河一般多与串沟相通。一旦过水,堤根行河走溜,往往发生严重冲刷,甚至滚河改道,造成大规模的堤防险情。工程布置如下:根据堤河水流走向、比降、溜势及冲刷情况,在非汛期每隔一定堤河段落修建一组横拦堤河的透水桩柳坝(打活柳桩及用柳枝作把子编篱),以缓流落淤。每组工程一般至少3或5道坝,坝高1~2 m、桩距1 m左右,坝距略大于堤河深度。在受溜冲刷严重堤段,必要情况下加修土坝基数道防护。坝长超越堤河谷底,并加裹护,使其形成一组工程,挑溜远离堤脚,以保证堤防安全。

串沟、堤河的沿程各截堵坝组之间、各坝之间,尽量广泛种植丛柳树带,以辅助扩大缓溜落淤效果。如此,根据实际过水损毁、淤埋的情况,定期检修、分期逐渐接修,直到淤平。

2.2.2 河口河段

2.2.2.1 河势变化

1934年黄河在河口走第七条流路,从甜水沟、神仙沟、宋春荣沟分三路入海,黄河归故后的三条入海线路以甜水沟为主。随着时间的推移,甜水沟淤积延伸,行程加长,比降变小(平均万分之一),河形蜿蜒曲折。相对神仙沟行程较短,比降较大,过水比例逐渐增加,并在小口子村附近行程两河弯顶相向发育,至1953年两弯顶相距仅95 m,有自然沟通之势。遂因势利导于当年7月在两弯顶之间开挖引河，促成神仙沟独流入海。此为第八条流路，历时10年又5个月。

1964年凌汛，罗家屋子以下河道卡冰壅水漫滩，危及河口地区人民生命财产安全。经查勘研究，山东省授权由惠民地委决定，与1964年1月1日在罗家屋子爆破民坝分泄凌洪，由草桥沟、洼拉沟入刁口河漫流归海。5月，新流路过水六成以上，终成改到刁口河。此为第九条流路，行水12年又5个月。

1976年5月，经多年筹备改道清水沟计划付诸实施，在罗家屋子进行人工截流成功，炸开西河口引河挡水坝，改由清水沟入海，此为第十条流路。

第八、九、十条流路是属于有计划、有控制的人工安排河口流路的改道工程。

1976年5月27日河口改走清水沟流路，清水沟为甜水沟和神仙沟两流路间的洼地，地势较两相邻流路低1～4 m，改道后缩短流程37 km，为新中国成立以来三次人工改道中的最大的一次。

清水沟流路在改道初期，水流沿新开挖的引河下泄，基本走清水沟自然河道，主溜走南股向东入海，河宽2～3 km，水流宽浅散乱，沙洲棋布，成游荡性河道。清4断面以上河道明显看出四股水流，但主流过水部分偏重在防洪堤附近，引起十八公里堤身靠溜成险。1977年河道趋于弯曲，水流较集中，开始归股成槽，但由于该年为小水大沙年并发生最大含沙量196 kg/m^3 的高含沙量过程，河道急剧淤积。1978年春抢修护林挑水坝，截堵南部三股水道，十八公里处溜势上提变缓，水流并为一股。1978～1979年连续两年小水中沙，入海流路迅速回淤抬高，主溜摆动不定。1980年河道溜势渐趋稳定、规顺，形成比较顺直单一的河型，同流量水位出现下降的趋势。1981年河口河道继续冲刷，河道较顺直，口门畅通。1981年以后连续4年出现中水小沙，大水中沙年份，汛期中水持续时间长，河床一直保持冲刷，河势顺直稳定，输沙能力增大，河口延伸减缓。1980年以来，由于十八户至渔洼处严重塌滩坐弯，弯顶逐年下移，引起连锁反应，导致崔家、苇改闸下、西河口也塌滩坐弯，弯顶逐年下移。

清4断面以下河道：1976～1980年为淤滩造床阶段，最初漫流入海，以后河势游荡，不断产生汊河，主溜变化不定，入海口门摆动频繁，最大摆动距离达23 km，沙嘴延伸迅速。1980～1985年河势渐趋稳定，主槽成单一状态，滩槽高差由0.74 m增加至2.35 m。清7断面以下河道宽浅，其下7 km处汊沟较多，主沟在大汶流海堡东北入海。至1985年河道长度由从西河口改道点以下27 km延至53 km。

随着流路冲淤塑造发展，河床纵剖面形态亦相应的自动调整。1986年汛前利津至西河口比降约0.8‰，西河口至清7断面约1.1‰，改道点以下河床仍陡于改道点以上，但差值很小，在来水来沙的作用下，河床横剖面形态亦向窄深方向发展。西河口以下河道过水断面的变化是：清10断面以上主槽宽度由大变小，1976年主槽宽度1 206～2 980 m，1986年缩窄至1 000 m左右；平槽流量下的断面平均水深由小增大，1976年为0.84～1.82 m，1986年达到1.97～3.32 m。

2.2.2.2　河道整治

1952年9月，黄委会、山东河务局组成河口查勘队，首次对河口变迁、潮汐、通航及三角洲淤积等情况进行调查，收集资料。1953年，为了改善泄洪条件，缩短流程，在小口子附近实行人工裁弯取直，使神仙沟、甜水沟、宋春荣沟三股合为一股，成为入海的第八条流路，即神仙沟流路，取得了良好的效果。1954 年 2 ~6 月，水利部黄河查勘团到河口查勘，10 月完成《黄河综合利用规划技术经济报告》，将博兴县王旺庄枢纽列为干流最末一级拦洪工程，直接控制河口地区防洪、防凌、灌溉、航运和发电。1960 年因故停建废弃。

20 世纪 60 年代，黄河三角洲地区探明油气储量可观，建设步伐加快，河口流路增加了新的制约因素。其后，围绕油田及工农业建设和黄河防洪安全等目标，进行多次查勘和规划。1963 年 10 月，黄委会专家查勘河口后认为：现实可行的办法是利用河口淤积、延伸、改道的自然规律，在河口延伸至防洪许可限度时，因势利导，进行有计划的改道，把小面积的淤积、沙嘴延伸，变为大面积的扇面延伸，以减缓河口延伸的速度。

1964 年 1 月为了改变河口自然改道的被动局面，在罗家屋子进行了有计划、有控制的人工安排河口流路的改道工程，黄河由洼拉沟至刁口河入海，成为入海的第九条流路，称刁口河流路。减轻自然改道造成的损失，保证了防洪安全，对发展油田生产起到了重大作用。

1967 年丰水丰沙，刁口河流路出现高水位引起各方关注。10 月中旬，由惠民军分区、地革委组织 128 人的查勘规划队，在河口 2 300 余 km^2 范围内调查研究，编制的《关于黄河河口地区勘查情况和近期治理意见的报告》指出：刁口河流路由于淤积严重已近晚年。为争取主动，需要有计划地进行改道。经比较后选择清水沟为行水河道。并建议将尾间河段堤防设计标准由 8 000 ~9 000 m^3/s 提高到 11 000 m^3/s。惠民地区黄河河口治理指挥部又于 1968 年 1 月 17 日报送《关于黄河河口清水沟改道工程扩大初步设计的报告》，提出开挖引河、培修堤防、河道截流、滩区群众迁移安置等实施项目。水电部军管会以（68）水电军规字第 13 号文《关于河口改道工程的请示报告》呈报国家计委。国家计委以（68）计农字第 058 号文复函同意列入 1968 年水利建设计划。惠民地区黄河河口治理指挥部旋即组织实施。

在山东省革委改道清水沟意见中，还恳切要求有关部门对河口治理做出较为长期（10 ~20 年）的统筹规划。国家计委和水电部指示以黄委会为主、山东省参加制定长期规划。黄委会遂于 1968 年 1 月召开黄河下游工作座谈会，设立河口规划组按 15 年考虑讨论河口规划问题。4 月初组织 30 多个单位 250 余人参加，查勘了麻湾以下、小清河以北、徒骇河以东地区，并完成小清河口至洼拉沟口近海区的十万分之一地形图。6 月 11 日提出《积极充分利用现行河道的紧急建议》，认为刁口河流路仍有一定的行河潜力，提出以西河口 10 m 水位作为改道的临界水位，在此范围内不作改道考虑。7 月底，完成《黄河河口规划改道安排意见》等文件及附件。

1975 年 10 月，利津站洪峰流量 6 500 m^3/s 时，一千二村分洪口门分流 1 000 m^3/s，罗家屋子水位仍接近 10 m，达到改道清水沟界线。早在 1974 年汛期，河口曾两次向西出汊摆动，对埕东油田造成严重威胁。为此，1975 年 12 月，河南、山东两省和水电部在郑州召开的黄河下游防洪座谈会上提出：1976 年汛期实施改道清水沟，保留刁口河河道作为以后的备用流路。经国务院（1976）41 号文批复同意，于 1976 年汛前河口进行有计划的人工截流改道清水沟。1976 年 5 月 27 日，河口改道经清水沟入海，称清水沟流路，成为入海的第十条流路。

清水沟流路经过几年的游荡摆动,淤滩造床,至1980年逐步形成单一顺直比较通畅的河道。但河口淤积延伸如故。为争取主动,山东河务局和黄委会在《堤防加高加固及河道整治十二年(1984~1995)规划》及《黄河下游第四期堤防加固河道整治可行性研究报告》中分别提出了黄河河口近期流路规划:近期内尽量利用清水沟流路,争取多走几年,在1990年后视情况适时改走十八户流路,之后再往北改走挑河或其他流路。

1984年10月,黄委会向水电部报送《流路规划意见》,认为在来水来沙得到有效控制前,长期固定流路比较困难。根据海域容沙能力和河口来沙淤积情况预算,三角洲南部还有20年左右的行水年限(包括清水沟和十八户流路)。如果来水来沙有利,还可能多走几年。此后的黄河入海流路还必需向三角洲北部发展。黄河入海流路如何与油田开发建设协调,建议国家计委组织有关部门尽快进行统一规划。11月又提出河口治理分两步走,第一步尽量利用清水沟流路,第二步制订比较长远的治理规划。

同年12月,水电部在(84)水电计字第525号文《关于加强黄河河口段研究规划和治理工作的通知》中指出:"应在尽量减少油田开发损失和保证黄河下游防洪安全的前提下,允许河口段适当变动,事前做好规划设计和工程准备,做到有计划的改道。"据此,山东河务局于当月下旬召开各方面专家、教授参加的河口治理研讨会,又在1985年1月组织力量对十八户流路、挑河流路及清水沟流路防洪工程进行现场查勘,并向胜利油田和有关单位征求意见。在此基础上,1985年3月6日正式提出《黄河河口近期流路安排意见》,认为清水沟流路尚可行水4~6年。其后的预备流路选定为十八户流路,预计行水10年左右。十八户流路运用到2000年以后,黄河入海流路仍需向北转移。在对北部可供选择的四条流路(新合村、甘草窝子、挑河、刁口河)进行比较后认为,挑河流路对油田影响较小,流路较短,地形、海域条件较好。由于时日方长,情况多变,建议在1995年前后酌情编制改道设计工作。

1985年9月24日,国家计委主持会议,研究黄河河口问题。根据国家计委意见,黄河河口治理规划的任务以水电部为主,石油部门配合,先提出一个最近两三年的治理意见,再搞一个较长期的全面规划。根据会议要求,黄委会先后制定《1986年黄河河口工作计划及今后的河口规划意见》、《黄河河口规划任务书》、《黄河入海流路规划任务书》,经国家计委国土局、水电部、石油部研究认为:入海流路是黄河河口治理及黄河三角洲建设布局的关键,决定由黄委会和胜利油田共同协作进行入海流路规划,纳入黄河治理规划中。

2.2.2.3 河工变化

新中国成立后,黄委会、山东河务局于1953年,为了改善泄洪条件,缩短流程,在小口子附近实行人工裁弯取直,使神仙沟、甜水沟、宋春荣沟三股合为一股,取得了良好的效果。为了改变河口自然改道的被动局面,又于1964年及1976年,分别在罗家屋子及西河口进行了有计划、有控制的人工安排河口流路的改道工程,对延长行河年限、发展油田生产、减轻自然改道造成的损失、保证防洪安全等各方面均起到了重大作用。这三次人工改道情况简述如下。

1. 小口子裁弯改道

1947年3月花园口堵复后,黄河由神仙沟、甜水沟和宋春荣沟三股入渤海。1952年

7 月,甜水沟过水约占 70%,神仙沟约占 30%。其后,神仙沟过水流量日增。1953 年 4 月 3 日,神仙沟与甜水沟过水各占 50%,而甜水沟比降小(1‱)、河身长、河势高、行水不畅;神仙沟的比降大(1.4‱)、河身短、河势低、水流畅通,水流有向神仙沟转移集中的趋势。且两股河道在小口子处靠近,形成坐弯,两沟最近处 95 m,水位相差 0.71 m,如将两沟之间挖通,则大溜将会直趋北股神仙沟,南股甜水沟可能因流量减小而淤塞,这样对河口治理有利。1953 年 4 月 13 日黄委会批复同意人工开挖引河,开挖引河长 119 m,引河上口宽 17 m,下口宽 10 m。7 月 8 日引河过水,8 月 1 日,神仙沟流量已占黄河的 74%,8 月 26 日甜水沟完全淤塞,9 月引河宽已达 300 m,成为神仙沟流路。

2. 罗家屋子人工改道

神仙沟流路自 1960 年自然分汊,改走汊河后河势再度呈现散乱。1963 年汊河又在其南生出新汊,主流从新汊河入海,尾闾河段曲折加长,汛后水位明显升高。1963 年 12 月,河口地区冰凌壅塞,水位急剧上涨,罗家屋子水位比 1958 年洪水位还高 0.30 m,罗家屋子以下大部漫滩,水淹孤岛的军区牧场等村庄 15 个,2 600 余人被水围困,淹没土地 41 万亩,情况十分严重。经山东黄河河务局及惠民专署等有关单位负责人现场查看、分析研究,决定在罗家屋子破堤分水,实施罗家屋子人工改道工程。经山东省委同意后,1964 年 1 月 1 日,在罗家屋子以下 1 100 m 的临河新堤和套堤上动工起爆破堤,爆破后口门迅速扩展,口门的临河滩地冲刷成河道,1964 年 5 月过水占上游来水的 70%,至 7 月 31 日全部夺流,老河道淤闭,改道缩短流程 22 km,新河比降为 2.13‱。黄河有洼拉沟至刁口河入海,成为刁口河流路。

3. 西河口改道

1967 年汛期,刁口河流路延伸 27 km,平均淤积厚度 3.5 m 左右,尾闾河段比降变缓,同流量水位升高。1967 年河口河段出现暂时高水位后,对惠民地区特别是河口南岸油田的安全威胁很大。1967 年底,山东省革委生产指挥部提出了《黄河河口清水沟改道工程扩大初步设计》,经报水电部同意国家计委批准,修做改道清水沟的准备工作,并要求做出 10 ~ 20 年的规划。据此,1968 年 4 月由黄委会主持,30 多个单位参加组成 250 人的河口规划工作队,系统地查勘分析了河口的现状,提出了具体的规划治理方案。西河口运用水位确定为 10 m,相应黄河流量 9 000 m^3/s;1975 年 10 月利津站流量 6 500 m^3/s,在一千二口门分流 1 000 m^3/s 的情况下,西河口水位接近 10 m,超过 1958 年最高水位 0.57 m,已达到改道水位,河口段防洪安全受到严重威胁。为此 1975 年 12 月两省(山东、河南)一部(水电部)郑州会议决定,于 1976 年汛前河口进行有计划的人工截流改道清水沟。1976 年 5 月 27 日,河口改道经清水沟入海,称清水沟流路。

1976 年 5 月 27 日河口改道经清水沟入海至 1985 年,渔洼以下修建的河道整治工程很少,险工只有在 1985 年开始修建位于左岸北大堤 29 + 671 ~ 30 + 735 的三十公里险工。控导工程只有两处:①1977 ~ 1983 年在南防洪堤 7 + 750 ~ 9 + 300 修建护林控导工程;②1978年开始修建位于滩地标桩 171 + 700 ~ 177 + 350 的十八公里护岸工程。由于河道整治工程少,不能起到控导河势的作用。

2.3 1985年年底至2009年阶段

2.3.1 陶城铺至渔洼河段

2.3.1.1 河势变化

1. 陶城铺至北店子河段

该河段左岸为1883年始建的险工和20世纪50年代后修建的控导工程，基础牢固，抗洪能力强；右岸为长（清）平（阴）山区，无堤防，依傍山麓、河滩建有控导工程。1986年，左岸险工与控导工程合计长度为60 km，右岸仅为42 km，明显少于左岸。由于两岸工程不配套，有些河湾右岸无控制工程，仅依靠山根导流，控导能力差，河势不稳，中、小水持续时间长，水流散乱，送溜不力，山根下滩地坍塌坐弯，引起左岸险工河势上提下挫或上首滩岸坍塌，危及堤防安全。如平阴龙桥以上、以下塌滩坐弯，影响东阿毕庄、康口险工溜势变化；田山、望口山、刘山头塌滩坐弯，分别影响到周门前、朱圈、陶邵险工河势上提。为护滩保堤，稳定主溜，1986～2002年，新建南桥上延、黄庄、铁杨、凌庄、张洼5处控导工程，续建丁口、杨庄、陶嘴、田山、刘官庄、顾小庄、桃园、孟李魏8处控导工程。2001年、2004年河道保持小流量时期较长，有的河段水流散乱不集中，河床淤积出现鸡心滩。2001年，东阿范坡、陶邵险工上段、齐河王庄险工下段曾出现数处鸡心滩。长清燕刘宋控导工程上首滩地自2000年开始坍塌，长600～700 m，后继续发展，至2003年坍塌长1 000 m，宽50～105 m，需修做工程防护，避免不利影响。而且长平滩区1976年水毁工程只恢复了1/3，加上原控导工程的布置不完善，控制河势的能力差。

2. 北店子至义和庄河段

该河段是1855年铜瓦厢决口后初期形成的河道，堤防和大部分险工都具一百余年的修建历史，多数控导工程已修建四五十年，河道断面相对窄深，流路规顺，平面外形弯曲，河势演变主要表现在弯道的变化，横向表现为弯道坐深、外移，以致切滩撇弯、裁弯取直；纵向表现为弯道上提下挫（或弯顶下移）。随着流量的变化，平面外形弯曲率与河床边界着溜位置相应发生变化；弯段深槽和过渡段浅滩也交替发生冲淤变化。这段河道长221 km，根据河道形态不同，大体可划分为上、中、下三段（长度比例大致为2:4.5:1.5），上段为槐荫区北店子至章丘胡家岸，中段为胡家岸至东营区麻湾，下段为麻湾至垦利义和庄，上下段是单式河槽，堤距小、短丁坝，临堤下埽，两岸险工对峙，工程密度大，对水流约束力强，河势演变（滩岸坍塌）与工程着溜位置变化尺度与速率相对较小；中段河道相对较宽，复式河槽，多是一岸为险工，另一岸为无控制滩地，有的在滩地一侧于20世纪50年代起建有控导工程，配套尚不够完善，对水流约束力相对较弱，常因一岸滩地坍塌，引起下弯河势发生新的变化。1986～2002年，在长时期中、小水作用下，河势变化较大的河湾多出现在中段，主要表现为上弯滩地坍塌（或工程着溜位置上提），导致下弯河势上提，工程上首滩岸坍塌坐弯，又引起下段河势发生系列变化。为此在这一河段新建济阳大柳店和高青北杜两处控导工程；并根据滩岸坍塌与河势演变需要，有6处险工、10处控导工程续建坝垛82道，其中62道建于1998～2002年期间。2001年汛末，王旺庄险工河势上提，使多年未靠河的6#、7#坝又重新靠水，8#坝着溜加重，12#坝以下主溜外移，打渔张闸前淤积，对引水产生不利影响。济阳史家坞控导工程上首滩地自2000年开始坍塌，长100 m，宽20 m；至2003年汛期、发展为坍塌长1 000余m，宽20～50 m，经请示黄河防总同意，在滩地坍塌段的突出部位紧急抢修3个坝垛，工程长度272 m，护砌长度165 m，滩岸坍塌有所控制，但工程长度不足，需接长续建坝垛。泺口险工1998年脱溜后，影响下游河势的变化。

3. 义和庄至渔洼河段

1981年开始，河出中古店控导工程后河势右移，右岸滩桩152+000～157+000处滩岸坍塌严重。1990年，在滩桩153+750～154+470之间修建(老)十八户控导工程6段坝垛，工程长度720 m，控溜段偏短。1991年，右岸滩桩155+000～156+000处主溜淘刷坐弯，从滩桩157+000处主溜逐渐左移冲向崔家庄。截至1996年，滩桩154+000～156+000处累计坍塌103～345 m。1997年冬至1998年汛前，实施河口挖河固堤启动工程。1998年汛后，(老)十八户控导工程主溜居中，1#～2#坝前淤滩，5#～6#坝着边溜，滩桩155+000至崔家，主溜由居中渐转向左岸，基本沿挖河主槽行进；同期，于滩桩155+000～157+000处修建(新)十八户控导工程1#～12#坝；1999年，又续建13#～20#坝。1999年汛末(老)十八户工程溜势外移不靠水，(新)十八户工程12#～20#坝着边溜。2000～2005年，中古店工程中下段靠河着边溜(2000年、2001年12#～15#坝着边溜，2003～2005年14#～21#坝着边溜)，(老)十八户工程不靠河，(新)十八户工程中下段靠河着溜，一般16#～20#坝着主溜。2003～2005年，中古店工程河势下滑，溜入工程下段弯道，导溜能力增强，(老)十八户工程上首(550 m)滩桩151+540～153+200处塌滩长1 660 m，最大塌宽100 m，平均宽60 m，如继续发展，直接威胁(老)十八户工程安全。

2.3.1.2 河道整治

1. 险工

1985年底统计，陶城铺以下河段共有险工88处，工程长度150.31 km。陶城铺至渔洼河段的险工工程布局已经完成，1985年底以后没有新增险工。1990年10月12日开始黄河第四次大修堤，同时险工坝岸(随大堤加高)也按1995年设防标准开始新一轮的加高改建。1994年开始，险工坝岸随同大堤加高帮宽改按2000年设防标准实施改建加固。黄河下游险工建设的主要内容：一是原有险工随大堤加高，同步进行加高改建，包括原有坝岸拆改、加高及根石加固。二是因河势变化，原有险工上接、下延续建坝岸工程。详见表2-3。

2. 控导工程

1987年1月，黄委会上报水利部《黄河下游第四期(1986—1995年)堤防加固河道整治设计任务书》中提出河道整治的整治原则是：以防洪为主，兼顾护滩、引水和航运。整治的目标是整治中水河槽，控制主流，缩小游荡范围，防止冲决大堤、出现新险，并起护滩作用，整治流量采用5 000 m^3/s。山东河务局提出1986～1995年河道整治工程计划中，陶城铺以下的李溃、大庞、谯庄、南坦、邢家渡5处工程共续建15道坝，新修高青北杜控导工程坝岸15道，由于河槽淤积，同流量水位抬高，其他控导(护滩)工程需相应加高加固。

1990 年 10 月,山东河务局编制《山东黄河“八五”防洪工程规划》上报黄委会,述明:陶城铺以下河段,由于黄河来水来沙条件不断变化,不少河段河势变化较大,又不能及时修做工程,造成河势恶化。同时,20 世纪 80 年代中后期,受投资所限,河道整治工程严重失修、抗洪能力很差,如章丘的马家、王圈、范家园,长清的下巴、顾小庄、董苗,历城的秦道口,滨州的龙王崖、韩家墩等几十处工程,都十分残破,在中小流量时期即出现坝身坍塌冲垮险情,造成防守被动,给防洪带来不利影响。陶城铺以下河段,今后主要是整修改建加固已有工程,增补个别空缺,进一步完善更新增建部分工程。1995 年 10 月,黄委会勘测规划设计研究院编报《黄河下游 1996 至 2000 年防洪工程建设可行性研究报告》(简称《“九五”可研》),明确提出:陶城铺至宁海河段,近期河道虽有变化,但由于河道窄、工程多,限制了主流活动的范围,历年河槽变动不大,主溜只是在控制弯内上提或下延。但由于河道流量年内变幅大,断流干河连年频繁发生,造成河势不断发生变化。1996 ~ 2000 年需修建河道整治工程 8 处,其中新建 2 处(陶嘴、北杜),续建 6 处,工程长度 3.6 km,详见表 2-4。

表 2-3 原有险工上接、下延续建坝岸工程统计表

市局	县局	险工	坝岸编号	段数	完成年份
聊城市局				5	
	东阿县局	井圈	49 + 1#、45 + 1#	2	2002 ~ 2003
	东阿县局	周门前	5 + 1#	1	2003
	东阿县局	陶邵	1 + 1#坝、20 + 1#岸	2	2003
济南市局				4	
	章丘市局	土城子	新 1#坝	1	2003
	历城区局	盖家沟	25#、26#、27#岸	3	1988
滨州市局				7	
	惠民县局	簸箕李	新 6#、新 7#	2	2002
		大道王	新 1#、新 2#	2	2003
		王旺庄	3#、4#、5#	3	2002
河口局				7	
	垦利县局	罗家	3 + 1#	1	2001
	东营区局	南坝头	3 - 8#	6	1996 ~ 2002
合计		10 处		23	

表 2-4 1996~2000 年河道整治工程建设安排情况表

河段	岸别	工程处数	工程名称	修建性质	安排长度(m)
陶城铺至泺口	左	2	南桥	续建	300
			陶嘴	新建	100
泺口以下	左	3	鹊山	续建	600
			八里	续建	100
			五庄	续建	400
陶城铺至泺口	右	1	老徐庄	续建	300
泺口以下	右	2	北杜	新建	1 000
			十八户	续建	800
合计		8			3 600

2002 年 8 月,黄委会勘测规划设计研究院编制《黄河下游 2001 至 2005 年防洪工程建设可行性研究报告》(简称《"十五"可研》),提出:陶城铺以下河段,河道窄,工程控制能力强,主槽变动不大,但局部河段河势上提下挫呈渐变趋势,有的已威胁堤防安全,不容忽视。有些规划的工程没有修建,已建工程长度不满足迎溜、导溜、送溜要求,尚需续建完善;有的工程是在抢险基础上修建的,平面布置不规顺,工程布局不合理,影响导流效果,需调整改建;有的工程年久失修或不常靠河,抗洪强度不足,坝顶高度低,根石坡度陡,深度浅,稳定性差,需要加高加固。《"十五"可研》与《"九五"可研》相比,改变之处为:整治流量选用 4 000 m^3/s 作为陶城铺以下河段的整治流量;陶城铺以下河段控导工程顶部高程和当地滩面平加超高 0.5 m。整治河宽和坝垛冲刷深度均同《"九五"可研》,未有变动。

3.滩区串沟堤河

该河段共有堤沟河六处,章丘刘园—章丘下界、高青孟口、滨城纸坊—张肖堂等三处已进行了治理,惠民王集、滨城上界—大道王、滨城龙王崖等三处尚未治理。具体情况为:

(1)章丘刘园—章丘下界,桩号为左岸 78 +200 ~91 +653,长度为 13.453 km。1998 ~1999 年修建了 9 道防护坝,每道坝长 74 ~134.5 m。其中 78 +200 ~86 +500 堤段,地方政府已投资进行淤改土地,目前该段堤河不明显。

(2)高青孟口,桩号为右岸 126 +200 ~129 +100,长度为 2.9 km,宽 80 ~100 m,深 1.5 ~5.0 m。该段于 1976 年汛期洪水顺堤分流,大堤多次发生冲刷险情。1977 ~1999 年共修建 10 道防护坝,每道坝长 68 ~319 m。

(3)滨城纸坊—张肖堂,桩号为左岸 259 +660 ~263 +800,长度 4.14 km。1976 年汛期,纸坊护滩漫滩,洪水沿堤河在左岸 258 +000 ~264 +000 段顺堤行洪,造成部分堤段堤身坍塌出险,采用淤填方式进行处理,已于 2002 年完工。

(4)惠民王集,桩号为左岸 231 +500 ~233 +150,长度 1.65 km。该段堤沟河距堤脚 50 m 左右,平均宽度在 150 m 左右,深度 1.5 ~3 m,常年有水,已列入《"十五"可研》,准备采用淤填方式进行处理。

(5)滨城上界—大道王,桩号为右岸 160 + 520 ~ 163 + 350,长度 2.83 km。该段于 1976 年汛期漫滩,堤根 100 m 左右范围内顺堤走溜,堤身脱坡、蛰裂,出现大裂缝,后挂柳缓溜、抛枕以缓解险情,已列入《"十五"可研》,准备采用淤填方式进行处理。

(6)滨城龙王崖,桩号为左岸 281 + 600 ~ 286 + 800,长度 5.2 km,该段于 1976 年凌汛顺堤行洪,坍堤出险。现状堤沟河距堤脚 50 m 左右,平均宽度在 150 m 左右,深度 1.5 ~ 3 m,已列入《"十五"可研》,准备采用淤填方式进行处理。

2.3.1.3 河工变化

1. 险工

1)险工续建的平面布置

丁坝坝长一般 100 m 左右,起托溜外移、保护堤岸作用。垛的轴线长度为 10 ~ 30 m,起迎托水流、消减水势的作用。护岸顺堤修筑,起防御正溜、回溜及风浪冲刷作用。

2)险工坝岸结构

(1)坝型。险工坝岸的坝型有三种结构型式:乱石坝、扣石坝、砌石坝,根据设计计算和实践运用情况分析比较,各有优缺点,总体上是护坡式、缓坡坝较好。

(2)坝头型式。丁坝坝头平面型式大致分椭圆头形、圆头形、流线形、斜线形及拐头形五种,从抗溜、防守、施工、投资等方面进行分析比较,圆头形、流线形、拐头形较好。垛的形状有磨盘垛、月牙垛、鱼鳞垛、雁翅垛以及经过改进演变出现的人字垛、抛物线垛等型式,以人字垛使用最多。单一护岸工程修建的较少,一般垛在坝的间距或垛的间距较大时,为防水流淘刷坝裆处而修建,护岸外形平顺,在平面上呈直线型。

(3)标准断面。

①坦石:各类型坝岸坝顶高程均为低于(依附的大堤)设计堤顶高程 1 m。扣石坝和乱石坝坦石水平宽度 1 m,新建坝垛坦石坡度外坡为 1:1.5,内坡为 1:1.3 加高改建,坦石质量好者顺坡加高,否则拆改,退坦加高,不向水中推进帮宽。

②土坝基:考虑抢险、交通及存放备防石等需要,土坝基顶宽采用 12 ~ 15 m,非裹护段边坡 1:2,裹护段边坡同裹护工程内坡。该裹护段土坝基(靠坦石侧)设置 1 m 厚黏土坝胎或土工织物,以防坝体被水流冲刷发生溃膛险情。

③根石:根石台顶宽考虑坝体稳定和抢险需要定为 2 m,高度与 2000 年水平 3 000 m^3/s 流量水位平。根石外坡 1:1.5。

3)险工加高改建措施

(1)坝头平面形式改建。

①丁坝:如原来为圆头形丁坝,坝长不再变化者,可仍按圆头形改建;土坝基如需接长或截短者、坦石需拆除改建者,结合退坦,均按椭圆形坝头改建;原来为其他坝头形式的,在安全、经济原则下,可改建为圆头形或椭圆头形坝头,在具体设计时经方案比较选定。不论采取哪种坝头形式改建,均须严格控制下跨角外伸长度;适当后退上跨角及坝前头,改建后可少出险或不出险。

②石垛:平面型式一般改建为人字形、雁翅形或磨盘形;垛的长度过短者可拆改为护岸。

（2）坝型改建。

通过前述对坝型计算和实际运用情况分析比较，看出：扣石坝和乱石坝坝体稳定性好，出现整体滑塌险情少，出险后也易于抢护，较为适应以后不断改建的特点；砌石坝特点与上述情况相反。因此，坝型加高改建的原则是：砌石坝尽量拆除改建为扣石坝或乱石坝，不再改建为砌石坝，并优先考虑改建为乱石粗排坝；对根石基础较好者可改建成扣石坝。扣石坝和乱石坝不得改建为砌石坝，扣石坝仍改建为扣石坝或改建成乱石坝；乱石坝仍改建为乱石坝。

砌石坝尽先安排改建的条件是：①加高后加抛根石量每米大于 10 ~ 15 m^3；②经过二次及二次以上戴帽加高；③坝坦有明显变形；④原坝高等于或大于 12 m；⑤坝后土胎已出现裂缝。

扣石坝一般不拆坦改建，如有下列条件之一者可进行改建：①根石薄弱，加抛根石量大，“退坦修台”经济合理，节约投资；②坦石有明显变形；③原坝扣石断面单薄，并经多次戴帽加高。

乱石坝一般不拆坦改建，如有下列条件之一者可进行改建：①坝身单薄，坦石变形严重，土胎为砂土；②根石台顶过窄，需要“退坦修台”；③根石坡度过陡，退坦后可增加坝体稳定。

（3）坦石改建。

①加高改建：对不涉及坝头平面形式改建的坝岸，如坦石质量较好，坡度为 1∶1 ~ 1∶ 1.5，根石坚固，顺坡加高后不影响坝体稳定者，可按原设计标准顺坡加高，坝型保持不变。

②拆除改建：有两种情况，一是因坝头平面形式改建，需要拆除局部坦石，另一情况是整个坝岸坦石都需要拆除重建。在改建中，凡是能够退坦者，结合坝型改建尽量退坦加高，以充分发挥已有根石的作用。

（4）根石加固

根石加固分两步走：首先按设计标准一次修够根石坡度、根石台顶高程、宽度，深度达到河床（施工期间坝前河底）；然后在抢险中逐步抛石加固。枯水位以上要求将根石压茬检平；《“九五”可研》规定平均冲刷坑深度为 10 m，坝的上跨角、前头抛部分大块石或铅丝笼。《“十五”可研》规定平均冲刷坑深度为 12 m，根石加固材料采用 50% 笼石，25% 散抛石，25% 混凝土四脚体。

2. 控导（护滩）工程

1）控导工程设计标准

陶城铺以下工程顶部高程与当地滩面高程平。坝岸冲刷深度，根据公式计算并结合坝岸实际根石探摸情况，陶城铺以下河段为 9 m。其工程布局为：新建工程尽量修成凹入型，续建工程有计划地调整改善原有凸出型和平顺型河弯。工程位置线（整治工程坝（垛）头的连线）设计采取连续弯道式，它是一条光滑的复合圆弧线，水流入弯后，诸坝均匀受力，形成以坝护湾，以湾导流的形势，具有导流能力强，出流方向稳定，坝前淘刷较浅，易于修守的优点。

2）丁坝、垛的型式及间距

丁坝采用下挑式，原则上是短丁坝，小裆距，坝轴线与经常来溜方向成 30° ~ 60°的夹角，坝长一般 100 m，裹护长度 100 m，坝型主要有直线形、拐头形和抛物线形，丁坝间距与坝长之比为 1∶1，主要是为了适应河势溜向多变的特点。垛的垂直长度一般为 10 ~ 30 m，间距 50 ~ 70 m，裹护长度 50 ~ 70 m，平面型式有人字型、鱼鳞型和雁翅型等。

3）工程结构

坝垛、护岸均由土坝基、护坡（裹护）、护根三部分组成。土坝基顶宽 10 ~ 15 m，用壤土填筑，并修筑黏土包边和坝胎，厚 0.5 ~ 1 m，边坡 1∶2，有裹护段边坡 1∶1.3，坝前挖槽 1 ~ 2 m，以加深护砌深度；裹护自挖槽底面开始，一般内用柳石枕，外用散抛石，内坡 1∶1.3，外坡 1∶1.5，顶宽 1 m，按照靠溜部位采用不同裹护断面，并考虑预留冲刷铺宽基础，裹护顶高与土坝基平，裹护体总高度陶城铺以下为 9 m；护根采用块石，铅丝笼和柳石枕等抛筑。

4）新续建控导工程坝垛结构型式与断面设计

（1）结构型式。

黄河下游河道整治工程多数为传统的柳石结构。柳石坝具有抗冲、就地取材、便于施工、进度快、节省投资等优点，仍被选定为主要坝型结构。通常采用在土坝体外围裹护防冲材料的型式。一般分为土坝体、护坡和护根三部分。土坝体也称土坝基，用壤土填筑、黏土护表；护坡用块石抛筑；护根用块石、柳石枕、铅丝笼、混凝土四脚体等材料抛筑，经多次抢险加固后逐步达到稳定。

20 世纪 90 年代前后，黄河下游筑坝进行了新结构、新材料、新技术、新工艺试验，收到好的效果，如塑料编织袋护根与网护坝、沉排坝（铅丝笼沉排坝、长管袋沉排坝、铰链式模袋混凝土沉排坝）及混凝土透水桩坝等。沉排坝结构是在坝垛外侧枯水位以下受水流冲刷部位，按最大冲刷深度预先铺放一定宽度的护底材料，让这些材料随冲刷坑的发展逐步下沉，自行调整坡度，达到护底、护脚，防止淘刷的目的。混凝土透水桩坝是以混凝土为主要材料的一种新结构，其作用是通过缓流落淤控制河势，避免柳石结构被动抢险的局面。“十五”期间仍选用上述几种新的坝型结构继续进行试验。

（2）断面设计。

柳石结构分旱地施工和水中进占施工两种断面设计。

旱地施工：土坝基顶宽 15 m（包括 1 m 散抛石），非裹护部分边坡 1∶2，裹护部分边坡 1∶1.3，坝体前挖槽以加深护砌深度，槽深为 2 m，槽底宽 4 m，抛石高度 2 m。裹护体顶宽 1 m，外坡 1∶1.5，内坡 1∶1.3，距坝根 30 m 开始裹护。联坝顶宽 10 m，边坡 1∶2。土坝基与联坝均采取黏土包边厚 0.5 m。

水中进占施工：土坝基顶宽 15 m，非裹护部分水上边坡 1∶2，水下 1∶4，裹护部分边坡 1∶1.3。进占体采用柳石搂厢，占体顶宽 5 m，高出施工水位 1 m，背水坡直立，迎水坡 1∶0.1，占体迎水坡抛柳石枕。距坝根 30 m 开始用散抛石、笼石、混凝土四脚体等裹护，断面尺寸以及联坝结构均同旱地筑坝。

5）控导工程加高加固结构

控导工程加高加固以不改变原坝平面布置和结构为原则。结构同新续建工程。为保证加高后抗冲作用的连续性和整体性，丁坝迎水面至坝前头原坦石需向下拆至原坝底面下 0.5 m；坦石与土坝基土石结合部用 0.3 m 黏土（或砂石料）作垫层。不靠河的坝垛可将前头至下跨角原坦石拆至原地面，并顺原坝坡向下挖深 1 m，边坡 1∶1，使新坦石有一定基础。靠河的坝垛将前头至下跨角原坦石拆至水面之上，在坝前加抛块石，保证边坡稳定。

2.3.2 河口河段

2.3.2.1 **河势变化**

1. 渔洼至护林河段

1982 年以来，渔洼断面以下左岸崔家附近滩地坍塌坐弯，弯道顶点逐年下移，河势变化较大。1985 年后，坍塌速度明显加快，河湾发展加剧，弯顶仍不断下移。自 1982 年到 1994 年年底，崔家滩岸坍塌坐弯、顶点下移 2 800 m，滩桩 158 + 000 ~ 162 + 500 处坍塌宽度 100 ~ 900 m；1993 年 8 月（利津站洪峰流量 2 600 ~ 3 200 m^3/s），滩桩 161 + 000 ~ 163 + 500 处塌滩严重，其中 163 + 000 处累计塌宽 1 000 m 左右，弯顶急剧下移 1 200 m，河槽横向摆动近 1 000 m。1994 年始建崔家控导工程，当年修做 14# ~ 20# 计 7 段坝，汛后 18# ~ 20# 坝着主溜，工程以下左岸滩桩 163 + 100 仍受主溜顶冲。1995 年汛前，崔家控导工程 14# ~ 16# 坝前出滩，19#、20# 坝着主溜，坍塌顶点下移至滩桩 163 + 600 处。1995 年，续建崔家控导工程 21#、22# 坝；同年汛后，崔家控导工程 18# ~ 22# 坝靠水，21# ~ 22# 坝着主溜。“96 · 8”洪水期间崔家工程以下滩岸继续坍塌，最大塌宽 130 m。1998 年汛后，崔家控导工程 16# ~ 22# 坝着溜，22# 坝大溜顶冲，16# 坝以上淤积。1999 年汛后，在滩桩 159 + 500 ~ 160 + 500 处，续建上延了崔家控导工程 7# ~ 13# 坝；并下延了 23# 坝，共计修建 17 段坝垛。1999 年汛末，崔家控导工程溜势下延，20# 坝以上均不靠水。2000 年汛末，崔家控导工程 19# ~ 23# 坝靠水，21# ~ 22# 坝靠大边溜，23# 坝着主溜，7# ~ 18# 坝不靠水。崔家工程河势为持续下延趋势，1999 年新修的 7# ~ 13# 坝一直未靠河，2003 年汛末 7# ~ 18# 坝仍不靠河，坝前淤滩宽 14 ~ 420 m，下段工程 22#、23# 坝着主溜，21# 坝边溜；2005 年为 7# ~ 17# 坝不靠水，19# ~ 23# 坝着主溜，18# 坝回溜。

1982 年，苇改闸河湾开始发展，受左岸崔家河湾演变的影响，cs6 断面上下主溜右移，苇改闸河湾坍塌日趋严重，到 1986 年汛前，右岸滩桩 162 + 000 ~ 164 + 000 处滩岸坍塌 128.5 ~ 195.5 m，为控制河势朝不利方向发展，1986 年汛前，在滩桩 161 + 800 ~ 163 + 500 处修建了苇改闸控导工程，计坝垛 15 段，工程长度 1 700 m，当年 8#、9#、10# 坝着主溜，滩岸未再坍塌。但由于崔家滩岸坍塌、河湾迅速发展，且未及时修建整治工程，致使苇改闸工程溜势不稳，出现上提下挫。1989 年，随着崔家河湾不断下移，苇改闸工程河势明显下延。1992 年汛后，苇改闸工程河势继续下延，5# ~ 6# 坝不靠水，7# ~ 13# 坝靠水无溜，14# ~ 19# 坝着大边溜，河面展宽。1993 年汛前，苇改闸工程河势又上提，8# ~ 11# 坝着主溜；同年 8 月 11 日（利津站洪峰流量 3 200 m^3/s），苇改闸工程主溜下延到 13# ~ 15# 坝；1993 年 9 月 12 日（流量 1 230 m^3/s），苇改闸控导工程全部脱河，坝前新淤滩面宽 200 ~ 1 200 m，整个工程撇弯脱溜；主溜由左岸滩桩 162 + 200 导出至右岸滩桩 164 + 300 处（工程下首 800 m），致使该处（右岸）滩地坍塌严重，从 9 月初至 9 月 12 日坍塌 280 m；1993 年 10 月 23 日（大河流量 1 260 m^3/s），苇改闸工程坝前淤滩宽 1 000 m 左右。1994 年汛前，苇改闸控导工程坝前淤滩最宽处 1 500 m 左右，1995 年汛前达到 2 000 m。1994 年汛后至 1995 年汛前，右岸滩桩 164 +000 ~ 165 +000 处塌滩宽 150 m 左右，1995 年始建生产村护岸工程。“96 · 8”洪水期间，苇改闸控导工程坝前漫水，15# ~ 18#坝曾靠水无溜，19#坝着小边溜，此后至 2005 年苇改闸工程一直脱河。河出崔家直冲生产村护岸工程，复转向西河口工程下首。

西河口扬水船护岸工程（苇改闸对岸）较顺直，控导溜势能力差，其下游不足 1 km 处滩岸坍塌严重，1984 ~ 1987 年，左岸滩桩 164 +500 ~ 166 +000 处坍塌宽 8.8 ~ 49.5 m，为此，1988 年修做西河口控导工程，计坝垛 11 段，工程长度 1 670 m。1990 年，西河口河势下延，9# ~ 12#坝着溜减轻。1993 年汛前，西河口控导工程 6# ~ 8#坝着主溜；同年汛期下延到 9# ~ 14#坝。1994 年西河口工程 5# ~ 8#坝靠溜，着溜点逐渐下移。1995 ~ 2000 年，西河口控导工程一般 8#坝以下靠溜，9# ~ 12#坝着主溜，8#坝上出滩。2001 年汛末，西河口工程 12# ~ 14#坝靠河着溜，2002 年调水调沙后，1# ~ 13#坝全部脱河，仅 14#坝靠河，工程下首滩岸坍塌，造成引水困难。2003 ~ 2005 年，河势变化较大，西河口工程溜势明显上提，4# ~ 14#坝靠河，9# ~ 14#坝着主溜，4# ~ 8#坝边溜。

2. 护林至入海河段

1986 ~ 1988 年，护林控导工程主溜基本稳定在 4#、5#坝，其下左岸滩桩 169 +700 ~ 172 +600 处靠河着溜；1988 年洪水期间，该段滩岸坍塌坐弯，最大塌宽 100 余 m。1989 年，修建八连控导工程 9# ~ 18#坝，由于工程长度不足，上首滩桩 168 +000 ~ 171 +500 处滩岸继续坍塌，171 +000 处当年汛期坍塌 60 m，且工程下首也出现坍塌。1990 年汛前，在八连工程上首续建 1# ~ 8#坝，在下首续建 19#、20#坝，但工程上首长 1.5 km 滩岸仍继续坍塌。1993 年汛期塌宽 15 m，滩唇距顺河路只有 3 m。由于滩地坍塌、实建工程位置线比设计治导线退后，造成右岸十四公里险工处河势上提 400 余 m，防洪堤 13 +600 处靠水着溜，受其影响，对岸孤南油田滩岸坍塌加剧。1994 年汛前，八连工程河势继续上提，1# ~ 3#、9#、17#、18#坝着主溜，工程上首滩岸 100 余 m 塌滩严重，护滩路已塌去 30 余 m，为此续建 01# ~ 03#垛。1995 年，护林 4# ~ 5#坝着主溜，八连工程 02#坝靠水，2# ~ 9#坝着主溜，10# ~ 20#坝边溜；1996 年，03#、02#坝均靠水，8# ~ 9#坝着主溜，01# ~ 2#、4# ~ 7#坝边溜，河出八连工程沿左岸滩嘴转向十四公里险工，主溜基本稳定在防洪堤 14 ~ 15 km 处。1999 年八连工程两头着溜（03# ~ 9#、18# ~ 20#坝），续建 21#、22#坝，河势有上提趋势。2000 年以后，护林工程溜势相对稳定；2003 年，八连工程 03# ~ 9#、17# ~ 21#坝着主溜，10# ~ 16#坝着边溜；该工程上首滩岸坍塌长 1 350 m，平均宽 9.5 m，最大坍宽 15 m，如继续发展有可能抄工程后路，威胁孤南 24 油田安全。十四公里险工 24# ~ 29#坝着主溜，21# ~ 23#、30#、31#坝着边溜。清 3 工程（1993 年始建）1# ~ 4#坝着主溜，5#坝着边溜。清 4 工程（2000 年汛后始建）主溜位置居中偏右，靠 10#、11#坝。2004 年，八连工程续建 04#、05#垛（八连工程共建 27 个坝垛）；十四公里险工 26# ~ 29#坝着主溜，30#、31#边溜。清 3 工程 1# ~ 6#坝着主溜，7# ~ 20#坝不靠河。清 4 工程 11#坝着边溜，1# ~ 10#坝不靠河。2005 年，八连工程基本是全段靠河着溜，05# ~ 01#、1# ~ 5#、10# ~ 18#坝着边溜，6# ~ 9#、19# ~ 22#坝着主溜。清 3 工程 1# ~ 7#、23# ~ 26#坝着主溜，8# ~ 22#坝边溜。清 4 工程仍是 11#坝着边溜，1# ~ 10#坝不靠河。清 3 控导工程上首塌滩坐弯，需修建上延工程；清 4 至清 8 为无工程控制段，河势变化频繁，河道稳定性差，也需按照《黄河入海流路规划报告》实施清 6、清7控导工程。

1986～1987年，清3断面至入海口河段河道宽浅散乱，滩槽差小。1986年6月，胜利油田会战指挥部在清7断面以下500 m处的左岸滩地上开挖一条引河，1987年凌汛期（1986年冬）开始过水；1987年汛前河道分成两股入海，主流在南股，向东偏南方向入海，河道顺直；北股沿开挖的引渠，经垦东15#井至孤东东南4 km处入海，河长近5 km，水面宽60 m，过流占来水的1/5左右。同年9月1日，利津站洪峰流量2 750 m^3/s时，河口水文实验站测得北股引河过流1 200 m^3/s，由于河道顺直，比降较大，过流急速通畅。1988年汛前，主流改在北股，南股过少部分流量，由于分流作用，使清7断面以下老河道淤积严重，主槽呈"浅碟"状，同年6月底，黄河河口疏浚工程指挥部开始治理工程试验，堵复了新河道，水流仍归老河道入海；清10断面以上河道单一顺直，水流集中，河由清10断面向东1.2 km处漫流入海。1989年7月，河道在清10断面以下6 km处出汊向东南摆动4 km入海，洪水时取直向东入海。1992年2～8月，由于河口断流，潮流作用相对加强，清10断面以下河道受潮流往复作用，河道冲刷成6股，南北两岸各3股，口门呈鸡爪形，汛期来水后，河道在清10断面以下6.5 km处急转向南，主流由正南方向入海。1993年8月洪峰过后，水流在上年河道河湾处取直走向东南，在距清10断面11 km处又折向东偏北方向入海，流程缩短3 km。1994年、1995年河口基本无变化。

黄河入海流路自1976年5月从西河口改走清水沟流路以来，至1996年5月行河20年。在此期间，大量泥沙进入河口填海造陆，河口沙嘴不断向海域推进，河长由改道初期的27 km淤积延伸到65 km，共延伸38 km；西河口流量10 000 m^3/s相应水位由改道时的10.0 m（大沽基面，下同）抬高至11.12 m。特别自20世纪80年代中期至90年代末连续枯水，河道淤积萎缩，排洪能力和漫滩流量减低，严重威胁胜利油田与河口地区工农业生产安全。为了缓解该地区防洪压力，延长清水沟流路使用年限，结合胜利油田造陆采油的需要，在不影响黄河入海流路规划的前提下，通过人工控制，合理安排入海口门位置，以充分发挥黄河泥沙资源优势，填海造陆，达到使海上油田变为陆上开采的目的。经报请黄委会批准，1996年5月，在清8断面附近实施了人工出汊改道工程。出汊点位于清8断面以上950 m处，开挖引河长5.88 km，底宽150 m，纵比降1/5 000，平均挖深1.0～1.3 m，设计过流能力250 m^3/s。新汊河入海方向东略偏北，与出汊前河道成29°30′夹角，入海口位置紧靠垦东12油区上首，距北汊1河口14 km，出汊点以下尾闾河道走向由113°N改变为83°30′N。1996年7月18日汊河过流，行水初期河口流量较小，水由引河下泄，此后随着流量增加，水流沿引河漫溢，但主流仍继续在引河内。改道后，河口段河床比降由0.9×10^{-4}增加到1.2×10^{-4}，流路长度缩短16 km，河口侵蚀基面相对降低，加上引河行水后，适逢水沙条件有利，较大流量持续时间较长，至9月出汊点以下河道形成明显河槽，引河刷宽到400 m左右，约为初行水时的2倍。出汊点以下1 km范围内，深泓点水深5～6 m；1 km以下河槽开始展宽，深泓点变浅，入海口门处水深1.1 m。至10月底出汊点以下河道仍单一、顺直、主槽稳定，河道两侧出现明显滩唇，高出原始地面0.5 m。清8出汊后，当年新口门迅速淤出一个小沙嘴，向海突伸约6 km，淤积造陆26 km^2；溯源冲刷影响到清3断面。1998年洪峰期间，清8改汊口门畅通，汊1—汊2断面河槽继续扩宽，河宽350～400 m。1999～2002年小浪底水库蓄水运用，进入河口的沙量相对减少。2002年汛前，西河口以下河长只有 56 km，仅比 1996 年汛后延伸 1 km。自 2002 年开始，下游进行调水调沙，泥沙冲移到河口后，淤积延伸加快，至 2009 年汛末，西河口以下河长达 60 km。

清水沟流路河道长度演变情况：

1976 年 5 月，自西河口至入海口的距离为 27 km；

1987 年汛后，自西河口至入海口的距离为 56 km；

1996 年 5 月，清 8 改汊前，自西河口至入海口的距离为 65 km；改汊后河道缩短 16 km；

1996 年 5 月至 1996 年汛后，当年汛期新口门向海中突出延伸 6 km，自西河口至入海口的距离为 55 km，即 65 - 16 + 6 = 55(km)；

2002 年汛前，自西河口至入海口的距离为 56 km；

2009 年，自西河口至入海口的距离为 60 km。

2.3.2.2 河道整治

1986 年山东黄河河务局组织完成了"关于延长黄河河口现行流路(即清水沟流路，下同)使用年限的技术咨询报告"，研究结果是：清水沟流路预计还可以继续行河 30 年左右。

1989 年黄委会组织完成了"黄河入海流路规划报告"，该规划报告吸取了以往各方面的研究成果，结合清水沟流路的实际情况和经济发展的要求，经过比较充分的分析论证，认为相对稳定现行清水沟入海流路的方案是有利的，也是可行的。根据黄河治理与油田开发统筹兼顾的原则，在控制西河口流量 10 000 m^3/s，防洪水位不超过 12 m(大沽标高)的条件下，清水沟流路自西河口至孤东油田(清 7 断面)的河段在一个较长时间内保持稳定。清 7 断面以下还要保留一定的摆动范围，根据河口延伸及河道水位抬高情况有计划地实行局部改道(改道顶点下移到清 7 断面)，以便适当控制河道淤积延伸幅度，减轻现有油田开发和清 7 断面以上黄河河道的防洪负担。预计现在的清水沟流路还可以继续行河 30 年左右。

为使清水沟流路行河 30 年左右，河道摆动必须限制在清 7 断面以下，要求清 7 断面以上的河道稳定和控制中水河槽。为了达到上述要求，"规划报告"对义和庄至清 7 断面长 59 km 的尾闾河道进行整治。整治原则，第一是因势利导，以现状单一、弯曲和微弯型河道为基础，充分利用现有的控导工程。第二是上下游、左右岸统筹兼顾，按治导线统一规划，形成以坝护湾，以湾导流，曲直相间的单一河道。为了防止顺堤行洪危及堤身安全，在北大堤桩号 22 + 348 ~ 23 + 000、38 + 508 ~ 39 + 465、43 + 270 ~ 43 + 699 等处分别修建二十二公里险工、三十八公里险工、四十二公里险工，并在该段河道从上至下布设的控导工程有中古店、十八户、崔家、苇改闸、西河口、护林、八连、十八公里、清 3、清 4、清 6、清 7 共十二处。整治流量为 4 800 m^3/s，整治河宽为 700 m。对清 7 以下断面的河道，为了防止任意分汊摆动，达到截支强干，束水攻沙，需要修筑导流堤并进行堵串，同时根据河口局部河段及拦门沙淤积情况，适时进行疏浚试验。为防止滚河冲决北大堤，采取淤高北大堤临河堤脚地面的工程措施来治理堤河，自神仙沟闸(北大堤桩号 18 + 300)起至孤岛南围堤末端止，对滩地横比降较大的重点堤段进行淤临，淤临顶高程与滩唇高程向平，淤临宽度 100 m。

1993 年 12 月水利部、山东省人民政府以水计〔1993〕496 号文向国家计委报送“关于报送黄河入海流路治理一期工程项目建议书”，经国家计委批复后，黄河入海流路治理一期工程从 1996 年动工到 2006 年竣工验收，共计 10 年时间。除了清 6、清 7 两处控导工程没有实施外，其他控导工程布点已经完成。初步建成了黄河河口清水沟流路的防洪工程体系；改善了河口河道的河势，西河口 10 000 m^3/s 流量的水位由 1996 年的 11.12 m 到 2007 年降为 10.62 m，降低了 0.5 m，延长了清水沟流路的行水年限。但中古店到崔家河段的十八户控导工程、崔家控导工程布置仍不完善，崔家至西河口河段的苇改闸控导工程自 1993 年脱溜后，至今仍未靠溜，影响了西河口控导及其以下的控导工程的控导能力。

2.3.2.3 河工变化

为使清水沟流路行河 30 年左右，河道摆动点必须限制在清 7 断面以下，要求清 7 断面以上的河道稳定和控制中水河槽，同时河口河道要有利于泄洪排沙入海。

1. 工程布置

整治范围内 1985 年底有险工护岸工程 4 处，多为 1977 年以后新建工程。自上而下为：中古店上段护滩石垛 6 座，工程长 390 m；下段石垛 4 座，工程长 350 m；西河口码头和浮动扬水站乱石护岸，工程长达 950 m；护林工程坝岸 18 段，工程长 1 550 m；十八公里工程护岸长 5 650 m。上述工程对于控制滩岸坍塌，保护堤防安全，控制河势，起到了显著作用。但是由于没有统一规划，工程布局不尽合理。1986 年山东黄河河务局进行了义和庄和八连的河道整治设计，计划新建崔家、苇改闸、八连三处、续建中古店、西河口二处控导工程。到 1988 年底完成了苇改闸、西河口两处。苇改闸控导工程修柳石垛 14 段，工程长 1 660 m。西河口护滩控导工程接修坝垛 14 段，工程长 1 440 m。

1989 年后，在 1986 年义和庄至八连河道整治设计的基础上，将治导线下延到清 7 断面。在义和庄至清 7 断面共布设十八户、崔家、八连、清 3、清 4、清 6 及清 7 等七处控导工程，并续建中古店工程。工程长度见表 2-5。

表 2-5 义和庄至清 7 河段控导工程概况

工程编号	工程项目	工程长度(m)
1	中古店护滩控导工程续建	1 310
2	十八户控导工程新建	2 000
3	崔家控导工程新建	2 520
4	八连控导工程新建	1 600
5	清 3 控导工程新建	3 000
6	清 4 控导工程新建	2 100
7	清 6 控导工程新建	2 600
8	清 7 控导工程新建	2 200
合计		17 330

2. 建筑物布置及工程结构

每处工程分上、中、下三段，即迎溜段、导流段和送溜段，各段比例长度大致为 1∶3∶1。

为适应来溜变化,加大迎溜段曲率半径,治导线呈直线型布置,以作藏头。垛的平面形式有三种:迎溜段采用雁翅型,导溜段采用鱼鳞型,送溜段采用人字型。垛的迎水面与主流线的夹角为25°~30°,挡距90~100 m。在清3、清4两处工程的尾部各布设透水桩坝二道,每道坝由双排管桩组成,坝长99.8 m,坝轴线与主流线的夹角为40°,挡距为150 m。中古店工程,在原有上下两段护滩工程之间的空挡修建抛石护岸长610 m,工程下首修筑潜水丁坝7道和人字型石垛一个,工程长计700 m。

垛的前头冲刷坑按水深9.0 m考虑,迎水面及后尾冲刷坑水深7.0 m,透水桩坝冲刷坑水深按12.0 m考虑。

整治建筑物有石垛和透水桩坝两种基本形式。石垛底部基本采用大型塑料编织袋土枕,上部垛身采用小型塑料编织袋土枕坝胎和散抛乱石护坦。垛的前头底部外压一排铅丝笼护根。透水桩坝采用钢筋混凝土预制空心管桩,长24 m,外径0.6 m。每排由25根桩组成,每3根桩的顶部,前后排桩的顶部和接近地面处采用系梁连接,以增加管桩的刚度。每道坝2排桩,排距1.5 m。

2.4 河道整治经验分析

2.4.1 河道整治与河势变化

河势演变是水流与河道边界两者相互作用的结果。各河段河道边界条件不同,河势演变表现的形态各异。在同一(或相近)水流条件下,河势演变特别是滩岸消长情况,陶城铺至义和庄(义和庄在渔洼上游19 km)与义和庄至入海口两河段相比,后者演变纵、横向变化尺度大,且演变速率快,见表2-6。

表2-6 1986~2005年山东黄河滩地坍塌情况比较表

河段	坍塌长度(m)	坍塌宽度(m)		年均坍塌宽度(m)		说明
		最大	平均	最大	平均	
陶城铺至义和庄	500~1 500	175	10~75	87	10~35	
义和庄至入海口	1 500~5 500	1 000	50~900	220	20~105	

流量是影响河势演变的主要因素之一。即使在较短的时段内流量增减也会造成河势发生变化。通常所述"小水上提,大水下延","小水坐弯,大水漫尖(趋直)",都是反映流量大小对河势演变的影响。小流量时,河道边界对水流约束作用强,水流归槽,流路弯曲;流量增大后,水流惯性力加大,较难改变行进方向,流路趋直,弯曲系数变小;大水漫滩,主槽对水流约束作用减弱,流路趋于顺直。

陶城铺至义和庄河段在人工整治前(自然演变)和整治后因边界条件改变,其河势演变形态也不相同。20世纪50年代,来水来沙较丰,弯曲型河道在长时期、自然演变形态下,河湾弯顶逐年下移,河势演变总体是呈下延趋势,即使是短时期(上弯在滩地坍塌过程中滩尖挑溜)河势上提,最终上弯滩尖塌退,河势仍然下延。但在修建整治工程后,部分河段河床边界石化，特别是进入20世纪80年代中后期至20世纪末，在长时期（十几年）中小水作用下，水行弯曲，多数整治工程上首滩岸连年持续坍塌，造成下游河段河势系列上提，被迫新增或续建上延控导工程，由于河床边界条件改变，受工程约束，弯曲型河段河湾未再呈现总体下延趋势，这一演变特点与20世纪50年代自然演变形态有着明显不同。

陶城铺至义和庄河段的河道整治工程中，共有险工83处，第一处建成的险工是1857年修建的白龙湾险工。在新中国成立前该河段全部险工的位置和布局已经布设完成，新中国成立后没有新添险工。新中国成立前修建的险工是随着新河道形成筑堤后而修建的，修建时无统一河道整治规划，单纯为了保护局部堤段的安全；在紧急抢修情况下顺堤线平面外形修建，或在堵口合龙后筑坝形成险工，受大堤走向、地形和当时的科技水平及社会经济条件限制，布局不尽合理，控导河势的能力差。新中国成立后虽然对部分险工的平面布置进行调整、改造，但由于其位置和工程布局已经固定，很难把险工调整达到河道整治设计治导线的要求。

该河段在新中国成立前没有修建控导工程，新中国成立后在1950年春，在泺口以下少数坍滩坐弯处进行了坍滩防护试验。1952～1955年是该河段大量修建控导工程的时期，以后随着河势变化又新建、续建、改建了部分控导工程。至今虽然已修建了99处控导工程，工程密度较大，控导溜势能力较强，较多河段的河势已得到控制，特别是济南、利津窄河段，两岸险工、控导工程对峙，限制了主流摆动范围，工程靠河着溜部位上提下挫受到约束，但受新中国成立前已建成的83处险工布局的限制，至今仍不能绘制出合理的治导线。还有部分河段（如东阿与平阴、齐河与长清、惠民与高青、滨城与博兴相对宽河段，一岸为险工，另一岸为无控制滩地）两岸工程配套不够完善，布局不尽合理，河势出现新的变化，长时期中小水作用下，上弯滩地坍塌，导致下弯险工（或控导工程）主溜上提，工程上首滩地坍塌坐弯，又引起以下河势发生系列变化；随着大河流量变化，工程着溜部位出现上提下挫或加长与减短，以及靠溜轻重程度不同（如主溜、边溜、回溜、靠水无溜），部分脱河多年的险工、控导工程重新靠河着溜，坝岸出现各类险情。同时，由于2001年，河道保持小流量时期较长，有些河段水流散乱、不集中，河床淤积，出现了鸡心滩。1998～2002年，为稳定河势，确保防洪安全，新、续建了急需的整治工程，如新建黄庄、铁杨、张洼、凌庄、大柳店、北杜等控导工程，对稳定河势起了一定的作用。2002～2009年进行了九次调水调沙，河道水流接近平槽流量，造床能力增强，加上河道水流含沙量较低，河床冲刷下切，河槽变窄变深，河势朝着有利方向发展。例如：济南、滨州等窄河段，枯水期河道内河心滩、鸡心滩、浅滩较多，河床冲刷下切后，原来的河心浅滩、鸡心滩消失，河槽规顺单一；义和庄至汉3断面的河口河段，河床冲刷下切，调水调沙期间最大水面宽度均未超过800 m，且消除了原有的鸡心滩、汊河等不利河势。九次调水调沙还使靠河着溜的河道整治工程及坝岸明显增多，工程控溜能力增强，部分河段的不利河势得到有效调整，例如：2002年调水调沙试验前，垦利纪冯、利津刘家夹河等险工及济阳代家、滨城赵寺勿、垦利宋庄、利津东坝等控导工程均脱河，如今这些工程均靠水靠溜，工程开始稳定地控制溜势。

虽然2002～2009年黄河九次调水调沙，使河势规顺，过流能力增大，靠河着溜的河道整治工程及坝岸明显增多，但调水调沙的实施冲刷了河床，使陶城铺以下河道形态发生变化,部分河段河势上提下挫,左右摆动幅度较大,特别是河道整治工程未配套完善或者工程本身布局不合理的河段尤为严重,例如王庄到东坝河段。在九次调水调沙过程中,由于河势变化,造成部分河段出现塌滩现象,共出现滩岸坍塌 288 处,坍塌长度 220.23 km,坍塌面积 2 649 亩,最大坍塌长度 4 km,最大坍塌宽度 134 m(以上数据包括河口河段)。这都说明黄河陶城铺以下河段河道整治布局的适应性不够,需要进行调整。

1855 年至新中国成立前入海流路任其自然改道而成,河口较大的摆动改道共有 6 次,义和庄至入海口河段新中国成立前没有修建控导工程。新中国成立后,又分别在 1953 年、1964 年、1976 年进行了有计划、有控制的人工安排河口流路的改道工程。现行的清水沟流路的控导工程在 1985 年以前只修建了三处:1971 年修建中古店工程、1977 ~ 1983 年修建护林工程、1978 年修建十八公里工程,由于控导工程少,不能起到控导河势的作用。一直到 1992 年清水沟已行河 16 年后,国家计委才批复"黄河入海流路规划报告",对河口段进行有规划的、较为系统的河道整治工程,修建或完善中古店、十八户、崔家、苇改闸、西河口、护林、八连、十八公里、清 3、清 4 等控导工程,但这一规划在 1996 年才开始建设。由于河口治理资金未能及时到位,河道整治工程进展缓慢,两岸工程不配套,部分河段河势未能得到有效的控制,特别是十八户至崔家河段,滩岸坍塌坐弯严重,错失了整治工程修建时机,对其以下的苇改闸、西河口等河段产生一系列的不利影响,引起河势出现较大变化,如崔家河湾 1982 ~ 1994 年滩岸坍塌长 4.5 km,宽 100 ~ 900 m,弯顶下移 2 800 m;1990 年滩桩 160 + 500 ~ 162 + 500 平均塌宽 105 m,162 + 100 最大塌宽 220 m;1993 年汛期 163 + 000 处塌滩最重,累计达 1 000 m。苇改闸 1982 ~ 1993 年经历了滩地坍塌、建控导工程(1986 年),以及因崔家塌滩导致工程全部脱河,1993 年汛后坝前淤滩 1 000 m,1995 年坝前淤滩达 2 000 m,此后一直脱河;20 世纪 90 年代,义和庄至西河口陆续修建了一些整治工程,1994 年始建崔家控导工程,但节点工程仍未布设完善,十八户至西河口尚未取得较好的治理成效。2000 年小浪底水库投入运用,由于调水调沙和汛期中常洪水的冲刷,并实施了入海流路治理一期工程、河口疏浚试验工程与 3 次挖河固堤工程以及 20 世纪八九十年代河口的两次局部改道(1986 ~ 1988 年临时改道北股、1996 年清 8 改汊),对延长使用清水沟流路、保持泄水排沙入海主通道水流集中、规顺、通畅,起到了积极作用,西河口至清 7 断面河势初步有所控制,但 2002 年黄河首次调水调沙期间,护林—八连控导工程上首摆动幅度也达到了 350 m,造成八连控导上首滩地每年都出现较长距离的滩岸坍塌;清 4 至清 7 河段没有布置节点控导工程,该河段的河势仍不稳定。

目前,陶城铺以下河道的河道整治工程虽然取得显著成效,但还存在不少问题:一是部分工程长度不足,须继续配套,上延或下延;二是一些工程平面布局有缺陷,需调整改善;三是工程高度、强度不足,需加高、加固;四是部分河段槽高、滩地、堤根洼,滚河、横河、斜河威胁存在,应着力加强二级悬河治理。

陶城铺至北店子河段两岸工程长度之和占该河道长度的 98%,但工程分布状况尚不能完全满足抗冲及约束水流的要求,河势仍有一定的变化。北店子至义和庄河段两岸工程长度之和占河道长度的 80%,按此密度,今后还需要考虑安排加修河道整治工程。义和庄至清 7 断面河段河道长 59 km,已建险工和控导工程共 17 处,坝岸 249 段,工程长度

26 km(不含义和庄险工),仅占河道长度的44%,为达到稳定河势、控导主流的目的,仍需增建一定规模的河道整治工程。

2.4.2 河道整治原则

新中国成立前,河道整治虽有一些原则,例如:提出“固定中常水位河槽,依各段中常水位之流量,规定河槽断面,并以修正主河线,设施工程,以求河槽冲深,滩地淤高”等,但由于当时社会、经济和科学技术条件的限制,都未能实施。

新中国成立后,从 1949 年 9 月至 2009 年年底,陶城铺以下河段经过 60 年河道整治的实践→总结研究→提高→再实践的过程,在河道整治的过程中,随着国民经济的发展和治河科学技术水平的提高,河道整治的原则也在不断补充完善,概括起来有以下诸点。

2.4.2.1 全面规划、团结治河

河道整治,必须全面规划,综合考虑上下游、左右岸、国民经济各部门的利益,使整治的综合效益最大,并要发扬团结治河的精神,协调各部门之间的关系,才能达到河道整治的目的。

2.4.2.2 防洪为主、统筹兼顾

1949 年大水期间陶城铺以下窄河段的抢险,使人们认识到即使在堤距很窄的河段单靠堤防也是不能保证防洪安全的。从 1950 年开始在下游由易到难地开展了河道整治。防洪安全是国民经济发展的总体要求,涉及国民经济各部门的利益。因此,进行河道整治必须以防洪为主。同时两岸广大地区需要引水发展工农业生产,补充生活用水;需要引用黄河泥沙资源,淤高改良沿黄一带的沙荒盐碱地;希望通过河道整治,稳定流势,使引水可靠。黄河滩区群众希望整治成一条稳定流路,使滩区高滩耕地不坍塌,村庄不再被塌入河中。交通部门要求河势稳定,加大水深,有利于发展航运和各类桥梁的安全,这些要求都是合理的。因此,在河道整治时,既要以防洪为主,又要统筹兼顾有关国民经济各部门的利益和要求。

2.4.2.3 河槽滩地、综合治理

治槽是治滩的基础,治滩有助于稳定河槽,河槽、滩地互相依存、相辅相成,在一个河段进行治理时,必须河槽、滩地综合治理。

2.4.2.4 分析规律、确定流路

在进行整治之前既要进行现场查勘,又要全面收集各个河段的河势演变资料,分析研究河势演变的规律。根据河道两岸的边界条件与已建河道整治工程的现状,以及国民经济各部门的要求,并依照上游河势与本河段河势状况预估河势发展趋势,来进行河道整治。

2.4.2.5 中水整治、考虑洪枯

中水期的造床作用最强,中水塑造出的河床其过流能力很大,对枯水也有一定的适应性。黄河下游河道,在整治初期提出的整治流量较大,随着整治实践经验的积累,近 30 年来黄河下游各河段均按中水整治,取得了好的整治效果。整治流路要选择与洪水流路较适应的中水流路,在工程布置上要留有一定的河势变化幅度和必要的过洪断面,保持河槽有足够的泄洪能力,以保防洪安全。枯水的造床能力小,但是枯水的时间长,小水河势的

长期作用对中水河势流路有可能发挥破坏作用。1986 年以来，黄河下游水量少，洪峰低，中水时间短，使一些局部河段河势“变坏”，不得不采取一些工程措施来防止河势恶化。因此，按中水整治河道时，还需考虑洪水期、枯水期的河势特点及对工程的要求。

2.4.2.6 依照实践、确定方案

河道整治是个较长的过程，在整治的实践中必须及时总结经验教训，抛弃与河情或与国民经济发展不相适应的方案，完善选用的整治方案。20 世纪 50 年代曾选用纵向控制方案，由于该方案不适应黄河下游河情及国家可提供的治河力量而被舍弃。在黄河下游河道的整治过程中，经过总结，采用了弯道治理，又经补充、完善、比选，采用了微弯型整治方案。

2.4.2.7 以坝护湾、以湾导流

弯道对上游来溜方向较直河段有较好的适应能力，上游不同方向的来溜进入弯道后，经过弯道调整为单一溜势。弯道在调整溜势的过程中逐渐改变水流方向，使出弯水流溜势平稳且方向稳定地送溜出弯，经直河段后进入下一弯道。水流经过数弯后溜势稳定，而直河段就缺乏这些功能。所以，在整治中采用以湾导流的办法。以坝护湾是以湾导流的必要工程措施。水流进入弯道后，对弯道岸边有很强的冲淘破坏作用，如不采用强有力的保护措施，弯道凹岸就会坍塌变形，使弯道已有的导流方向改变，以致影响下游的河势变化。保护弯道可采用多种建筑物形式。若采用护岸形式，运用过程中会在较长的工程段出险，抢护将十分困难。采用坝的优点在于坝头是靠溜的重点，在防守中护住若干点即可保护一条线，人力、物力均可集中使用，有利于工程安全，坝抢险在坍塌严重时尚有退守的余地。因此，在传统结构没有被其他形式的结构替代之前，在人力、料物还不充足的条件下，应按以坝护湾的原则布设工程，尤其是在弯道靠大溜处更是如此。

2.4.2.8 因势利导、优先旱工

在工程建设中要尽量顺乎河性，充分利用河流本身的力量。要加强河势观测，掌握河势演变情况，当河势演变至接近规划流路时，要因势利导，适时修建工程。河道整治工程就施工方法而言，可分旱地施工（旱工）和水中施工（水中进占）两种。在水中进占的过程中，由于水流冲淘，不仅施工难度大，而且需要的料物多、投资大。因此，在工程安排上应抓住有利时机，尽量采用旱工修做整治工程。要随时掌握河势变化状况，当河势演变到接近规划流路时，实施修建工程，当塌至工程前面时，利用水流冲刷进行加固抢险，增加工程的稳定性。在一年内施工也应尽量安排在枯水期，对于水深较浅、流速小于 0.5 m/s 的情况，仍可采用旱地施工方法进行。

2.4.2.9 主动布点、积极完善

主动布点表示河道整治要采取主动行动，在需要修建整治工程的部位，于河势变化的过程中，在塌失阵地之前修建工程，一旦工程靠河着溜即可主动抢险，一面加固工程，一面控导河势。一处河道整治工程布点并靠河后，应加强河势溜向观测，按照工程的平面布局积极完善工程。当河势有上提趋势时，应提前上延工程迎溜，以防改变工程的送溜方向或抄工程后路；当河势有下滑趋势时，应抓紧下延工程，保持整治工程设计的平面布置，以发挥导溜和送溜作用。

2.4.2.10 **分清主次、先急后缓**

河道整治工程在实施的过程中,必须分清主次,先急后缓地修建。对一些很快就会被塌失阵地的工程、对一个河段河势变化影响大的工程、对控导作用明显的工程、对不修工程即会造成严重后果的工程等,应作为重点,优先安排修建。由于来水来沙随机性很大,河势变化又受水沙条件变化的影响,在河道整治实施的过程中,还需根据河势变化情况、投资力度等,及时对重点工程进行调整。

2.4.2.11 **因地制宜、就地取材**

河道整治工程的建筑材料首先应满足工程安全的要求,在此前提下,靠山远的河段可少用石料,或用"胶泥"等代用料,多用柳杂料;靠山近的河段多用石料,但在沙质河床区修建工程时,尚需用一部分柳杂料。随着土工合成材料单价的降低,还可用一些土工合成材料。河道整治建筑物的结构和所用材料要因地制宜,尽量就地取材,以节约投资。

2.4.2.12 **继承传统、开拓创新**

在数千年人们与黄河洪水斗争的过程中,积累了大量的包括河道整治技术在内的治河技术与治河经验,进行河道整治,应很好地继承这些符合黄河特点的技术。随着生产力水平的提高和科学技术的发展,需要结合黄河下游现在的情况,不断地完善、发展,并开拓创新。如由局部防守发展为全河有计划地整治,由被动修工到主动修建工程控导河势;采用新的结构和新的材料等。在进行河道整治的过程中,必须遵循继承传统、开拓创新的原则,逐步把河道整治提高到一个新水平。

2.4.3 工程布置及工程结构

2.4.3.1 **险工**

1. 险工类型

陶城铺以下河段险工多是在新中国成立前大堤紧急抢险情况下,顺堤线平面外形修建,没有考虑因势利导,上下游、左右岸统筹兼顾,"以坝护湾、以湾导溜"的原则。新中国成立后对老险工平面布置做了适当调整,如接长填湾、调整方位、裆距,续建上接或下延坝垛,险工布局得到改善,稳定河势、控导主溜能力增强。陶城铺以下黄河险工大体分四种类型:凹凸不平型、凸出型、凹入型、平顺型。这四种类型的险工就控制河势的效果来说,以凹入型最佳。为了发挥已有险工在河道整治中的作用,对一些凸出型及平顺型的老险工,已采取在险工上、下首接修控导工程的办法进行了改善。新修的控导工程采用凹入型的布局。

2. 平面布置

险工由坝、垛(短坝)与护岸组成,坝、垛、护岸三者是相辅相成的。陶城铺以下河道狭窄,水流横向摆动不大,则以垛为主、护岸为辅,坝多修在堤线内曲或险工下首挑溜外移之处,以迎托水流,不使靠近堤岸。同一河湾工程的不同部位要布置不同的整治建筑物。丁坝的抗溜能力强,易修易守,一般布置在弯道的中下段。垛迎托水流,消杀水势作用较大,一般布置在弯道上部,以适应不同的溜势。护岸工程是一种防护性工程,一般修在两垛或两短坝之间,防止正溜或回溜淘刷,危及垛或坝的安全。因此,工程平面布置中,一般上段布置垛,下段布置坝,个别地方辅以护岸。

由于大中小水险工着溜位置不同，一般规律是“小水上提，大水下延”，“小水坐弯，大水漫尖（趋直）”。因此，险工平面布置须适应不同流量、水位着溜点变化不同的要求。为有效地控导溜势，按照“以坝护湾、以湾导溜”的原则，布置各坝坝头均在一圆滑的曲线上，使各坝均衡抗溜，控制河势效果较好。根据对水流的作用，每处险工大体分为三段：上段迎溜入弯；中段导溜、调整水流方向；下段送溜出弯，工程内坝垛按“上密、下疏、中适度”的原则布置。这是由于在工程上段来溜方向及其“着溜点”变化很大，为使溜势顺利入弯，并避免来溜“钻裆”导致坝垛发生“后溃”险情，所以弯道上段的工程密度应加大些。中段是以湾导溜的主要部位，承受中水大溜顶冲，过密增加工程投资，过疏影响导溜效果，所以丁坝密度要求适中。当水流经过工程上中段调整后，下段溜势已基本平顺，沿坝头方向行进，所以下段工程的间距可以适当放宽。

实践证明，陶城铺以下河段险工坝岸以下挑型式为好，坝轴线与堤线夹角为 30° ~ 60°，自险工上段向下首夹角逐渐增大，险工末端的坝与堤线夹角达 80°。多数坝岸为临堤下埽，坝较短。坝长与垱距之比，一般为 1∶1 ~ 1∶2。丁坝坝头型式有四种，即流线形坝头、圆头形坝头、斜线形坝头、拐头形坝头。当前采用较多的为流线形坝头或上跨角呈抛物线形的圆头坝，拐头形坝有少数工程采用。有的丁坝较长，在迎水面后尾加修一个垛，能托出上口的回溜。临堤下埽的短坝（垛）平面形状有鱼鳞、雁翅、人字、磨盘、月牙或抛物线等形式，根据坝岸所处险工位置、着溜情况及作用不同分别选用，迎水面与大河水流流向夹角一般为 20° ~ 30°。

3. 坝体结构

（1）丁坝由土坝基、土坝基裹护工程（简称裹护）及护根三部分组成。

①土坝基顶宽 8 ~ 12 m，坝前头为便于抢险加宽至 15 m，边坡 1∶2。

②裹护体：在 50 年代初期，主要有石坝（岸）、砖坝（岸）和秸埽三种，到 50 年代末期，将秸埽、砖坝逐渐都改为石坝，实现了险工石化。石坝（岸）分砌石坝（岸）、扣石坝（岸）、乱石坝（岸）三种。

砌石坝（岸）：为重力式挡土墙结构，坝的外坡为 1∶0. 35 左右，内坡直立，坝顶宽 0. 8 ~ 1 m，坝面用沿子石砌垒，整齐美观，坚固耐久，整体性好，抗冲能力强；缺点是坝坡陡，坝前冲刷坑深，高坝稳定性差，依靠较大的根石断面维护坝的安全，不经济。

扣石坝（岸）：为护坡式结构，坝外坡 1∶1 ~ 1∶5，内坡 1∶0. 75 ~ 1∶1. 25，顶宽 0. 8 ~ 1. 5 m。分平扣与丁扣两种，平扣坚固抗冲性能较丁扣差，50 年代后，一般不再修平扣坝。

乱石坝（岸）：为护坡式结构，坝外坡 1∶1 ~ 1∶1. 5，内坡 1∶0. 75 ~ 1∶1. 25，新修坝岸或改建坝岸多先修成乱石坝。这种坝优点是坡度缓、稳定性好，基础变动适应性强，险情易于发现，可以随下蛰、随加修。

以上这三种裹护体各有优缺点，总体上是护坡式、缓坡坝较好。目前，加高改建的坝都采用扣石坝或乱石坝，不采用砌石坝。

③护根即保护坝岸的下半部分坝身和基础下的河床土壤免被冲塌。设计坝岸是把根石作为坝岸的组成部分，与坝身共同抗冲，护根对坝身安全有决定性作用。

（2）新修坝岸工程或抢险，多采用柳石结构，即柳石枕、柳石搂厢等。这种结构具有体积大、缓溜落淤、抗冲性能好，施工进度快，就地取材、少用石料、节省投资等优点。黄河河工有“新工护土，老工固根”之说，新修坝岸主要依靠抛柳石枕或其他护根措施填充冲刷坑，保护坝岸基础底面下的河床土壤不被冲失，使坝岸基础逐渐达到稳固。柳石结构属于临时性或半永久性工程，新修坝岸基础相对稳定后，即改为乱石坝，进而改为扣石坝或砌石坝。

4.加高改建

1）第一次加高改建

50年代初开始，进行了险工坝岸第一次加高改建。主要是拆（翻）修了残破的旧石坝，整修加高原有的砖石坝岸和秸埽；并逐年分批、先主后次，将秸埽、砖坝改为石坝。到50年代末，埽坝改建基本结束，实现了险工石化，埽坝工程强度有了较大地提高。石坝除重力式砌石坝和乱石坝外，并发展了丁扣石坝和平扣石坝。坝高由原来的5～6 m，达到6～8 m。

加高改建标准：坝（岸）顶高出1949年洪水位1.4 m，坝基础底面低于枯水位0.5 m。砌石坝岸顶宽0.8 m，外坡1:0.35，内坡直立；扣石坝顶宽0.7 m，外坡1:1，内坡1:0.75；乱石坝顶宽0.7 m，外坡1:1.5，内坡1:1.2。根石台顶高出枯水位1～1.5 m，顶宽0.5～1.5 m，外坡1:1～1:1.5。

2）第二次加高改建

山东黄河第二次险工加高改建，自1964年开始，至1966年基本结束。这次险工坝岸加高1～2 m，坝高达8～10 m。

加高改建标准：土坝基低于大堤顶0.5 m，高出坝岸顶0.3～0.5 m，顶宽8～12 m，边坡1:2。砌石坝大部分为挖槽顺坡戴帽加高，外坡1:0.35，内坡1:0.2斜插到原坝身，顶宽1 m。新建砌石坝外坡1:0.4，内坡1:0.2，顶宽1 m。扣石坝采用顺坡戴帽加高，内外坡仅为1:1，顶宽0.7 m。根石顶为坝高的1/3，外坡1:1～1:1.5，顶宽1 m。

3）第三次加高改建

自1974年开始按1983年设防标准进行第三次险工坝岸改建工程。这次险工坝岸改建工程截至1985年基本完成，由黄委会组织进行了验收。

加高改建掌握的原则：①砌石坝拆改，仅限于坝身单薄、质量很差、继续加高有困难的坝段，拆改后一部分仍修成砌石坝岸，一部分改建为扣石坝或乱石坝。绝大多数砌石坝岸采取了挖槽顺坡戴帽加高的方法。今后不再新增砌石坝。②扣石坝基础比较稳固，坝身能够满足改建需要的顺坡加高；若需拆改，仍按原坝型修做。③乱石坝一般是顺坡加高；对溜势、根据比较稳定、坝胎土质较好的主坝，采取粗排或修成扣石坝。

加高改建标准如下：

（1）土坝基顶部高程：陶城铺至艾山高出1983年设计洪水位1.5 m，艾山以下高出1983年设计洪水位1.1 m。

（2）裹护工程设计坝岸顶与土坝基顶相平。为给下一次加高留有余地，凡新修或拆除改建均按上述设计坝顶增高2 m进行铺底施工。这次坝岸一般加高2～3 m，改建后坝高为8～12 m，有的高达13 m。

（3）砌石坝：拆除改建外坡1:0.35～1:0.4，内坡1:0.2，顶宽1.5～2 m，基础要求拆至设计根石台顶以下0.5～1 m。戴帽加高内外坡平行，均为1:0.35～1:0.4，顶宽1.5～2

m,挖槽深1.5 ~2.5 m,回填红土坝胎宽度不小于0.5 m。

(4)扣石坝:拆除改建外坡1:1,内坡1:0.8,顶宽1 ~1.5 m。顺坡加高内外坡平行,均为1:1,顶宽1 ~1.5 m,挖槽深1 m,回填红土坝胎宽度不小于0.5 m。

(5)乱石坝顺坡加高,内外坡平行,均为1:1 ~1:1.5,挖槽深1 m,回填红土坝胎。

根石标准:砌石坝主坝根石台顶高出设计枯水位2 ~2.5 m,次坝根石台顶高出设计枯水位1.5 ~2.0 m;顶宽1 ~1.5 m,外坡1:1.1 ~1:1.5。扣石坝和乱石坝根石台顶高出设计枯水位1 ~2 m,顶宽、外坡同砌石坝。

4)第四次加高改建

1990年10月12日开始黄河第四次大修堤,同时险工坝岸(随大堤加高)也按1995年设防标准开始新一轮的加高改建。1994年开始,险工坝岸随同大堤加高帮宽改按2000年设防标准实施改建加固;黄河下游险工建设的主要内容:一是原有险工随大堤加高,同步进行加高改建,包括原有坝岸拆改、加高及根石加固;二是因河势变化,原有险工上接、下延续建坝岸工程。

加高改建的原则为:挑选高度不足、坦石外坡陡、根石薄弱、坝型不合理、老化严重、稳定性差的坝垛进行改建加固。

加高改建设计标准如下:

(1)险工依堤防修建,故属于1级建筑物。

(2)坝顶设计高程比2000年水平设计堤顶高程低1 m。

(3)根石台设计高程主要考虑坝体稳定和中水观测、抢险需要,并减少投资,根石台高程与2000年水平年3 000 m^3/s 的水位平。

改建加固方法如下:

(1)坝型改建。

对于砌石坝,全部改建为扣石坝或乱石坝。对于扣石坝,如果根石薄弱,加抛根石量大,坦石坡度不足或变形明显的应改建。对于乱石坝,如果坝身单薄,坦石变形严重,土胎为沙土,水沟浪窝多,或根石台顶过窄、根石坡度过陡者均进行改建。

(2)坦石改建。

对于坦石质量较好,坡度在1:1.5左右,根石坚固,顺坡加高后对坝的稳定不会造成严重影响时,可以按原设计标准顺坡加高,坝型保持不变。对于坦石坡度不足者,坦石局部或全部拆除改建。

(3)根石加固。

根石台宽度和高度不得少于设计要求,根石坡度按设计要求补足。根石加固首先按设计标准一次修够根石坡度、顶部高程、顶宽,深度修至床面。

2.4.3.2 控导工程

1.控导工程类型

控导工程配合险工,共同发挥控导河势溜向的作用。其平面布置大体有四种类型:河湾控制性工程、节点控制性工程、险工上延或下延性工程、一般护滩性工程。陶城铺以下河段的控导工程大部分属于河湾控制性工程,实践证明,这一类的工程控导主流的作用是比较好的。

2. 工程布置

1)规划治导线

在总结历史河势流路及河弯演变规律的基础上,规划确定流路与治导线。在实施过程中根据河势发展,因势利导作局部调整。一般是弯道与直河段相间布置,相邻上下弯之间联以直线段。有三种基本形式:

(1)直段与弯段相接的连续弯道式。这种布置大体有两种情况:①大弯道、长直河;②小弯道、短直河。前一种布置情况一般较后者水流平顺,主流易于稳定。

(2)陡弯下接较长的直河。

(3)一个弯道分成几组,即一处工程分几组,各组曲率半径不同的布置形式。这种布置形式,当其上弯来流方向发生变化时,本工平面不顺,控流不稳,送流方向随之多变,往往使下弯溜势不稳,防守困难。

连续弯道式,并以大弯道、长直河的布置较好。

2)确定工程位置

按规划治导线确定工程位置,并根据实际情况做必要的修正。一般是采取“上平、下缓、中间陡”的布局,使弯道半径中间小、下段大、上段最大,甚至渐进成直线,整个弯道的平面形状呈凹入型复合圆弧曲线。在工程上首注意做好“藏头”,在下首形成“关门”的形势。已建的控导工程曲率半径一般为 2 000 ~ 4 000 m,少数 1 500 m,有的 5 000 m 或更大;转向角为 60° ~ 120°;直河段长度为 2 ~ 6 km,大于 6 km 时,为求主流稳定两弯中间的直段两岸也据情增设辅助性护滩工程,每处护滩控导工程长度一般在 2 ~ 4 km。

3)建筑物布设

陶城铺以下河段大多数采取柳石堆(垛),中心距为 60 ~ 100 m,围长 40 ~ 80 m,迎水面与流向夹角成 30°左右。柳石堆平面形状做成大体为抛物线形的雁翅或鱼鳞、人字垛等形式,一般依托滩沿修筑,不修连坝。

3. 工程结构

陶城铺以下护滩工程,50 年代初期以透水桩柳坝为主,至 50 年代末期逐渐改为以柳石堆为主,基础稳定后改为石垛。除此还有少量活柳桩坝及柳石潜坝。

透水柳坝优点是具有落淤还滩的效能。其缺点为:造价较柳石堆高;水上施工操作复杂、技术性高;抗冲能力差,凌汛期易遭破坏;维护及出险抢修困难。由于上述缺点,进入 60 年代后,未再修做木桩透水柳坝。

4. 加高改建

控导工程加高加固以不改变原坝平面布置和结构为原则。结构同新续建工程。为保证加高后抗冲作用的连续性和整体性,丁坝迎水面至坝前头原坦石需向下拆至原坝底面下 0.5 m;坦石与土坝基土石结合部用 0.3 m 黏土(或沙石料)作垫层。不靠河的坝垛可将前头至下跨角原坦石拆至原地面,并顺原坝坡向下挖深 1 m,边坡 1:1,使新坦石有一定基础。靠河的坝垛将前头至下跨角原坦石拆至水面之上,在坝前加抛块石,保证边坡稳定。

2.4.3.3 滩区串沟堤河

山东黄河陶城铺以下河段滩区串沟与堤河一般相互连通,而且相辅相成,当洪水漫滩后，先经串沟进入堤河。由于滩面横比降大，往往形成较大支汊分水夺流。历史上往往因串沟、堤河夺流发生滚河、改道，使堤防出险。

新中国成立后，对串沟、堤河，同时采取措施，加以治理。主要是有计划地修建截堵工程建筑物（例如：顺堤行洪防护坝），在洪水漫滩时及利用中常洪水进入串沟堤河的机会，结合引洪淤灌，藉助截堵工程建筑物，使串沟、堤河逐渐淤平。陶城铺以下河段共有堤沟河 6 处，章丘刘园—章丘下界、高青孟口、滨城纸坊—张肖堂等 3 处已进行了治理，但还没经受洪水的考验。惠民王集、滨城上界—大道王、滨城龙王崖等 3 处还没治理，但已列入《“十五”可研》。

2.5 本章小结

黄河下游河道变迁的原因错综复杂，既有自然因素，也有人为因素，其中就包括河道整治、堤岸修建的发展与演变。堤岸的稳定即为河道整治的稳定，亦即河道变迁的约束稳定，故此对于堤岸稳定的分析和判断应运而生。

3 常用堤岸稳定分析方法

堤防一般都是土质边坡，堤防理论分析一般是按土坡来处理，堤防稳定性分析一般按土质边坡稳定性来对待。

从边坡工程研究发展历程可见，边坡稳定性研究发展的过程，同时又是一个边坡稳定性分析方法不断发展的过程。新的边坡稳定性分析方法不断出现，古老的方法又不断得到改进，且逐步由定性向半定量、定量的方向发展。边坡稳定性评价方法大致可以分为两大类，即定性分析方法和定量分析方法。此外，近年来，人们在前面两种分析方法的基础上，又引进了一些新的学科、理论等，逐渐发展起来一些新的边坡稳定性分析方法。本章就各种边坡稳定性分析方法的主要特征及其优缺点作些简要分析。

3.1 定性分析方法

定性分析方法主要是通过工程地质勘察，对影响边坡稳定性的主要因素、可能的变形破坏方式及失稳的力学机制等，以及已变形地质体的成因及其演化史进行分析，从而对被评价边坡的稳定性状况及其可能发展趋势作出定性的说明和解降。其优点是能综合考虑影响边坡稳定性的多种因素，快速地对边坡的稳定状况及其发展趋势做出评价。

3.1.1 自然历史分析法

自然历史分析法主要根据边坡发育的地质环境、边坡发育历史中的各种变形破坏迹象及其基本规律和稳定性影响因素等的分析，追溯边坡演变的全过程，对边坡稳定性的总体状况、趋势和区域性特征做出评价和预测，对已发生滑坡的边坡，判断其能否复活或转化。它主要用于天然斜坡的稳定性评价。

3.1.2 工程类比法

工程类比法实质上就是利用已有的自然边坡或人工边坡的稳定性状况及其影响因素、有关设计等方面的经验，并把这些经验应用到类似的所要研究边坡的稳定性分析和设计中去的一种方法。它需要对已有的边坡和目前的研究对象进行广泛的调查分析，全面研究工程地质因素等的相似性和差异性，分析影响边坡变形破坏的各主导因素及发展阶段的相似性和差异性，分析它们可能的变形破坏机制、方式等的相似性和差异性，兼顾工程的等级、类别等特殊要求。通过这些分析，来类比分析和判断研究对象的稳定性状况、发展趋势、加固处理设计等。在工程实践中，既可以进行自然边坡之间的类比，也可以进行人工边坡之间的类比，还可以在自然边坡和人工边坡之间进行类比。人们收集已有的多个自然斜坡、人工边坡实例，按照一定的格式，把各个边坡实例的发育地点，地质待征（工程地质图、钻孔柱状图、岩土力学参数等）、变形破坏的影响因素、形式、过程和加固设计,以及边坡的坡形、坡高、坡角等收录起来,并有机地组织在一起,建立边坡工程数据库,进行工程类比、信息交流。它可以直接根据不同设计阶段的要求和相关的类比依据,方便快捷地从中查得相似程度最高的实例进行类比,从而能更好地指导实践、节约费用。

3.1.3 物理模型法

物理模型方法是一种发展较早、应用广泛、形象直观的边坡稳定性分析方法。它主要包括光弹模型、底摩擦试验、地质力学模型试验、离心模型试验等。这些方法通常能够形象地模拟边坡岩土体中的应力大小及其分布,边坡岩土体的变形破坏机制及其发展过程、加固后的加固效果等。

3.2 定量分析方法

严格地讲,边坡稳定性分析还远远没有走到完全定量这一步,它只能算是一种半定量的分析方法。目前,工程实际中采用的计算分析方法,客观上讲,都还只是一个粗糙的、综合的"近似"方法。因为在求解中要人为地引入一些假定条件,不同的假定产生不同的计算方法,会得到不同的结果,所以并不存在一个"精确解"。实践证明,只要我们透彻了解它的基本原理,谨慎地选择计算方法和数据,这个近似分析仍能提供合理的解答,使我们顺利解决复杂的问题。

3.2.1 极限平衡法

大多数极限平衡法仅应用静力学概念。然而,除最简单情况外,大多数土坡稳定问题是静不定的,所以必须做些简化假定,才能求出单一的安全系数。由于假定不同,发展出多种方法,因此得到不同的安全系数。这些方法包括瑞典圆弧法、简化毕肖普(Bishop)法、詹布((Janbu)法、斯宾塞(Spencer)法、摩根斯坦 - 普赖斯(Morgenstern - Price)法、不平衡推力传递法等。

3.2.1.1 瑞典圆弧法

瑞典圆弧法首先由彼德森氏(Petterson,K. E,1915)提出。费仑纽斯(Fellenius,W.,1927)和泰勒(Taylor,D. W.,1927)进一步发展了这个方法。由于此法首先在瑞典被采用,因此常被称为瑞典法。

该法除假定滑动面为圆柱面及滑动土体为不变形的刚体外,还假定不考虑土条两侧面上的作用力。安全系数定义为每一土条在滑裂面上所能提供的抗滑力矩之和与外荷载及滑动土体在滑裂面上所产生的滑动力矩和之比。利用土条底面法向力的平衡和整个滑动土体力矩平衡两个条件求出各土条底面法向力的大小和 F_s 的表达式。演算已知土坡稳定时,先假定不同的圆弧,试算找出相应的 F_s,相应于所找出的最小稳定安全系数的滑弧,即为该土坡的最危险滑弧。

由于不考虑条间力的作用,严格地说,对每一土条力的平衡条件不满足的,对土条本身的力矩平衡也不满足,仅能满足整个滑动土体的整体力矩平衡条件。由此产生的误差,一般是求出的安全系数偏低10% ~20%,这种误差随着滑裂面圆心角和孔隙压力的增大而增大。

如图 3-1 所示,假定滑动面为一圆心为 O、半径为 R 的圆弧。将圆弧滑动体分成若干竖直的土条,忽略土体两侧作用力。任取一宽度为 b、高度为 h_i、弧长为 l_i 的土条 i,其上的作用力有重力 W_i、作用于土条底面的抗剪力 $\overline{T_i}$ 和法向反力 $\overline{N_i'}$。N_i 和 T_i 为 W_i 在土体底部法线方向和切向方向的分力,c 和 φ 为土体的黏聚力和内摩擦角,γ 为土体容重。将整个滑动土体内各土条对圆心 O 取力矩平衡,可得 $\sum T_iR = \sum \overline{T}_iR$,故得

$$F_s = \frac{\sum(cl_i + \overline{N}_i\tan\varphi)}{\sum T_i} = \frac{\sum(cl_i + W_i\cos\theta_i\tan\varphi)}{\sum W_i\sin\theta_i} = \frac{\sum(cl_i + \gamma b_ih_i\cos\theta_i\tan\varphi)}{\sum \gamma b_ih_i\sin\theta_i} \tag{3-1}$$

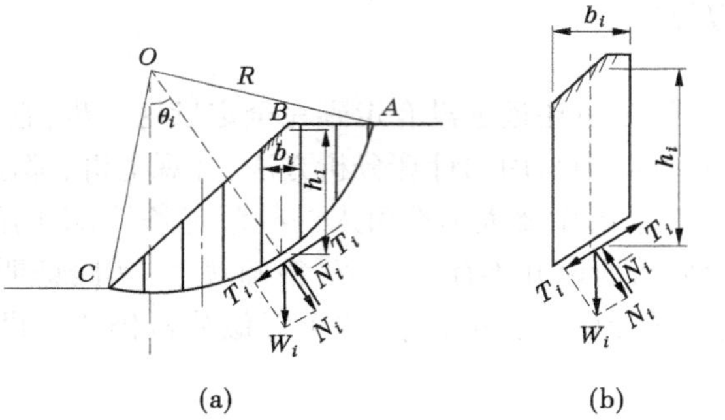

图 3-1 瑞典法计算图式

若取土条宽度均相同,上式可简化为

$$F_s = \frac{c\widehat{L} + \gamma b\tan\varphi\sum h_i\cos\theta_i}{\gamma b\sum h_i\sin\theta_i} \tag{3-2}$$

式中 $\widehat{L}$——滑动圆弧的长度。

3.2.1.2 简化Bishop法

毕肖普(Bishop)对传统的瑞典圆弧法作了重要改进。毕肖普法是条分法的一种,它考虑了土条条间力的作用力,并且假定:①每个土条均与土坡具有相同的安全系数,当土坡处于稳定状态时,任一土条其滑动面上的抗剪力只发挥了一部分,并与此时的滑动力相平衡;②土条分界面上条间力的合力是水平的,假定条间力的切向分量为零。将安全系数定义为沿整个滑裂面的抗剪强度与实际产生剪应力的比值。这比原先由全部抗滑力矩与滑动力矩之比而定义的安全系数合理,适应性广。同时,他考虑了土条之间力的作用,然而这个考虑是有条件的,即 Bishop 假设土条之间只有水平力作用。这个方法称为简化Bishop法。

如图 3-2,仍假定滑动面系一圆心为 O、半径为 R 的圆弧。任取一宽度为 b_i、高度为 h_i 的土条 i,其上的作用力有土条自重 W_i ;作用于土条底面的抗剪力 $\overline{T_i}$ 、有效法向反力 $\overline{N'_i}$ 及孔隙水应力 u_il_i ;假定这些力的作用点都在土条底面中点。除此之外,在土条两侧还分别作用有法向力 E_i 和 E_{i+1} 及切向力 X_i 和 X_{i+1},$X_{i+1} - X_i$ 等于 ΔX_i。

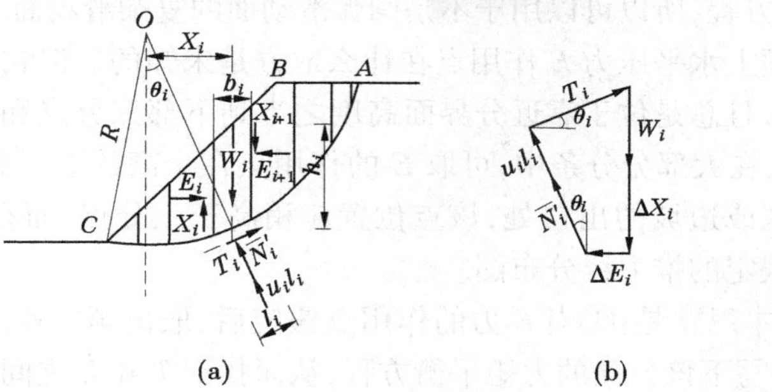

图 3-2　毕肖普法计算图式

根据每一土条垂直方向力的平衡条件，按照安全系数的定义及摩尔－库伦准则，以及在极限平衡时，各土条对圆心的力矩之和应当为零，可得安全系数公式为

$$F_s = \frac{\sum \frac{1}{m_{\theta i_i}}\{c'_i b + [W_i - u_i b + (X_i - X_{i+1})]\tan\varphi'\}}{\sum W_i \sin\theta_i} \tag{3-3}$$

其中

$$m_{\theta i} = \cos\theta_i + \frac{\tan\varphi'}{F_s}\sin\theta_i$$

式中，X_i 及 X_{i+1} 是未知的，为使问题得解，毕肖普又假定各土条之间得切向条间力均略去不计，也就是假定条间力的合力为水平的，这样上式可简化为

$$F_s = \frac{\sum \frac{1}{m_{\theta i_i}}[c'b + (W_i - u_i b)\tan\varphi']}{\sum W_i \sin\theta_i} \tag{3-4}$$

这就是国内外使用相当普遍的简化毕肖普公式。因为 $m_{\theta i}$ 中也有 F_s 这个因子，所以仍要进行试算。在计算时，一般可先假定 $F_s = 1$，求出 m_{Q_i}。再求 F_s，再用次 F_s 求出新的 m_{Q_i} 及 F_s，如此反复迭代，直至假定的 F_s 和算出的 F_s 非常接近为止，根据经验，通常只要迭代 3～4 次就可以满足精度要求，而且迭代通常总是收敛的。

毕肖普法适用于底滑面为圆弧的滑坡。由于在计算中考虑了分条间的水平压力影响，在大多数情况下，安全系数较不考虑分条间相互影响将有所提高，即毕肖普法给出的 F_s 值常较瑞典法给出的为大。

3.2.1.3　Janbu 法

瑞典人詹布(Janbu)提出了考虑非圆弧滑动面的“普遍条分法”，进行土坡稳定分析时，也是将滑动体分成若干个竖直的土条，土条上的作用力与前面分析的情况相同。其假定条件为：①每个土条均与土坡具有相同的安全系数，当土坡处于稳定状态时，任一土条其滑动面上的抗剪力只发挥了一部分，并与此时的滑动力相平衡；②推力线位置假定已知，通常取土条下三分点处。这一方法区别于其他方法的一个重要方面是通过假定土条侧向力的作用点而不是作用方向来求解安全系数。

作了上述假定后，按条块滑动平衡确定条间力，按推力线确定法向力 E 的作用点，简化计算条间切向力 $X=0$，然后利用力的平衡条件，使问题得以解决。在 F_s 的推导过程中没有用到力矩平衡方程，所以可以用于不是圆弧滑动面的复杂滑动面。

实际上，分界面上水平压力 E 作用点在什么地方是未知的。但它至少不会落在滑面以下或紧靠滑面处，且总是位于靠近分界面高度之半到下部三分点和四分点范围内。詹布认为：当 $c=0$ 时，在大部分分条中，可取 E 的作用点在全高的下三分点处；当 $c>0$ 时，则在受压区、被动区或边坡的出口处，该点位置应稍高于三分点，而在主动区，则稍低一点，从而划出一条假定的推力线分布图。

解决问题的基本思路是：①当 E 力的作用点假定后，取出第 i 号分条来考虑，以底部 N_i 作用点处为矩心写下该分条的力矩平衡方程，从而找到 T 和 E 之间的关系式 $T=f(E)$；②找到 T 和 E 之间的关系式后，将所有的荷载及反力、内力均投影在底滑面上，写出力的平衡方程，即可得解。

当在试算过程计算第一循环时，令所有的 T_i 均为 0，只有 E 作用，这就是毕肖普解答。

如图 3-3 所示，土坡坡面是任意的，其上作用着各种荷载，滑动面也是任意的，图中的推力线是指土条两侧作用力（条间力）合力作用点位置的连线。根据每一土条上的作用力应满足的力的平衡条件，假定所有竖向荷载的合力作用线通过土条滑弧面中点，整理得

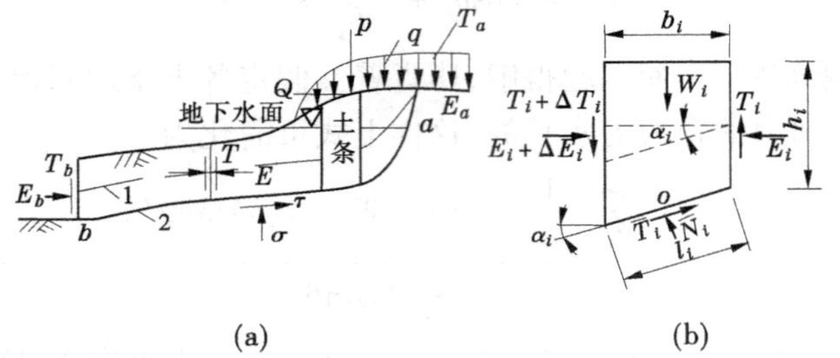

1—推力线；2—滑动面

图 3-3　詹布法计算图式

$$F_s=\frac{\sum \frac{1}{m_{\theta i}\cos\alpha_i}[(W_i+\Delta X_i-u_ib)\tan\varphi_i'+c_i'b]}{\sum(W_i+\Delta X_i)\tan\alpha_i} \tag{3-5}$$

其中
$$m_{Q_i}=\cos\alpha_i+(1/F_s)\sin\alpha_i\tan\varphi_i'$$

式中，ΔX_i 仍然是未知，为求解 ΔX_i，将土条上的作用力对土条滑动面的中点 O 取矩，略去高阶微量，整理后有

$$X_i=\frac{\Delta E_ih_t}{b}-E_i\tan\alpha_t \tag{3-6}$$

$$\Delta X_i=X_i-X_{i-1} \tag{3-7}$$

如 E_i、ΔE_i 已知，则 X_i、ΔX_i 即可求得。

3.2.1.4　Spencer 法

Spencer 法是 Morgenstern - Price 法的一个特例。它假定土条侧向力的倾角为一常

数，即取$f(x)=1$和$f_0(x)=0$，假定相邻土条之间的法向条间力E与切向条间力X之间有一固定的常数关系，即$X/E=\tan\theta$，因此各条间力合力P的方向是相互平行的。

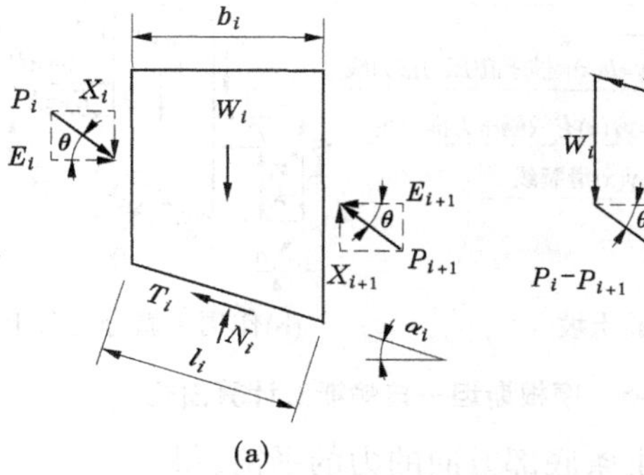

图3-4　斯宾塞法计算图式

如图3-4所示，可求出土条两侧条间力合力之差为

$$P_i - P_{i+1} = \frac{\dfrac{c_i' b_i}{F_s}\sec\alpha_i + \dfrac{\tan\varphi_i'}{F_s}(W_i\cos\alpha_i - u_i b_i \sec\alpha_i) - W\sin\alpha_i}{\cos(\alpha_i - \theta)\left[1 + \dfrac{\tan\varphi_i'}{F_s}\tan(\alpha_i - \theta)\right]} \tag{3-8}$$

对整个滑动土体来说，如果取滑裂面为圆柱面，R就是圆弧半径，而且对所有土条都是常数，则为了要维持力和力矩的平衡，必须满足$\sum(P_i - P_{i+1})=0$和$\sum(P_i - P_{i+1})\cos(\theta_i - \alpha)=0$。当土坡的几何形状及滑裂面已定，同时土质指标又已知时，只有α及F_s两个未知数，问题即可得解。当$\theta=0°$时，用力矩平衡方程求得的安全系数为F_{sm0}，它相当于用简化毕肖普法求出的F_s值。

3.2.1.5　Morgenstern－Price 法

Morgenstern－Price 法对任意形状的滑裂面进行了分析，导出了满足力的平衡及力矩平衡条件的微分方程，并且假定：①每个土条均与土坡具有相同的安全系数，当土坡处于稳定状态时，任一土条其滑动面上的抗剪力只发挥了一部分，并与此时的滑动力相平衡；②推力（即条间力的合力）作用方向与条间面法线的夹角θ为某一已知函数，即$\tan\theta=X/E=\lambda f(x)$，$\lambda$为任意选择的一个常数。

如图3-5(a)所示一任意形状的土坡，其坡面线、侧向孔隙水应力和有效应力的推力线及滑裂线分别以函数$y=z(x)$、$y=h(x)$、$y=y_t'(x)$及$y=y(x)$表示。图3-5(b)为其中任一微分土条，其上作用有重力$\mathrm{d}W$，土条底面的有效法向反力$\mathrm{d}N'$及切向阻力$\mathrm{d}T$，土条两侧的有效法向条间力E'、$E'+\mathrm{d}E'$及切向条间力X、$X+\mathrm{d}X$。U及$U+\mathrm{d}U$为作用于土条两侧的孔隙水应力，$\mathrm{d}U_s$则为作用于土条底部的孔隙水应力。

对土条底部中点（$\mathrm{d}T$、$\mathrm{d}N'$合力作用点）取力矩平衡，然后化简、略去高阶微量，并且认为$\mathrm{d}U_s$的作用点与$\mathrm{d}T$、$\mathrm{d}N'$的作用点重合（取$g=0$），就得到每一土条满足力矩平衡的微分方程式：

$$X = \frac{\mathrm{d}}{\mathrm{d}x}(E'y_t') - y\frac{\mathrm{d}E'}{\mathrm{d}x} + \frac{\mathrm{d}}{\mathrm{d}x}(Uh) - y\frac{\mathrm{d}U}{\mathrm{d}x} \tag{3-9}$$

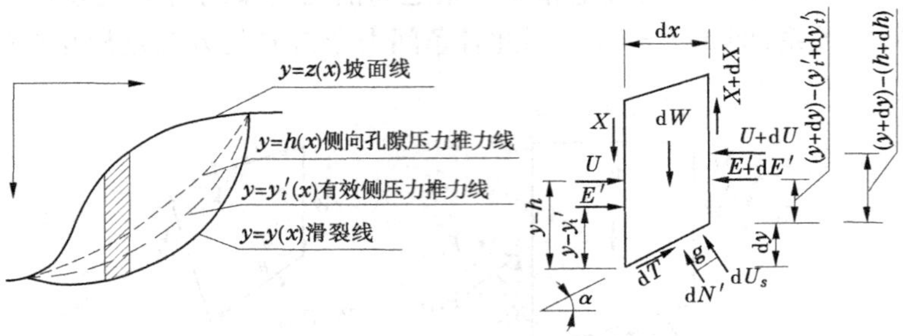

(a)任意形状的土坡　　(b)作用于微分土条上的力

图 3-5　摩根斯坦—普赖斯法计算图式

再取土条底部法线方向和平行土条底部方向的力的平衡，得

$$dN' + dU_s = dW\cos\alpha - dX\cos\alpha - dE'\sin\alpha - dU\sin\alpha \tag{3-10}$$

$$dT = dE'\cos\alpha + dU\cos\alpha - dX\sin\alpha + dW\sin\alpha \tag{3-11}$$

又根据安全系数的定义及摩尔－库伦准则可得

$$dT = \frac{1}{F_s}[c'dx\sec\alpha + dN'\tan\varphi'] \tag{3-12}$$

同时引用毕肖普等关于孔隙应力比 r_u 的定义式 $r_u = \dfrac{u}{\gamma h}$，得

$$dU_s = r_u dW\sec\alpha \tag{3-13}$$

综合以上各式，消去 dT 及 dN'，得到每一土条满足力的平衡的微分方程为

$$\frac{dE'}{dx}\left[1 - \frac{\tan\varphi'}{F_s}\frac{dy}{dx}\right] + \frac{dX}{dx}\left[\frac{\tan\varphi'}{F_s} + \frac{dy}{dx}\right]$$
$$= \frac{c'}{F_s}\left[1 + \left(\frac{dy}{dx}\right)^2\right] + \frac{dU}{dx}\left[\frac{\tan\varphi'}{F_s}\frac{dy}{dx} - 1\right] + \frac{dW}{dx}\left\{\frac{\tan\varphi'}{F_s} + \frac{dy}{dx} - r_u\left[1 + \left(\frac{dy}{dx}\right)^2\right]\frac{\tan\varphi'}{F_s}\right\} \tag{3-14}$$

一般来说，$y = z(x)$、$y = h(x)$ 是已知的，$y = y(x)$ 由我们选定，也是已知的，两个基本微分方程中的 $\dfrac{dW}{dx}$、$\dfrac{dU}{dx}$ 及 $\dfrac{dy}{dx}$ 都可以求出，同时土质指标 c'、$\tan\varphi'$ 及孔隙压力比 r_u 也是给定的。因此，要求的未知量就剩下 E'、X 及函数 $y = y'_t(x)$，还有安全系数 F_s。

为了简化方程，以土条侧面总的法向力 E 来代替有效法向力 E'，则有 $E = E' + U$，其作用点位置 y_t 可用式 $Ey_t = E'y'_t + Uh$ 求出，同时因为 E 和 X 之间必定存在一个对 x 的函数关系 $X = \lambda f(x)E$，式中 λ 为任意选择的一个常数。对每一土条来说，由于 dx 可以取得很小，因此在每一土条内有 $y = Ax + B$、$\dfrac{dW}{dx} = px + q$ 及 $f = kx + m$。其中，A、B、p、q、k 及 m 均为任意常数，可通过几何条件及所选 $f(x)$ 的类型来确定。经过上述处理，基本微分方程式(3-9)可简化为

$$X = \frac{d}{dx}(Ey_t) - y\frac{dE}{dx} \tag{3-15}$$

而式 $T_f = N\tan\varphi = W\cos\alpha\tan\varphi$ 可简化为

$$(Kx + L)\frac{\mathrm{d}E}{\mathrm{d}x} + KE = Nx + P \tag{3-16}$$

其中

$$K = \lambda k\left(\frac{\tan\varphi'}{F_s} + A\right)$$

$$L = \lambda m\left(\frac{\tan\varphi'}{F_s} + A\right) + 1 - A\frac{\tan\varphi'}{F_s}$$

$$N = p\left[\frac{\tan\varphi'}{F_s} + A - r_u(1 + A^2)\frac{\tan\varphi'}{F_s}\right]$$

$$P = \frac{c'}{F_s}(1 + A^2) + q\left[\frac{\tan\varphi'}{F_s} + A - r_u(1 + A^2)\frac{\tan\varphi'}{F_s}\right]$$

现在取土条两侧的边界条件为

$$E = E_i \quad (x = x_i)$$

$$E = E_{i+1} \quad (x = x_{i+1})$$

对方程式(3-16)从 x_i 到 x_{i+1} 进行积分,可以求得

$$E_{i+1} = \frac{1}{L + K\Delta x}\left(E_i L + \frac{N\Delta x^2}{2} + P\Delta x\right) \tag{3-17}$$

这样就可以从上到下,逐条求出法向条间力 E 来,然后根据式 $X = \lambda f(x)E$ 求出切向条间力 X。当滑动土体外部没有其他外力作用时,对最后一土条必须满足条件

$$E_n = 0 \tag{3-18}$$

同时,土条侧面的力矩可以用微分方程式 $F_s = \frac{T_f}{T} = \frac{W\cos\alpha\tan\varphi}{W\sin\alpha} = \frac{\tan\varphi}{\tan\alpha}$ 积分求出,即

$$M_{i+1} = E_{i+1}(y - y_t)_{i+1} = \int_{x_i}^{x_{i+1}}\left(X - E\frac{\mathrm{d}y}{\mathrm{d}x}\right)\mathrm{d}x \tag{3-19}$$

最后也必须满足条件

$$M_n = \int_{x_0}^{x_n}\left(X - E\frac{\mathrm{d}y}{\mathrm{d}x}\right)\mathrm{d}x = 0 \tag{3-20}$$

此时,各条间力合力作用点位置 y_t 可由式(3-19)求出。

因此,为了找到满足所有平衡方程的 λ 及 F_s 值,我们可以先假定一个 λ 及 F_s,然后逐条积分得到 E_n 及 M_n,如果不为零,再用一个有规律的迭代步骤不断修正 λ 及 F_s,直到式(3-18)和式(3-20)得到满足为止。

摩根斯坦 - 普赖斯法是对土坡进行极限平衡分析计算的最一般的方法。如取 $f(x)$ 为一常数,则计算结果与斯宾塞法相同;更特殊一些取 $f(x) = 0$,则相当于简化毕肖普法。

3.2.1.6 不平衡推力传递法

不平衡推力传递法假定每一竖直分界面上 T_i 与 E_i 合力的方向平行于上一条块的底滑面(即 $T_i/E_i = \tan\alpha_i - 1$)。

进行土坡稳定分析时,也是将滑动体分成若干个竖直的土条,土条上的作用力与前面分析的情况相同。对每一个条块分别计算其下滑推力和阻滑力,计算阻滑力时将滑带抗剪强度指标降低 K 倍(K 为待定系数),下滑力与阻滑力之差为该条块的剩余下滑推力。

然后将各条块上的不平衡推力自上而下逐渐传递至最后一个条块,若最后一个条块上的不平衡推力为0,则该系数 K 即为滑坡的稳定安全系数。该方法既可求出在设计安全系数下整个滑坡的总剩余下滑推力(即最末一级条块的下滑推力),为滑坡的防治提供依据,又可求出滑坡的实际稳定安全系数。故在滑坡防治工程设计中被广泛采用。由于该方法考虑了条块间的相互作用,因此计算结果比较符合实际。

不平衡推力传递法适用于底滑面为非台阶状的任何形状的滑坡,对于具有折线型底滑面且滑体物质为散粒、块状结构的滑坡,更为适用。由于在计算中既考虑了分条间的水平压力影响,也考虑了分条间部分剪力的影响,所以在大多数情况下,安全系数 K 值又较完全不考虑分条间剪力影响的 Bishop 法给出的为大。

3.2.1.7 各种极限平衡方法的比较与讨论

条分法迄今已有 80 多年的历史,中间经过不少学者的研究改进,计算方法已日趋完善,但其基本出发点都是一样的,就是假定土体是理想塑性材料,把土条作为一个刚体,按极限平衡的原则进行力的分析,完全不考虑土体本身的应力—应变关系。

各种方法最大的不同之处仅仅在于对相邻土条之间的内力作何种假定,也就是如何增加已知条件使超静定问题变成静定问题。这些假定的物理意义是不一样的,所能满足的平衡条件也不相同,计算步骤有简有繁,在使用时必须注意它们的适用场合。表 3-1 给出了各种方法所能满足的平衡条件及适用情况,可供参考。

表 3-1 各种极限平衡分析方法的比较

计算方法	所满足的平衡条件				滑裂面形式	假设条件	计算手段	
	整体力矩	土条力矩	垂直力	水平力			手算	电算
瑞典圆弧法	Y	N	N	N	圆弧	所有 X_i, $E_i=0$	Y	Y
简化 Bishop 法	Y	N	Y	N	圆弧	$X_i=0, E_i \neq 0$	Y	Y
Janbu 法	Y	Y	Y	Y	任意	$X_i=0, E_i \neq 0$ 推力线位置已知	Y	Y
Spencer 法	Y	Y	Y	Y	任意	条块条间合力相互平行	N	Y
Morgenstern - Price	Y	Y	Y	Y	任意	$X=E\lambda f(x)$	N	Y
不平衡推力传递法	Y	Y	Y	Y	任意	$T_i/E_i=\tan\alpha_{i-1}$	N	Y

注:Y 表示满足,N 表示不满足。

3.2.2 有限单元法

在众多的数值分析方法中,有限单元法(FEM)应用的最广泛。有限单元法以剖分离散和分块插值为指导思想。其基本方法是将连续的求解区域离散化为一组有限个,且按一定方式相互连接在一起的单元组合体,利用每一个单元内假设的近似函数来表达全求解域上待求的未知场函数。由于单元能按不同的连接方式进行组合,且单元本身又可以有多种形状,因此可以对几何形状复杂的求解域模型化。单元内的近似函数通常由未知场函数或其导数在单元的各个节点的数值和其插值函数来表达。这样一来,未知场函数或其导数在各个节点上的数值就成为新的未知量,从而使一个连续的无限自由度问题变成离散的有限自由度问题。一经求出这些未知量,就可以通过插值函数计算出各个单元内场函数的近似值,进而得到整个求解域上的近似值。显然随着单元数目的增加,或者随着单元自由度的增加和插值函数精度的提高,以及近似程度的不断改进,只要单元满足收敛要求,近似解最后将收敛于精确解。有限单元法全面满足了静力许可、应变相容和应力、应变之间的本构关系。同时,因为其是采用数值分析方法,可以不受边坡几何形状的不规则和材料的不均匀性的限制,因此是比较理想的分析边坡应力、变形和稳定性的手段。

3.2.2.1 有限单元法的一般原理

有限单元法实质是变分法的一种特殊的有效形式,其基本思想是:把连续体离散化为一系列的连接单元,每个单元内可以任意指定各种不同的力学形态,从而可以在一定程度上更好地模拟地质体的实际情况,特殊的节理元,可以有效地模拟岩土体中的结构面。

在大多数情况下岩土体材料应采用非线性模型,其中包括岩体弹塑性、蠕变、不抗拉特性以及结构面性质的影响。

3.2.2.2 有限单元法的实施步骤

有限元的重要步骤归纳起来,主要有以下几步:

(1)建立离散化的计算模型,包括以一定形式的单元进行离散化,按照求解问题的具体条件确定荷载及边界条件。

(2)建立单元的刚度矩阵。

(3)由单元刚度矩阵组集总体刚度矩阵,并建立系统的整体方程组。

(4)引入边界条件,解方程组,求得节点位移。

(5)求各单元的应变、应力及主应力。

3.2.2.3 位移模式与单元类型

在一般的有限单元法问题中,常以位移作为未知数,称为位移法。为保证解的收敛性,要求位移模式必须满足以下三条:

(1)位移模式必须能包含单元的刚体位移,即当节点位移是由某个刚体位移所引起时,弹性体内不会有应变。

(2)位移模式必须能包含单元的常应变,即与位置坐标无关的那部分应变。

(3)位移模式在单元内要连续,并使相邻单元间的位移必须协调。

同时,还要求所选的位移模式与局部坐标系的方位无关,即具有几何各向同性。对于线性多项式,各向同性的要求通常就等价于必须包含常应变状态,对于高次模式,就是位移模式不应随局部坐标的更换而改变。对于常应变三角形单元,其位移模式十分简单。这里以常用的四边形等参数单元为例。

等参数单元的概念已普遍地应用于有限单元公式中。“等参数”就是单元的未知位移和几何形状有着共同的参数表述,其基本思想是使用同样的内插函数 N 来表达单元的位移和几何形状。

如果把单元中点的位移表示为

$$\{u\} = [N]\{q\} \tag{3-21}$$

在等参概念中，用同样的函数 N 来表示单元中某点的坐标

$$\{x\} = [N]\{x_n\} \tag{3-22}$$

式中，$\{x\}^{\mathrm{T}} = [x, y]$，$\{x_n\}^{\mathrm{T}} = [x_1, x_2, \cdots]$ 由节点坐标所构成。

先以四节点的四边形等参元为例，如图 3-6 所示，为了便于积分运算，采用了自然坐标系 $\eta-\xi$。这种局部坐标以四边形两对中线连线为坐标轴，坐标原点为 0，单元节点的坐标值为 ±1。由此采用线性插值方法给出函数为

$$N_1 = \frac{1}{4}(1 + \xi\xi_1)(1 + \eta\eta_1) \tag{3-23}$$

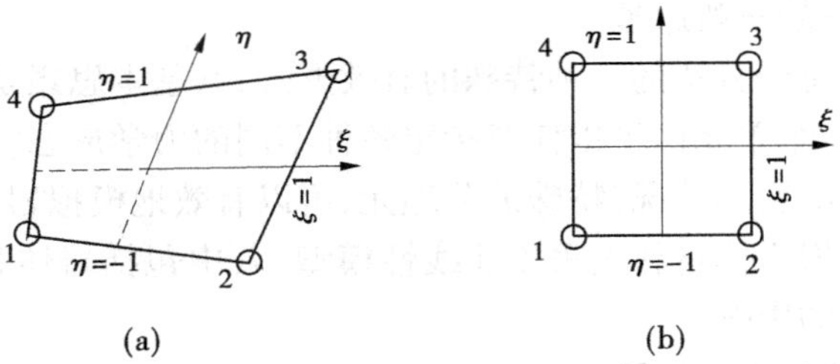

图 3-6 任意四边形等参数单元

其中，ξ_1、η_1 为四边形各节点的局部坐标值，插值函数 N_i 在节点 I 处应等于 1，在其他节点处应等于 0。

3.2.2.4 单元刚度矩阵的建立

对于二维应力—应变问题来说，单元上的每个节点有两个自由度，x 方向的位移 u 和 y 方向位移 v，在矩阵记号中

$$\{u\}^{\mathrm{T}} = [u, v] \tag{3-24}$$

用节点位移表示就可以写作

$$\{u\} = \begin{bmatrix} N_1 & 0 & N_2 & 0 & N_3 & 0 & N_4 & 0 \\ 0 & N_1 & 0 & N_2 & 0 & N_3 & 0 & N_4 \end{bmatrix}\{q\} \tag{3-25}$$

此处 N_i 由上面方程给出，而

$$\{q\}^{\mathrm{T}} = [u_1 \quad v_1 \quad u_2 \quad v_2 \quad u_3 \quad v_3 \quad u_4 \quad v_4] \tag{3-26}$$

单元的几何形态可用同样的 $[N]$ 表示为

$$\{x\} = \{x \quad y\}^{\mathrm{T}} = \begin{bmatrix} [N] & [0] \\ [0] & [N] \end{bmatrix}\{x_n\} \tag{3-27}$$

此处 $\{x_n\}^{\mathrm{T}} = [x_1 \quad x_2 \quad x_3 \quad x_4 \quad y_1 \quad y_2 \quad y_3 \quad y_4]$，在平面应变条件下的应变位移关系为 $\{\varepsilon\} = \{\varepsilon_x \quad \varepsilon_y \quad \tau_{xy}\} = \{\partial u/\partial x \quad \partial u/\partial y \quad \partial u/\partial x + \partial u/\partial y\}^{\mathrm{T}} = [B]\{q\}$ 式中 $[B]$ 可有 N 的某种适当求导而得

$$[B] = \begin{bmatrix} \frac{\partial N_1}{\partial x} & 0 & \frac{\partial N_2}{\partial x} & 0 & \frac{\partial N_3}{\partial x} & 0 & \frac{\partial N_4}{\partial x} & 0 \\ 0 & \frac{\partial N_1}{\partial y} & 0 & \frac{\partial N_2}{\partial y} & 0 & \frac{\partial N_3}{\partial y} & 0 & \frac{\partial N_3}{\partial y} \\ \frac{\partial N_1}{\partial y} & \frac{\partial N_1}{\partial x} & \frac{\partial N_2}{\partial y} & \frac{\partial N_2}{\partial x} & \frac{\partial N_3}{\partial y} & \frac{\partial N_3}{\partial x} & \frac{\partial N_4}{\partial y} & \frac{\partial N_4}{\partial x} \end{bmatrix} \tag{3-28}$$

$$[B_i]=\begin{bmatrix}\frac{\partial N_i}{\partial x} & 0\\ \frac{\partial N_i}{\partial y} & 0\\ \frac{\partial N_i}{\partial y} & \frac{\partial N_i}{\partial x}\end{bmatrix} \tag{3-29}$$

使用变分法来推导单元的刚度方程。

位移法得变分泛函系统的势能$\prod_p$可以表示为

$$\prod_p=\iiint_V \mathrm{d}u(u,v)-\iiint_V(\overline{X}u+\overline{Y}u)\mathrm{d}u-\iint_{S1}(\overline{T_x}u+\overline{T_y}u)\mathrm{d}S_1 \tag{3-30}$$

式中　$\mathrm{d}u(u,v)$——单位体积的应变能；

$\overline{X}$、$\overline{Y}$——规定的体积力分量，即物体的重量；

$\overline{T}_x$、$\overline{T}_y$——规定的表面牵引力；

V——单元体积；

S_1——有规定牵引力作用的曲面。

根据材料是线性的假设，利用弹性理论的结果，将 $\mathrm{d}u$ 表示为

$$\mathrm{d}u=\frac{1}{2}\{\varepsilon\}^{\mathrm{T}}\{\sigma\}\mathrm{d}V \tag{3-31}$$

此处，$\{\sigma\}=\{\sigma_x \quad \sigma_x \quad \tau_{xy}\}^{\mathrm{T}}$ 为应力分量向量。

利用广义虎克定律，应力—应变关系是

$$\{\sigma\}=\{D\}\{\varepsilon\} \tag{3-32}$$

式中，$\{D\}$ 为应力—应变矩阵，对于各向同性线弹性材料来说，它有一对参数构成，这对参数为杨式模量 E 和泊松比 μ，或为体积模量 K 和剪切模量 G，或为拉梅常数 λ 和 ν。

考虑各向同性线性弹性性状，则方程

$\prod_p=\iiint_V \mathrm{d}u(u,v)-\iiint_V(\overline{X}u+\overline{Y}u)\mathrm{d}u-\iint_{S_1}(\overline{T}_xu+\overline{T}_yu)\mathrm{d}S_1$ 变为

$$\prod_p=\frac{1}{2}\iiint_V(\{\varepsilon\}^{\mathrm{T}}\{D\}\{\varepsilon\}-2\{u\}^{\mathrm{T}}\{\overline{x}\})\mathrm{d}V-\iint_{S_1}\{u\}^{\mathrm{T}}\{\overline{T}\}\mathrm{d}S_1 \tag{3-33}$$

式中，$\{\overline{x}\}=\{\overline{X}\,\overline{Y}\,\overline{Z}\}^{\mathrm{T}}$，$\{\overline{T}\}=\{\overline{T_x}\,\overline{T_y}\,\overline{T_z}\}$ 分别是体力和表面牵引力向量。

将 $\{\varepsilon\}=\{\varepsilon_x \quad \varepsilon_y \quad \tau_{xy}\}^{\mathrm{T}}=\left\{\frac{\partial u}{\partial x} \quad \frac{\partial u}{\partial y} \quad \frac{\partial u}{\partial x}+\frac{\partial u}{\partial y}\right\}^{\mathrm{T}}=[B]\{q\}$ 代入式(3-33)得：

$$\prod_p=\frac{1}{2}\iiint_V(\{q\}^{\mathrm{T}}[B]^{\mathrm{T}}[D][B]\{q\}-2\{q\}^{\mathrm{T}}[N]\{\overline{x}\})\mathrm{d}V-\iint_{S1}\{q\}^{\mathrm{T}}[N]^{\mathrm{T}}\{\overline{T}\}\mathrm{d}S_1 \tag{3-34}$$

对节点位移取$\prod_p$得一阶变分，以及引用最小势能原理，从而得到

$$\delta\prod_p=0 \tag{3-35}$$

$$[K]\{q\}=\{Q\} \tag{3-36}$$

此式对于四边形等参单元来说有

$$[K]=h\int_{-1}^{+1}\int_{-1}^{+1}[B]^{\mathrm{T}}[D][B]|J|\mathrm{d}S\mathrm{d}t \tag{3-37}$$

$$\{q\}=h\int_{-1}^{+1}\int_{-1}^{+1}[N]^{\mathrm{T}}[\bar{x}]|J|\mathrm{d}S\mathrm{d}t+\int_{S1}[N]^{\mathrm{T}}\{\bar{x}\}\mathrm{d}S_1 \tag{3-38}$$

式中 $|J|$——雅克比矩阵 $[J]$ 的行列式,可导出整体坐标与局部坐标之间的关系。

$$\left\{\frac{\partial N_i}{\partial x}\right\}\left\{\frac{\partial N_i}{\partial y}\right\}^{\mathrm{T}}=[J]^{-1}\left\{\frac{\partial N_i}{\partial \xi}\right\}\left\{\frac{\partial N_i}{\partial \eta}\right\},\quad I=(1,\ 2,\ 3,\ 4)$$

$$[J]^{-1}=4$$

$$[J]=\begin{bmatrix}\frac{\partial x}{\partial \xi} & \frac{\partial y}{\partial \xi}\\ \frac{\partial x}{\partial \eta} & \frac{\partial y}{\partial \eta}\end{bmatrix}=\sum_{i=1}^{n}\sum_{j=1}^{n}x_i\left(\frac{\partial N_i}{\partial \xi}\frac{\partial N_j}{\partial \eta}-\frac{\partial N_i}{\partial \eta}\frac{\partial N_j}{\partial \xi}\right)y_i$$

其中,h 为单元的等厚度常数。对于平面应变情形来说,取 $h=1$,因此对于平面问题,图 3-6给出的四边形等参单元的刚度矩阵就可以写成

$$[K]_4^{\mathrm{e}}=\int_{-1}^{+1}\int_{-1}^{+1}[B]^{\mathrm{T}}[D][B]|J|\,\mathrm{d}\xi\mathrm{d}\eta \tag{3-39}$$

上式的积分在程序中用高斯积分实现。

相同的推导,可以得到常应变三角形单元的刚度矩阵

$$[K]_3^{\mathrm{e}}=\int_{-1}^{+1}\int_{-1}^{+1}[B]^{\mathrm{T}}[D][B]|J|\mathrm{d}\xi\mathrm{d}\eta \tag{3-40}$$

对于 $[D]$ 及 $[B]$ 为常量的常应变三角形单元有

$$[K]_3^{\mathrm{e}}=[B]^{\mathrm{T}}[D][B]\Delta\cdot t \tag{3-41}$$

式中 Δ——三角形单元面积;

t——单元厚度。

与传统的极限平衡方法相比,边坡稳定分析的有限元法的优点可总结如下:

(1)破坏面的形状和位置不需要事先假定。破坏"自然地"发生在土的抗剪强度不能抵抗剪应力的地带。

(2)由于有限元法引入变形协调的本构关系,因此也不必引入假定条件。保持了严密的理论体系。

(3)有限元解提供了应力、变形的全部信息。

3.2.3 其他方法

凭借计算机技术的发展,数值计算方法和分析方法得到了发展,这其中包括塑性极限分析、模糊极值理论、可靠性分析方法、灰色系统理论分析法、遗传算法、人工神经网络、专家系统、现场检测分析法以及基于 GIS 平台进行稳定性分析等方法,针对于不同的地质条件、水文环境及研究目的等,广泛地应用于稳定分析领域。

3.2.3.1 塑性极限分析和模糊极值理论

与极限平衡法不同,塑性极限分析法是以塑性理论为基础,假定土体是刚塑性体,考

虑了土体中的应力—应变关系，利用平衡条件，屈服条件和流动法则，确定出土坡中的应力场、速度场和极限荷载或土坡临界高度与安全系数。我国潘家铮于1977年提出了滑坡极限分析的两条基本原理，即极小值原理和极大值原理：滑坡体如能沿许多个滑面滑动，则失稳时它将沿抵抗力最小的一个滑面破坏（极小值原理）；滑坡体的滑面肯定时，滑面上的反力（以及滑坡体内的内力）能自行调整，以发挥最大的抗滑能力（极大值原理）。同时还指出，这两条原理是相辅相成的。

从1981年开始，孙君实根据潘家铮提出的两条基本原理，在潘家铮指导下建立和发展起了一种新型的稳定分析理论——模糊极值理论。他首先对边坡稳定分析方法的力学基础进行研究，剖析了塑性力学极限理论蕴含的模糊性，提出滑动机构的概念，证明了给定滑动机构的耗散功能定理，将该定理模糊化，得到了给定滑动面安全系数的模糊极大值定理。再将合理性要求模糊化为滑体内力状态的三项模糊状态条件，构造了模糊函数和模糊约束条件，提出了安全系数的模糊解集和最小模糊解集的概念，建立起了边坡稳定分析"极大中极小"问题的模糊极值理论。这样就摒弃了过去条分法中通过随意假定未知函数求解稳定问题的老办法，变成仅仅是对计算格式稳定性的研究。

3.2.3.2 可靠性分析方法

由于土体本身存在很大的不确定性，就引入了可靠度（或称为破坏概率）的概念：规定的条件下和规定的实用期限内，安全系数或安全储备大于或等于某一规定值的概率，即将边坡保持稳定的概率定义为可靠度。可见，用可靠度比用安全系数在一定程度上更能客观、定量地反映边坡的安全性。可靠度理论是建立在概率统计基础上，以随机变量和随机过程为研究对象，它与定值分析法最大区别是考虑了变量的随机性，并用严格的概率度量结构的安全度，就土坡稳定分析而言，可靠度理论是建立在土体具有的抗力大于荷载效应的概率基础上进行设计和校核的，因此更符合客观实际。

3.2.3.3 模糊评判法

这类方法利用模糊数学的原理，根据影响边坡稳定性主要的内在和外在因子，建立模糊综合评判方案。优点是考虑边坡稳定性的不确定性信息，原理简单，计算简单，结果具有一定的分析可靠度。但是影响边坡稳定性的指标的选取具有经验性，指标和稳定性关系没有明确的关系，隶属度和权数的分配也带有一定的经验性和主观性，要准确评价某个边坡稳定性比较困难。

3.2.3.4 灰色系统理论分析法

灰色数学理论对时间序列短、信息不完全、统计数据少的系统，建模与分析具有独特的功能，是一种研究某些既含已知信息又含未知或未确知信息的系统理论和方法。近年来，灰色理论在边坡变形资料的预测分析中得到了一定的应用。传统的灰色GM(1,1)模型，由于原理简单，方法容易，特别是对数据序列的长度没有太大的限制，因而在岩土工程等领域得到了广泛的应用。该方法的局限性是聚类指标的选取、灰元的白化等带有经验性质。

3.2.3.5 遗传算法

遗传算法模拟生物在自然环境中的遗传和进化过程而形成的一种自适应全局优化概率搜索方法。其显著特点是：不需要梯度信息，不要求函数连续，全局搜索能力强，适合于并行处理和大型复杂优化问题的求解，而且程序通用性强。利用遗传算法确定边坡潜在最危险滑动面及其对应的最小安全系数有很大的优越性，在搜索过程中不容易陷入局部最小值，即使在所定义的适应函数是不连续的、非规则的情况下，它也能以很大的概率找到整体最优解。但是遗传算法对各种实际问题搜索空间的大小变化适应能力较差，计算量大，控制参数的设置技术目前尚无明确理论指导。

3.2.3.6 人工神经网络

人工神经网络(Artificial Neural Network)是在生物功能启示下建立起来的一种数据处理技术，是一种高度的非线性映射处理系统，具有强大的自组织、自学习、自适应和分类计算能力，其特色在于信息的分布式存储和并行协同处理。它是由大量简单神经元互连而构成的一种计算结构，在某种程度上模拟生物神经系统的工作过程，从而具备解决实际问题的能力。人工神经网络中 BP 模型可以不断地学习，使解具有较强的抗干扰能力，个别因素将不会影响计算结果，计算速度快。但人工神经网络不能精确地评估边坡的稳定程度，也不能给出影响边坡的敏感因素，其影响参数的选取具有经验性和主观性。

3.2.3.7 专家系统

专家系统就是一种按某学科及相关学科专家的水平进行推理和解决问题，并能说明其缘由的计算机程序。它把某一位或多位专家的知识、工程经验、理论分析、数值分析、物理模拟、现场监测等有效的知识和方法有机地组织起来，建成一个边坡工程知识库，然后利用智能化的推理机(一个控制整个系统的计算机程序)来模拟并再现人(专家)脑的思维(推理与决策)过程，吸收其合理的知识结构，寻求优化的技术路径。同时，它又能建立计算机模型，结合相关学科不同专家的知识进行推理和决策，对所研究的对象进行评价。专家系统弱点是：因为它是把各种专家知识从人类专家的头脑或其他知识源知识人工地转换到知识库中的，故费时低效；对于动态和复杂的系统，其推理规则是固定的，难以适应变化的情况；对于有大量数据的输入，由于数据中存在较强的干扰因素，因此使得专家系统的结果受到很大影响；专家系统不能从过去处理过的事例中继承地学习，这使知识获取更加困难。

3.2.3.8 现场监测分析法

岩石流变力学认为岩体的变形破坏是一个过程。岩质边坡工程由稳定状态向不稳定状态的突变也必然具有某种前兆。捕捉这些前兆信息并对其进行分析和解释，将可更好地认识边坡岩土体变形的发展过程和失稳的征兆及其判据。人们在生产实践的过程中早已认识到这个问题，并对之越来越重视。在发展其他边坡稳定性分析理论与方法的同时，又开展了现场监测技术方法、监测结果分析方法等的研究，力图通过现场监测所获得的信息如位移、位移速度、应力、声发射率、氡气 $-\alpha$、脉冲频率、地下水等有关特征，来对边坡岩土体稳定性做出评价和预测，为加固处理设计提供服务，同时，又能对加固措施的加固效果进行检验，为施工的安全保护等提供信息。由于现场监测结果直观可靠，因而利用监测结果对边坡过程的稳定性进行分析，已成为目前边坡工程中稳定性评价极其重要的一种方法。

3.2.3.9 基于 GIS 平台进行稳定性分析

GIS(地理信息系统)有强大的空间数据处理分析功能，与边坡稳定分析相关的数据可以方便地取得,其分析结果也能方便地在数字地图上表示和分类。基于 GIS 平台的边坡稳定分析是边坡稳定性研究一种新的发展趋势。

3.2.3.10 物理模型法

物理模型方法是一种发展较早、应用广泛、形象直观的边坡稳定性分析方法。它主要包括光弹模型、底摩擦试验、地质力学模型试验、离心模型试验等。这些方法通常能够形象地模拟边坡岩土体中的应力大小及其分布,边坡岩土体的变形破坏机理及其发展过程、加固后的加固效果等。

3.3 本章小结

现今使用的土质边坡稳定分析方法大致可以分为两类:一类是定性分析方法,一类是定量分析方法。

定性分析方法主要是通过工程地质勘察,对影响边坡稳定性的主要因素、可能的变形破坏方式及失稳的力学机制等的分析,对已变形地质体的成因及其演化史进行分析,从而给出被评价边坡一个稳定性状况及其可能发展趋势的定性的说明和解降。定性分析法具体有自然历史分析法、工程类比法等。

土质边坡稳定分析定量分析法大致可以分为两类,一类是基于极限平衡理论的条分法,包括瑞典圆弧法、简化 Bishop 法、Janbu 法、Spencer 法、Morgenstern - Price 法、不平衡推力传递法等;另一类是数值分析方法,如有限单元法、可靠性分析法、灰色系统理论分析法等。另外,还有一些新方法、新思路,如塑性理论、基于 GIS 平台进行稳定性分析等。

在如此多的理论和方法中,基于传统和习惯以及工程实用性等原因,工程技术人员和工程设计人员通常都是按照各种各样的规范采用极限平衡法进行土坡稳定计算,用传统的安全系数概念来评价土质边坡的稳定性。但这并不妨碍一些方法、理论在不同工况条件对稳定分析的应用和探索。

4 考虑洪水浸泡的堤岸土性参数试验研究

4.1 工程背景

黄河下游堤岸很多段是明清以来陆续修建，经过多次加高培厚而成的。由于黄河下游堤岸的特殊性，常年不临水，临水即高位，并且黄河下游多年水位较低，河漫滩裸漏，两岸居民多在滩地上栽种农作物、树木，甚至盖房居住，这很不利于泄洪，因此要考虑洪水长期滞留的问题。而在常规的堤岸稳定分析中，往往忽视了洪水长期浸泡对堤岸稳定的影响。

黄河水利委员会关于《黄河下游2005～2010防洪工程建设可行性研究报告》（简称《“十一五”可研》）中提出了标准化堤防的概念，本文主要的研究对象是黄河下游的标准化堤防，以黄河下游标准化堤防济南段右岸桩号28+000堤岸为例，研究标准化堤岸在洪水长期浸泡和水位升降条件下的稳定性。

标准化堤防是以防御黄河花园口站洪峰流量22 000 m^3/s为设计防洪标准，在临黄河一侧种植30～50 m宽的防浪林，防止风浪对堤岸的破坏；背河侧设置80～100 m的淤区；堤坡1:3；将黄河大堤堤顶加宽至10～12 m，堤顶修成沥青路面，每10 km左右与堤下公路连通；堤顶两侧种植行道林，堤肩种植鲜花、堤坡植草皮，同时还在大堤边上的淤背区域种植林木，在坡脚以外10 m宽的地块种植杨柳。在河势危及的相关堤段建立险工和控导工程。控导工程是在滩岸前沿修建的坝垛护岸工程，具有控导河势和保护滩地的作用。险工是紧邻大堤修建的由丁坝、垛、护岸共同组成的护堤建筑物，并和控导工程共同控制河势变化，保护堤防安全。

黄河下游标准化堤防略图见图4-1 。

(a) 堤顶路面

(b) 险工坝头及主河道

图4-1　黄河下游标准化堤岸略图

(c) 备防石

(d) 险工护坡

(e) 堤岸土坡

(f) 险工坝头及护坡

续图 4-1

4.1.1 自然概况

山东黄河沿岸地形以平原为主,河道由东西向折为东北向,流向自低纬度流向高纬度。由于纬度的差异,冬季气温上暖下寒,封河溯源而上,冰层下厚上薄,往往形成凌汛威胁。山东位于暖湿带季风气候区,春季多风而干旱,夏秋季炎热多雨而湿润,冬季寒冷少雪,大陆性气候显著,多年平均气温 13.5 ℃。年降水量的 70% ~80% 集中在 6 ~9 月,雨量丰枯悬殊,多年平均降雨量 689.2 mm,春旱严重且历时长。

4.1.2 洪水

4.1.2.1 洪水特征

黄河下游洪水主要由中游暴雨所形成的,上游来水主要构成其基流。年际内洪水发生时间多为 6 ~10 月。黄河中游的洪水主要来自河龙间(河口镇至龙门区间)、龙三间(龙门至三门峡区间)和三花间(三门峡至花园口区间)。

小浪底水库建成后,威胁黄河下游防洪安全的是小花间(小浪底至花园口区间)洪水。据实测资料统计,小花间的年最大洪峰流量 5 ~10 月均可出现,但大洪水集中在 7 月上旬至 8 月中旬。该区间形成的洪水峰高量大,一次洪水历时 5 d 左右,连续洪水历时可达 12 d 之久。

4.1.2.2 黄河下游河道调蓄影响

河南孟津至山东垦利县河道面积4 150.7 km^2。其中，滩区面积3 450 km^2，占河道面积83.21%，而滩区面积大部分（62.07%）集中在孟津至陶城铺河段。由此可见，黄河下游河道是一个相当大的自然滞洪区，对洪水有显著的滞洪削峰作用，尤其对小花间发生的较大洪水，因峰型较瘦，其滞洪削峰作用更为显著。

4.1.2.3 黄河下游的设计洪水

小浪底水库建成后，黄河下游防洪工程体系包括：上拦工程有三门峡、小浪底、陆浑、故县四座水库；下排工程为两岸大堤，设防标准为花园口22 000 m^3/s 流量；两岸分滞工程为东平湖滞洪水库。进入黄河下游的洪水，须经过防洪工程体系的联合调度。

按照各水库及滞洪区的防洪运用方式，《"十一五"可研》中对典型洪水进行了防洪调度计算。计算成果为：花园口设防流量22 000 m^3/s 相应的重现期为近1 000年，东平湖的分洪运用几率为30年一遇。东平湖水库调洪后，在其以下黄河大堤的设防流量，由黄河干流下泄流量与支流加水组成，干流下泄流量为10 000 m^3/s，支流来水按1 000 m^3/s 考虑，艾山以下大堤设防流量为11 000 m^3/s。

4.1.2.4 设计防洪水位

通过对2010年及2000年两水平年设防水位对比可以看出，2010年设防水位略低于2000年设防水位。考虑到黄河下游河床还要淤积升高，为统一建设标准，以2000年设防水位作为本堤岸加固工程的设计依据，黄河下游主要控制站2000年设防水位成果见表4-1，采用直线内插法推算该工程各堤段设计洪水位。

表4-1 黄河下游主要控制站2000年的设防流量和设防水位

站名	大堤桩号		设防流量（m^3/s）	设防水位（m）
	左岸	右岸		
花园口	97+100	13+000	22 000	94.46
柳园口	167+628	85+850	21 800	83.03
夹河滩	188+580	112+900	21 500	78.31
石头庄	17+113	172+390	21 200	70.07
高村	55+000	207+900	20 000	65.12
苏泗庄	80+84	240+100	19 400	61.58
邢庙	124+200	269+500	18 200	56.67
孙口	163+950	326+925	17 500	50.79
南桥	20+500	山	11 000	45.85
艾山	30+500	山	11 000	45.01

注：表中高程为黄海高程系。

4.1.3 地质条件

4.1.3.1 工程地质

工程区位于华北断块区的华北平原断块坳陷亚区，东濮凹陷构造单元内，为新华夏系第二沉降带的一部分,以受新华夏的北东向和北西向构造的控制为主。

4.1.3.2 地层岩性

在勘探深度内,场区分布地层主要为人工填土(sQ_4)、第四系全新统河流冲积层(alQ_4)和第四系上更新统河流冲积层(alQ_3),按成因及土性的不同自上而下共分为5层,分述如下。

1.人工填土(sQ_4)

①层 壤土:棕黄色,不均匀,以壤土为主,局部近粉砂,混掺少量黏土,干-潮湿,坚硬-硬塑,为堤身土。

2.第四系全新统河流冲积层(alQ_4)

②层 砂壤土:棕黄色、灰黄色,局部近壤土,含腐殖物,夹壤土微薄层,可塑~硬塑。

③层 壤土:灰黄色、灰色,总体上偏粗近砂壤土,含少量腐殖物,具黏土和砂壤土微薄层,水平层理明显,软塑-可塑,局部流塑。

④层 砂壤土:棕黄色、灰黄色,不均匀,局部为轻壤土,夹黏土及壤土夹层,含少量小姜石,饱和,可塑。

3.第四系上更新统河流冲积层(alQ_3)

⑤层 黏土:棕红色、棕黄色,以重黏土及黏土为主,较均匀,仅在局部夹砂壤土及壤土小夹层,可塑-硬塑。

⑥层 砂壤土:以重粉质砂壤土为主,棕黄色,灰黄色,棕灰色,均匀,见腐殖物,可塑。

4.1.4 土的物理力学性质

根据要求,原状土样进行了颗分、比重、密度、天然含水率、液限、塑限、剪切、压缩及渗透试验,提出了每个土样的物理力学性质指标。

分层土的物理力学性质指标是采用戈罗贝斯方法舍弃不合理数据后进行统计计算的算术平均值(渗透系数采用几何平均值),根据各土层实际的岩性特征并考虑取样试验过程的影响,提出物理力学指标建议值,如表4-2所示。

表4-2 土的物理力学性质指标

土层编号	土层名称	重度 γ(kN/m^3)		黏聚力 c(kPa)	内摩擦角 φ(°)	渗透系数 (m/s)
		自然容重	饱和容重			
1	填土(壤土)	17.24	19.31	39.8	20.86	6.66×10^{-7}
2	砂壤土	15.82	18.91	25.0	27.76	4.47×10^{-6}
3	壤土		18.80	21.0	24.2	7.89×10^{-7}
4	砂壤土		19.80	26.0	25.8	6.02×10^{-7}
5	黏土		18.00	39.0	2.1	8.25×10^{-9}
6	冲填土		19.10	10.0	25.8	9.47×10^{-8}

4.2 试验准备

在土质边坡的稳定分析中,合理确定土的强度参数非常重要。从各种天然、人工边坡的失稳实例来看,在边坡表面上荷载并没有明显的变化,而往往在降雨、地下水位上升、长期地质演变等因素下导致滑坡发生。本章主要探讨黄河下游堤岸在长期洪水浸泡下堤身土的强度参数的变化情况。洪水时期,正常水位以上土体受洪水浸泡作用,堤岸土质软化,其土体强度明显下降,同时由于堤内浸润线抬升而使渗透力增大,这些因素都增加了堤岸的不稳定性,可能给堤岸安全带来隐患。文献[5]~[9]对水浸泡后土的强度指标的变化和由此引发的边坡稳定问题作了研究,认为土质边坡受到高水位的洪水浸泡会导致强度指标黏聚力 c 降低。

黄河下游堤岸堤身土土质不同于长江等其他大江大河堤岸,多以壤土为主,所以洪水浸泡下的堤身土的强度参数的变化不同于其他堤岸堤身土,无法参照。本章对黄河下游标准化堤岸济南段右岸桩号 28 +000 段堤岸进行了在洪水长期浸泡条件下的土的强度指标试验研究,并从土的强度参数的角度探讨了受洪水长期浸泡的堤岸稳定性,为实际工程中的黄河堤岸的治理提供参考。

4.2.1 试样制备

取土堤段为黄河下游标准化堤岸济南段右岸桩号 28 +000,堤身土为壤土和砂壤土,主要物理力学指标见表 4-3。

表 4-3 土样的主要物理性质指标

土样名称	颗粒组成(%)			干密度(g/cm^3)	含水率(%)	比重 G_s
	粉粒		黏粒			
三角定名(SD 128 -001 -84)	0.075 ~0.05 mm	0.05 ~ 0.005 mm	<0.005 mm			
中粉质壤土	12.6	80.9	6.5	1.53	15.0	2.72
重粉质砂壤土	7.8	76.1	16.1	1.48	9.1	2.69

试验前,依据中华人民共和国行业标准《土工试验规程》(SL 237—1999),分别制备直剪与三轴试验所用土样若干,另外,根据试验所需,将其中部分,按不同时间要求浸泡于水中,如图 4-2、图 4-3 所示。

4.2.2 试验方法及试验设备

为了调查洪水浸泡对土的强度特性的影响,试验时分别准备了浸水和不浸水试样,进行了压缩试验、直接剪切试验中的快剪试验、不固结不排水(UU)三轴试验。

固结试验设备采用南京土壤仪器厂生产的 WG -1B 型三联动中压固结仪,直剪试验设备采用由国家电力公司南京电力自动化设备总厂生产的 DJY -4 型四联等应变直剪仪,三轴试验设备是由国家电力公司南京电力自动化设备总厂生产的SJ－1A型三轴剪力仪。所有试验数据,均为微机自动采集,该仪器是南京电力自动化设备总厂制造的TSW－3型土工试验微机数据采集处理系统。

图 4-2　固结试验及快剪试验土样浸泡

图 4-3　不固结不排水试验土样浸泡

4.3　试验过程及结果分析

4.3.1　压缩试验

由于黄河堤岸有通行要求,故要做堤身土被水浸泡不同时间后的压缩试验,试验结果见表4-4、表4-5 及图4-4 。

表 4-4　不同浸泡时间壤土压缩试验结果

浸泡时间	压缩系数 a(MPa^{-1})		压缩模量 E_s(MPa)	
	试验值	增加比例(%)	试验值	降低比例(%)
不浸泡	0.24		7.39	
浸泡 24 h	0.47	95.8	3.79	48.7
浸泡 48 h	0.55	129.2	3.23	56.3
浸泡 72 h	0.53	120.8	3.35	54.7
浸泡 120 h	0.59	145.8	3.01	59.3

表 4-5　不同浸泡时间砂壤土压缩试验结果

浸泡时间	压缩系数 a(MPa^{-1})		压缩模量 E_s(MPa)	
	试验值	增加比例(%)	试验值	降低比例(%)
不浸泡	0.11		16.48	
浸泡 24 h	0.15	36.4	12.09	26.6
浸泡 48 h	0.15	36.4	12.11	26.5
浸泡 72 h	0.14	27.3	12.97	21.3
浸泡 120 h	0.18	63.6	10.08	38.8

图 4-4 是将试样先在 100 kPa、200 kPa、300 kPa、400 kPa 的固结压力下等向固结后，对不同浸水时间的试样分别进行的压缩试验所得的压缩曲线。可以看出，浸水使土的压缩系数明显增加，压缩模量明显降低，抗压强度降低。从表 4-4、表 4-5 可以看出，壤土、砂壤土在浸水 120 h 后，土的压缩系数比不浸水时分别增加了 1.46 倍和 0.64 倍。浸水时间相同时，壤土比砂壤土更容易被压缩，变形更大。

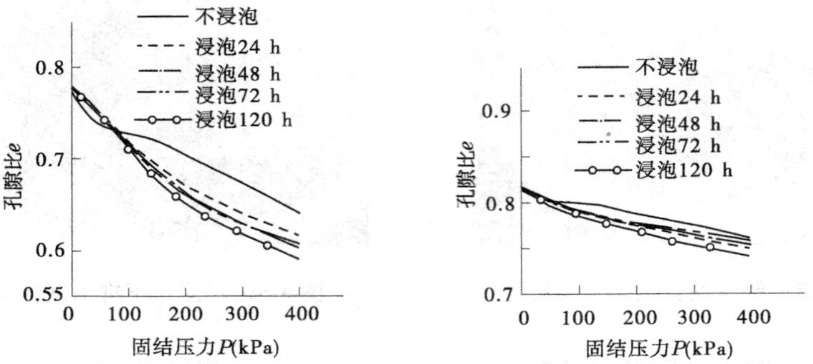

(a)不同浸泡时间壤土压缩曲线　　(b)不同浸泡时间砂壤土压缩曲线

图 4-4　压缩试验结果

4.3.2　直接剪切试验

试样浸泡完成后，用直剪法中的快剪测得土体的抗剪强度。表 4-6、表 4-7 分别为壤土和砂壤土两种土体在不同浸泡时间后的强度变化情况。

表 4-6　不同浸泡时间壤土快剪试验结果

浸泡时间	第一组				第二组			
	黏聚力 c		内摩擦角 φ		黏聚力 c		内摩擦角 φ	
	试验值（kPa）	降低比例（%）	试验值	降低比例（%）	试验值（kPa）	降低比例（%）	试验值（kPa）	降低比例（%）
不浸泡	39.8		20.86		36.8		21.24	
浸泡 24 h	24.6	38.2	19.47	6.7	23.5	36.1	19.15	9.8
浸泡 48 h	19.4	51.3	20.86	0.0	19.7	46.5	20.40	4.0
浸泡 72 h	13.9	65.1	20.13	3.5	9.7	73.6	21.80	-2.6
浸泡 120 h	10.9	72.6	20.85	0.0	11.9	67.7	20.98	1.2

由表 4-6、表 4-7 可以看出，土体的凝聚力随浸泡时间的增长大幅度下降，浸泡 120 h 后壤土的凝聚力下降了 72.6%，砂壤土的凝聚力下降了 62.8%。这是因为土的凝聚力是由土在成岩过程中的土粒间所形成的结晶连结、黏土粒间的分子引力、黏性土具有的水胶连结和粒间毛细压力四部分组成，而水的浸泡破坏了这些力，使得土样在浸泡后凝聚力迅速下降。由于土体的摩擦角大小取决于土体颗粒的组成成分，浸泡时间只改变土体颗粒

间的胶结程度,不改变其成分,所以从表 4-6、表 4-7 可以看出土体的内摩擦角变化很小,可以认为浸泡不改变土体的摩擦角的大小。由于壤土比砂壤土的黏粒含量要高,故壤土凝聚力在浸泡同样时间时,比砂壤土降低更大。内摩擦角的大小,主要决定于颗粒的矿物成分、粒度成分、土粒形状、密度、湿度和剪切速度等,所以水的浸泡对土体的内摩擦角影响较小。参看图 4-5、图 4-6。

表 4-7　不同浸泡时间砂壤土快剪试验结果

浸泡时间	第一组				第二组			
	黏聚力 c		内摩擦角 φ		黏聚力 c		内摩擦角 φ	
	试验值（kPa）	降低比例（%）	试验值（kPa）	降低比例（%）	试验值（kPa）	降低比例（%）	试验值（kPa）	降低比例（%）
不浸泡	25		27.76		25.6		24.84	
浸泡 24 h	21.8	12.8	25.20	9.2	22.5	12.1	25.62	-3.1
浸泡 48 h	19.4	22.4	25.76	7.2	19.6	23.4	25.70	-3.5
浸泡 72 h	16.4	34.4	25.87	6.8	14.4	43.8	26.42	-6.4
浸泡 120 h	9.3	62.8	25.93	6.6	9.7	62.1	25.65	-3.3

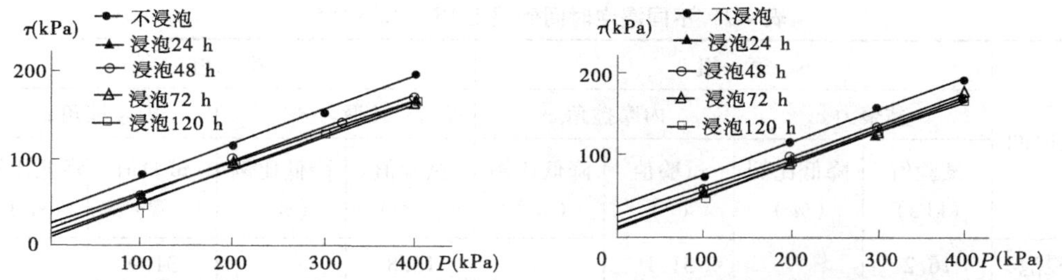

(a)不同浸泡时间壤土的快剪试验强度(第一组)　(b)不同浸泡时间壤土的快剪试验强度(第二组)

图 4-5　不同浸泡时间壤土快剪试验结果

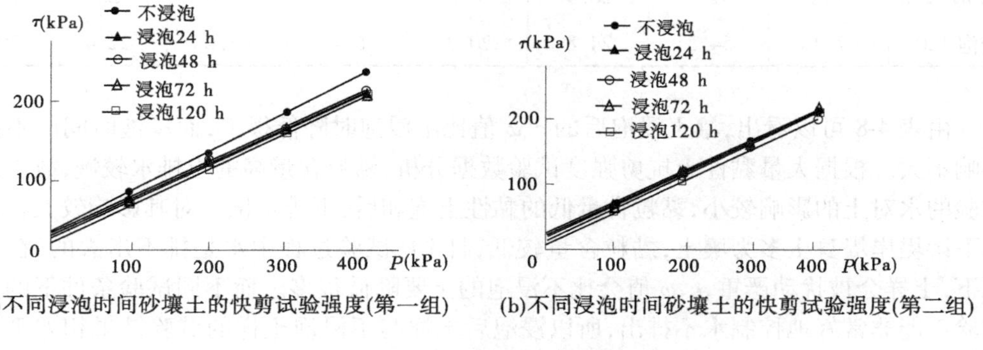

(a)不同浸泡时间砂壤土的快剪试验强度(第一组)　(b)不同浸泡时间砂壤土的快剪试验强度(第二组)

图 4-6　不同浸泡时间砂壤土快剪试验结果

这里做了两组试验,即表 4-5、表 4-6 中的第一组和第二组,目的是对照两组试验结果,以确定试验的误差范围。结果表明,两组试验结果基本一致。在后续章节的各种工况下的渗流和稳定计算分析中,所用参数取自第一组试验结果。

4.3.3 不固结不排水(UU)三轴试验

试验时对浸水和不浸水试样分别取围压为 50 kPa、100 kPa、200 kPa、400 kPa 进行了 UU 试验。由 UU 试验结果整理得出浸水和不浸水试样的强度指标 c 和 φ 见表 4-8、表 4-9,并参看图 4-7、图 4-8。

表 4-8 不同浸泡时间壤土 UU 试验结果

浸泡时间	第一组		第二组	
	黏聚力 c(kPa)	内摩擦角 φ(°)	黏聚力 c(kPa)	内摩擦角 φ(°)
不浸泡	32.6	20.7	33.0	20.8
浸泡 24 h	12.3	5.1	17.6	7.4
浸泡 48 h	12.2	4.6	17.5	6.6
浸泡 72 h	12.0	4.4	14.4	8.6
浸泡 120 h	11.8	5.4	13.2	4.7

表 4-9 不同浸泡时间砂壤土 UU 试验强度

浸泡时间	第一组				第二组			
	黏聚力 c		内摩擦角 φ		黏聚力 c		内摩擦角 φ	
	试验值(kPa)	降低比例(%)	试验值(°)	降低比例(%)	试验值(kPa)	降低比例(%)	试验值(°)	降低比例(%)
不浸泡	16.2		31.1		18.8		31.9	
浸泡 24 h	14.1	13.0	26.6	14.5	13.9	26.1	29.3	8.2
浸泡 48 h	11.6	28.4	25.7	17.4	11	41.5	26	18.5
浸泡 72 h	10.1	37.7	28.9	7.1	9.7	48.4	26	18.5
浸泡 120 h	7.4	54.3	24.8	20.3	6.1	67.6	22.4	29.8

由表 4-8 可以看出,壤土浸泡后的 c、φ 值比不浸泡时降低很多,而浸泡时间的不同却影响不大。根据大量黏性土抗剪强度试验数据分析,黏粒含量高的土排水较慢,故不排水试验的水对土的影响较小,黏粒含量低的黏性土饱和后,不排水试验对其影响较大。而黄河下游堤岸堤身土多为壤土,黏粒含量较低,且 UU 试验过程中水是排不出去的,在此情况下,土样会被扰动严重,c、φ 值会比不浸泡的土要降低很多。而不同试验条件下的快剪试验不能非常好地控制水不排出,所以浸泡后土样与不浸泡土样的试验结果相差不会如 UU 试验明显。

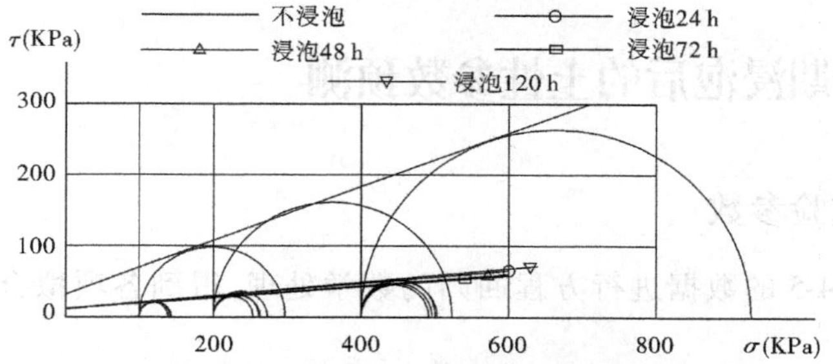

(a)不同浸泡时间壤土UU试验摩尔圆(第一组)

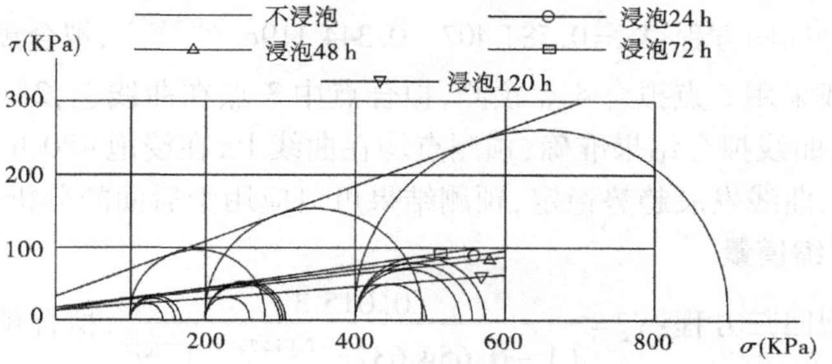

(b)不同浸泡时间壤土UU试验摩尔圆(第二组)

图 4-7　不同浸泡时间壤土 UU 试验摩尔圆、包络线

由表4-9可以看出,浸水使砂壤土的强度指标降低的主要是黏聚力 c ,摩擦角 φ 的减少相对较小。这与不同浸泡时间砂壤土的快剪试验结果一致。由于试验条件的差别,UU试验结果的内摩擦角的变化会比快剪试验要大很多。

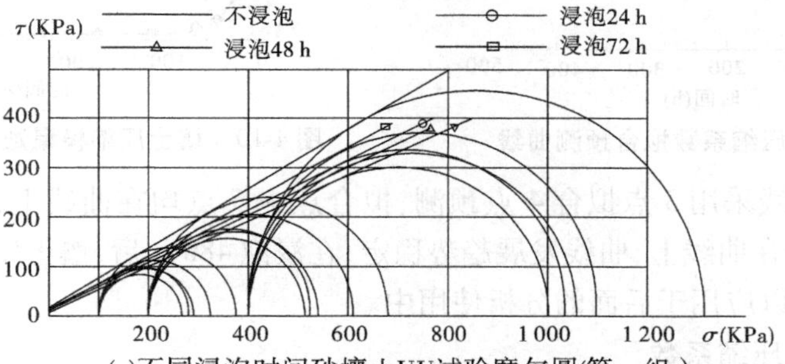

(a)不同浸泡时间砂壤土UU试验摩尔圆(第一组)

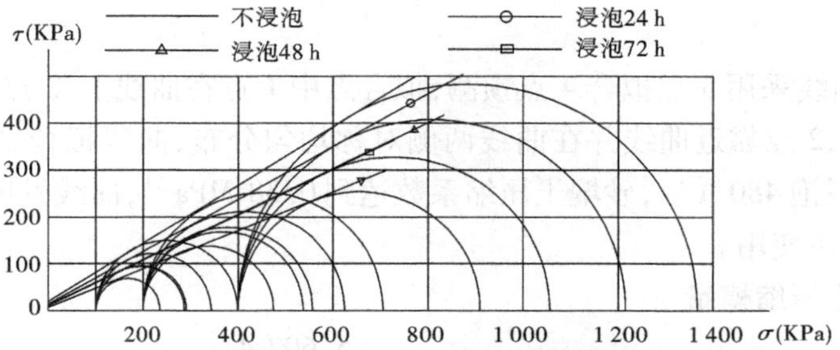

(b)不同浸泡时间砂壤土UU试验摩尔圆(第二组)

图 4-8　不同浸泡时间砂壤土 UU 试验摩尔圆、包络线

4.4 洪水长期浸泡后的土性参数预测

4.4.1 压缩试验参数

将表4-4、表4-5的数据进行方程回归的数学处理，得到各项拟合方程及预测结果如下。

4.4.1.1 壤土压缩系数

渐近回归模型回归方程：$X_2 = 0.584\ 407 - 0.344\ 119e^{-0.045\ 633X_1}$，拟合预测曲线见图4-9。

图4-9中曲线采用5点拟合4点预测，拟合点中3点在曲线上，2点贴近曲线并在曲线两侧分布均匀，曲线拟合结果准确；预测点均在曲线上，在浸泡480 h后，壤土压缩系数达到0.59 MPa^{-1}，曲线发展趋势稳定，预测结果可以应用于后面的分析使用。

4.4.1.2 壤土压缩模量

Richards模型回归方程：$X_2 = \dfrac{0.015\ 3}{(1 - 0.654\ 637e^{-0.042\ 385X_1})^{\frac{1}{1.186\ 0}}}$，拟合预测曲线见图4-10。

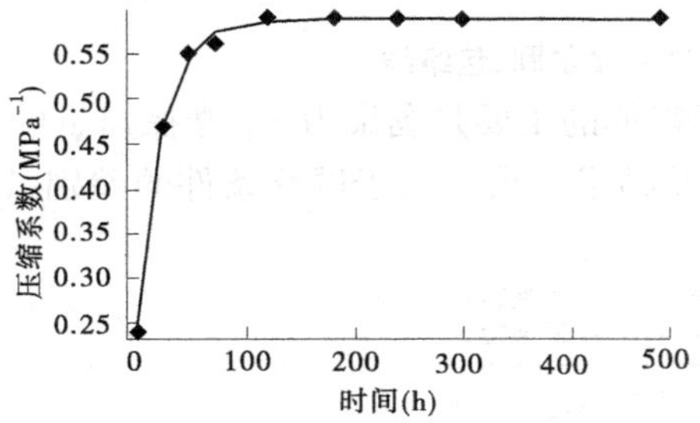

图4-9 壤土压缩系数拟合预测曲线

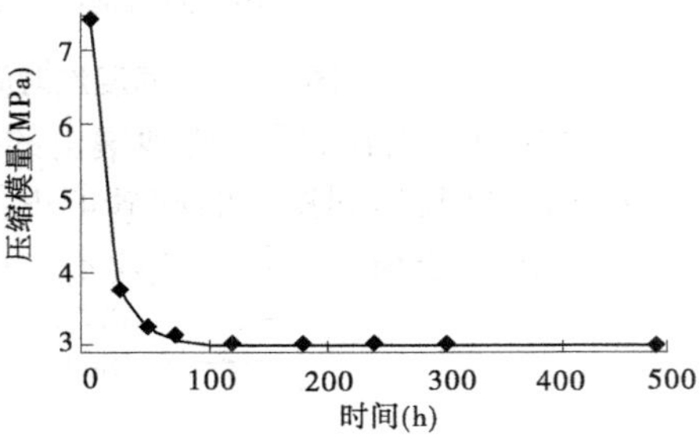

图4-10 壤土压缩模量数据拟合预测曲线

图4-10中曲线采用5点拟合4点预测，拟合点中5点均在曲线上，曲线拟合结果准确；预测点4点均在曲线上，曲线发展趋势稳定，在浸泡480 h后，壤土压缩模量达到3.01 MPa，预测结果可以应用于后面的分析使用中。

4.4.1.3 砂壤土压缩系数

房室模型回归方程：$X_2 = 0.139\ 111e^{0.002\ 078X_1} - 0.029\ 111e^{-0.840\ 716X_1}$，拟合预测曲线见图4-11 。

图4-11中曲线采用5点拟合4点预测，拟合点中1点在曲线上，2点贴近曲线并在曲线两侧分布均匀，2点靠近曲线并在曲线两侧对称均匀分布，曲线拟合结果良好；预测点均在曲线上，在浸泡480 h后，砂壤土压缩系数达到0.38 MPa^{-1}，曲线发展趋势稳定，可以应用于后面的分析使用。

4.4.1.4 砂壤土压缩模量

Richards模型回归方程：$X_2 = \dfrac{5.602\ 4}{(1 - 0.999\ 895e^{-0.000\ 043X_1})^{\frac{1}{8.490\ 1}}}$，拟合预测曲线见图4-12。

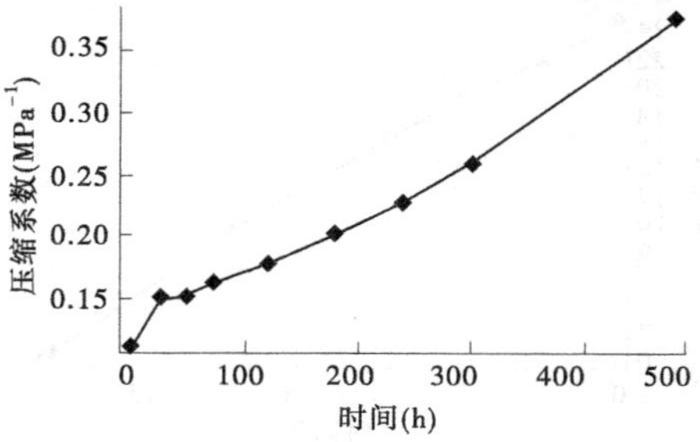

图 4-11　砂壤土压缩系数数据拟合预测曲线图

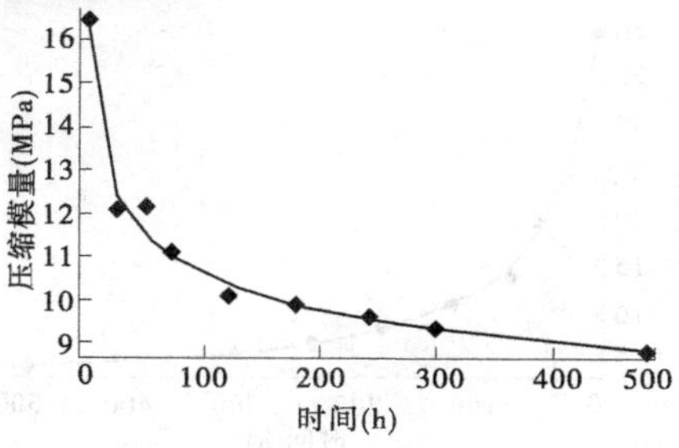

图 4-12　砂壤土压缩模量数据拟合预测曲线

图 4-12 中曲线采用 5 点拟合 4 点预测，拟合点中 2 点在曲线上，3 点贴近和靠近曲线并在曲线两侧分布均匀，曲线拟合结果良好；预测点均在曲线上，在浸泡 480 h 后，砂壤土压缩模量达到 8.85 MPa，曲线发展趋势稳定，可以应用于后面的分析使用。

具体的预测值，见表 4-10 。

表 4-10　壤土、砂壤土的压缩试验指标预测值

压缩试验指标	浸泡时间(h)			
	180	240	300	480
壤土压缩系数(MPa^{-1})	0.59	0.59	0.59	0.59
壤土压缩模量(MPa)	3.01	3.01	3.01	3.01
砂壤土压缩系数(MPa^{-1})	0.20	0.23	0.26	0.38
砂壤土压缩模量(MPa)	9.92	9.60	9.35	8.85

根据表 4-10 及图 4-9 ~ 图 4-12 可知，预测曲线发展趋势稳定，预测结果准确，可知在经过更长时间的浸泡后，壤土、砂壤土的压缩系数和压缩模量与浸泡 120 h 后的结果基本一致，这表明堤岸土的压缩性在浸泡 120 h 后已趋稳定。

4.4.2　直接剪切试验参数

将表 4-6、表 4-7 的数据进行方程回归的数学处理，得到各项拟合方程及预测结果如下。

4.4.2.1　壤土快剪黏聚力

Richards 模型回归方程：$X_2 = \dfrac{0.957\,019}{(1-0.984\,970e^{-0.000\,442X_1})^{\frac{1}{1.126\,3}}}$，拟合预测曲线见图 4-13。

图 4-13 中曲线采用 5 点拟合 4 点预测，其中拟合点 3 点在曲线上，2 点贴近曲线并在曲线两侧分布均匀，曲线拟合结果准确，预测 4 点均在曲线上，曲线发展趋势稳定，可以应用于后面的分析使用。

4.4.2.2　砂壤土快剪黏聚力

二次曲线回归方程：$X_2 = 24.813\,4 - 0.104\,940X_1 - 0.000\,199X_1^2$，拟合预测曲线见图 4-14。

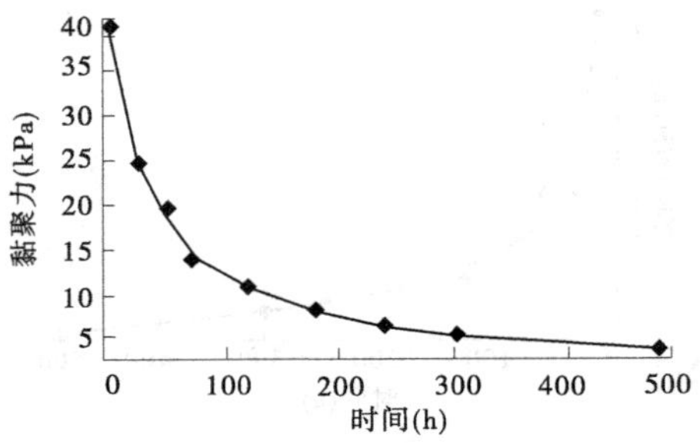

图 4-13 壤土快剪黏聚力数据拟合预测曲线

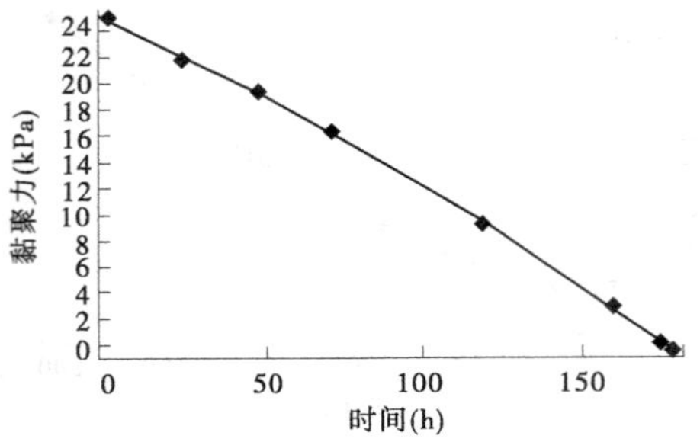

图 4-14 砂壤土快剪黏聚力数据拟合预测曲线

图 4-14 中曲线采用 5 点拟合 4 点预测,拟合点其中 4 点在曲线上,1 点贴近曲线,全部 5 点均匀分布在曲线两侧,曲线拟合结果准确;预测 4 点均在曲线上,曲线发展趋势稳定,可以应用于后面的分析使用。具体预测数据见表 4-11。

表 4-11 壤土、砂壤土的快剪指标预测值

快剪指标	浸泡时间(h)					
	180	240	300	480	600	1 080
壤土快剪黏聚力(kPa)	8.09	6.57	5.58	3.94	3.34	2.21
砂壤土快剪黏聚力(kPa)	2.93(160 h)	0.005(177 h)				

基于快剪试验数据的预测结果可以看出,随着浸泡时间的延长,堤岸土体的强度逐渐降低。壤土在浸泡 1 080 h(45 d)之后,还保有一定的强度,而砂壤土在浸泡 177 h 后,几乎丧失强度。

4.4.3 不固结不排水(UU)三轴试验参数

将表 4-8、表 4-9 的数据进行方程回归的数学处理,得到各项拟合方程及预测结果如下。

4.4.3.1 壤土 UU 试验黏聚力

渐进回归模型回归方程:$X_2 = 11.893\ 1 + 20.706\ 8e^{-0.162\ 502X_1}$,拟合预测曲线见图 4-15。

图 4-15 中曲线采用 5 点拟合 4 点预测,其中 5 点均在曲线上,曲线拟合结果准确;预测 4 点均在曲线上,曲线发展趋势稳定,可以应用于后面的分析使用。

4.4.3.2 砂壤土 UU 试验黏聚力

渐进回归模型回归方程:$X_2 = 0.699\ 822 + 15.583\ 7e^{-0.007\ 058X_1}$,拟合预测曲线见图 4-16 。

图 4-16 中曲线采用 5 点拟合 4 点预测,其中 5 点均在曲线上,曲线拟合结果准确;预测 4 点均在曲线上,曲线发展趋势稳定,可以应用于后面的分析使用。具体预测数据见表 4-12。

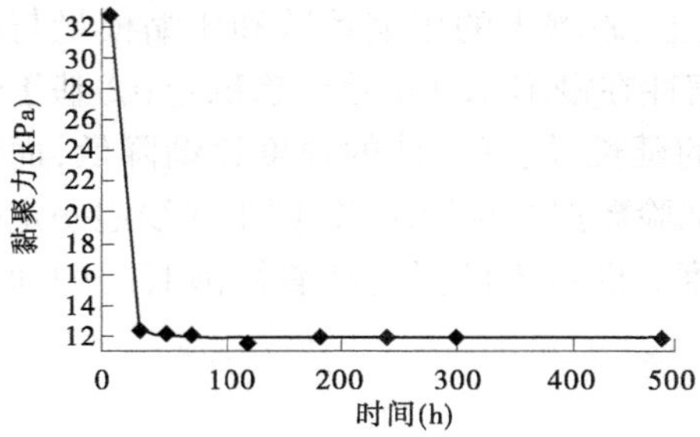

图 4-15　壤土 UU 试验黏聚力数据拟合预测曲线

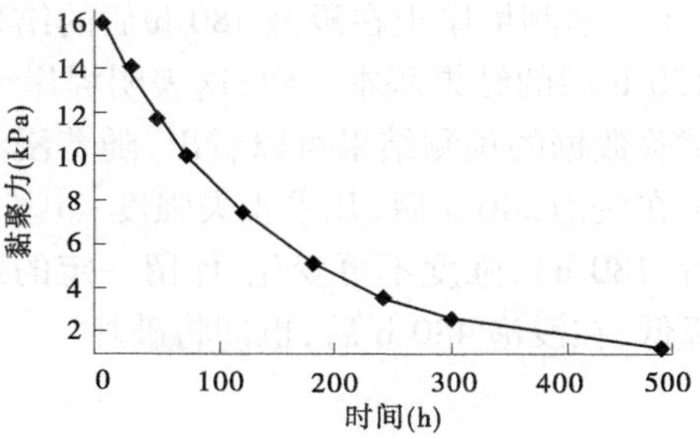

图 4-16　砂壤土 UU 试验黏聚力数据拟合预测曲线

表 4-12　壤土、砂壤土的 UU 指标预测值

UU 试验指标	浸泡时间(h)					
	180	240	300	480	600	1 080
壤土 UU 黏聚力(kPa)	11.89	11.89	11.89	11.89	11.89	11.89
砂壤土 UU 黏聚力(kPa)	5.07	3.56	2.58	1.23	0.93	0.7

基于 UU 试验数据的预测结果，壤土在浸泡 1 080 h(45 d)，强度不再变化，保留一定的残余强度，而砂壤土的强度随着浸泡时间的加长而降低，在浸泡 1 080 h 后，也即将破坏。

4.5　本章小结

(1)由于水的长期浸泡，使黄河下游堤岸堤身土的压缩系数增加，压缩模量降低，并随着浸泡时间的延长而降低幅度变大。壤土、砂壤土在浸水 5 d 后，土的压缩系数比不浸水时分别增加了 1.46 倍和 0.64 倍。浸水时间相同时，壤土比砂壤土更容易被压缩，变形更大。堤岸堤身土抗压性的降低，使得洪水期间的黄河堤岸的通行车辆以及车辆载重情况要有所控制，以防止大堤堤顶路面产生沉陷而使大堤变形。

(2)土体的凝聚力随浸泡时间的增长而大幅度下降，浸泡 5 d 后，壤土的最大降幅为 72.6%，砂壤土的最大降幅为 62.8%，而土体的内摩擦角变化很小，可以认为浸泡不改变土体的摩擦角的大小。这是因为水的浸泡破坏了土颗粒的排列和胶结情况，而没有改变土颗粒成分。堤身土在长期浸泡后，凝聚力的大幅度降低，对大堤本身的稳定性极为不利。

(3)UU 试验中，壤土浸泡后的 c、φ 值比不浸泡时降低明显，而浸泡时间的不同却影响不大，这是由于黏粒含量低的黏性土饱和后，不排水试验对其影响较大；浸水使砂壤土的强度指标降低的主要是黏聚力 c，摩擦角 φ 的相对较小。由于试验条件的差别，浸泡前后 UU 试验的 c、φ 值的变化会比快剪试验要大很多。从 UU 试验看，浸泡对堤岸堤身土的抗剪强度破坏相当严重，所以洪水浸泡期间的堤岸稳定要格外注意才行。

(4)预测堤岸土在浸泡480 h后的结果:①壤土、砂壤土的压缩系数和压缩模量与浸泡120 h后的结果基本一致,这表明堤岸土的压缩性在浸泡120 h后已趋稳定;②基于快剪试验数据的预测结果可以看出,随着浸泡时间的延长,堤岸土体的强度逐渐降低,而砂壤土在浸泡240 h后,几乎丧失强度;③基于UU试验数据的预测结果,壤土在浸泡一定时间后(180 h),强度不再变化,保留一定的残余强度。砂壤土的强度随着浸泡时间的加长而降低,在浸泡480 h后,也即将破坏。

5 考虑洪水浸泡的堤岸稳定性分析

5.1 洪水浸泡对堤岸稳定的影响

5.1.1 2000 年设防水位下堤岸浸润线计算

根据中华人民共和国国家标准《堤岸工程设计规范》(GB 50286—98)，堤岸计算断面为黄河堤防标准化堤岸断面，以黄河下游堤岸济南段右岸桩号 28 +000 为例，其 2000 年设防水位为黄海高程 30.3 m，堤岸迎水坡坡顶黄海高程 31.6 m，坡脚为黄海高程 24.9 m，水深 5.4 m，迎水面坡比 1∶3。计算用的 2000 年设防水位相对高程为 25.05 m(按黄海高程取出计算断面并绘制计算简图后，令计算简图底部为 0 高程，后同)，堤后地下水位计算高程为 16.4 m，堤岸断面临水侧取 30 m，背水侧由于有淤区 100 m，故计算长度取背水侧堤脚后 116 m。计算模型及其网格剖分如图 5-1 所示，断面土质参数见表 5-1，计算软件采用加拿大优秀的岩土工程应用软件 SEEP/W。

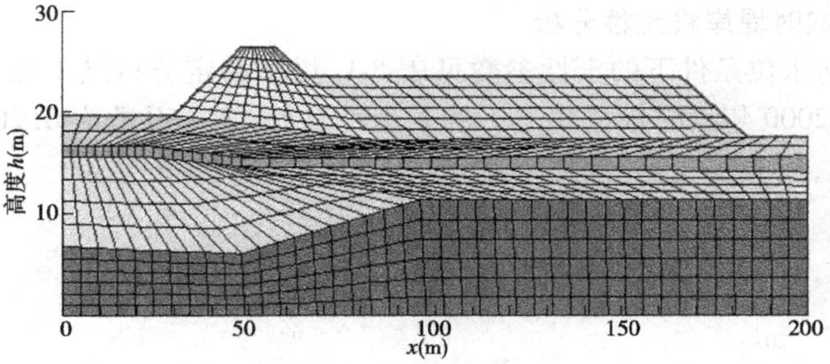

图 5-1 渗流分析计算模型及网格剖分图

表 5-1 2000 年设防水位条件下堤岸土层参数

土层编号	土层名称	重度 γ(kN/ m³)		黏聚力	内摩擦角	渗透系数
		自然容重	饱和容重	c(kPa)	φ(°)	(m/s)
1	填土(壤土)	17.24	19.31	39.8	20.86	6.66×10^{-7}
2	砂壤土	15.82	18.91	25.0	27.76	4.47×10^{-6}
3	壤土		18.80	21.0	24.2	7.89×10^{-7}
4	砂壤土		19.80	26.0	25.8	6.02×10^{-7}
5	黏土		18.00	39.0	2.1	8.25×10^{-9}
6	冲填土		19.10	10.0	25.8	9.47×10^{-8}

计算模型共剖分 725 个单元，793 个节点。采用稳定渗流进行计算。浸润线计算结果见图 5-2 。

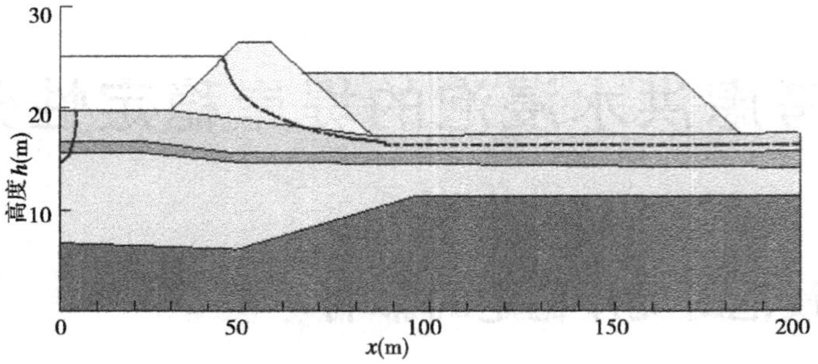

图 5-2　堤岸浸润线图

如图 5-2 所示,迎水面浸润线入渗点高程 25.05 m,在坡体内下降并凸向上游坡弯曲,逐渐变缓,说明水力梯度逐渐变小,在堤身土与堤基接触面距下游坡脚 17 m 处穿出堤身土,并与地下水连通。

5.1.2　不同浸泡时间下的堤岸稳定性

堤岸计算断面为黄河堤岸标准化断面(黄河下游堤岸济南段右岸桩号 28 +000)。计算水位为 2000 年设防水位,计算水位高程 25.05 m,堤后地下水位为 16.4 m,堤岸断面临水侧取 30 m,背水侧由于有淤区 100 m,故背水侧计算长度取堤脚后 116 m。稳定分析采用简化毕肖普模型,并采用加拿大 SLOPE/W 软件进行稳定计算。

5.1.2.1　不浸泡时堤岸稳定性分析

2000 年设防水位条件下的土性参数见表 5-1,堤岸稳定分析结果见图 5-3 。经过稳定分析,堤岸在 2000 年设防水位状态下的安全性良好,安全系数为 6.200。最危险滑动面如图 5-3 所示,抗剪强度变化曲线如图 5-4 所示。

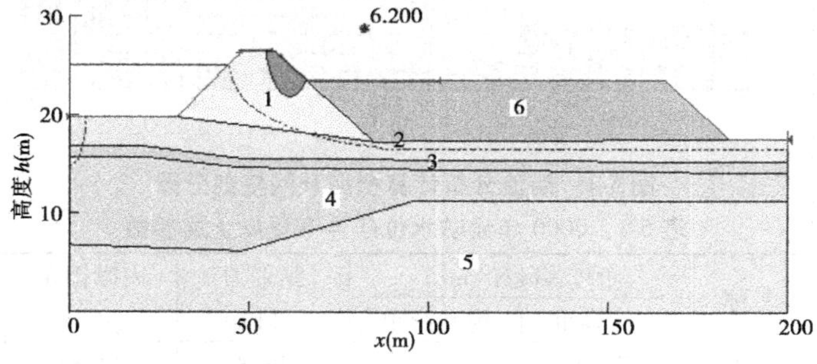

图 5-3　2000 年设防水位条件下的堤岸最危险滑动面

从图 5-4 可以看出,从上游向下游方向,滑体的抗剪强度先变大后变小,滑体上部和下部容易产生滑动破坏,再带动整个滑体滑动,产生整体滑移。

5.1.2.2　浸泡 24 h 时堤岸稳定性分析

被洪水浸泡 24 h 的堤岸土性参数见表 5-2,稳定分析结果见图 5-5 及图 5-6 。经过计算,堤岸在 2000 年设防水位状态下被洪水浸泡 24 h 后安全性降低幅度很大,但仍能满足稳定要求,安全系数为 4.336,比不浸泡时降低 30.1% 。

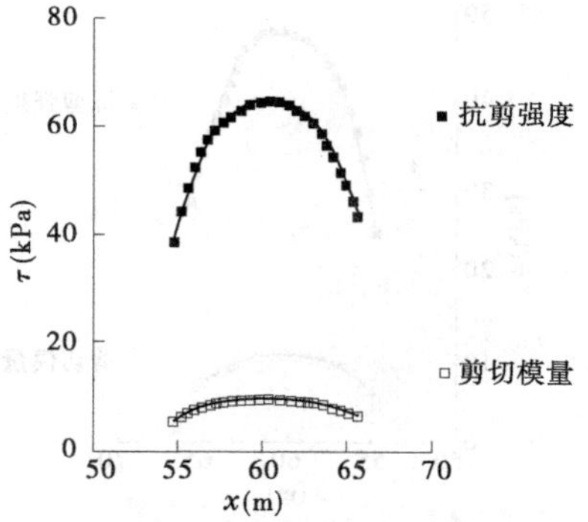

图 5-4 不浸泡时堤坡抗剪强度变化曲线

表 5-2 被洪水浸泡 24 h 的堤岸土层参数

土层编号	土层名称	重度 γ(kN/ m³)		黏聚力	内摩擦角	渗透系数
		自然容重	饱和容重	c(kPa)	φ(°)	(m/s)
1	填土(壤土)	17.24	19.31	24.6	19.47	6.66×10^{-7}
2	砂壤土	15.82	18.91	21.8	25.20	4.47×10^{-6}
3	壤土		18.80	21.0	24.2	7.89×10^{-7}
4	砂壤土		19.80	26.0	25.8	6.02×10^{-7}
5	黏土		18.00	39.0	2.1	8.25×10^{-9}
6	冲填土		19.10	10.0	25.8	9.47×10^{-8}

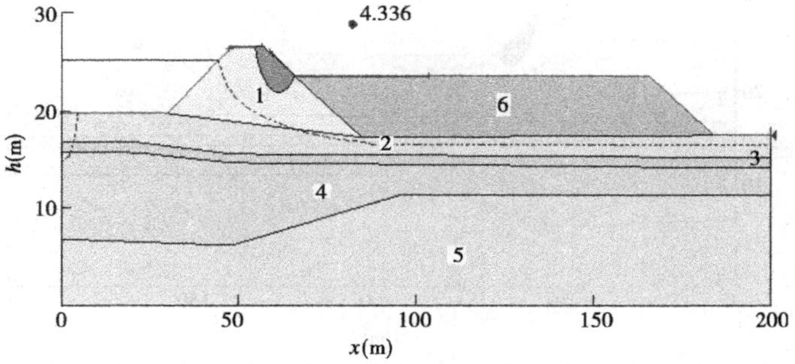

图 5-5 被洪水浸泡 24 h 的堤岸最危险滑动面

从图 5-6 可以看出,从上游向下游方向,滑体的抗剪强度先变大后变小,滑体上部和下部容易产生滑动破坏,再带动整个滑体滑动,产生整体滑移。与图 5-4 相比,图 5-6 曲线明显下移,说明浸泡使滑体整体的抗剪强度降低。

5.1.2.3 浸泡 48 h 时堤岸稳定性分析

被洪水浸泡 48 h 的堤岸土性参数见表 5-3,稳定分析结果见图 5-7 及图 5-8 。经过计算,堤岸在 2000 年设防水位状态下被洪水浸泡 48 h 后安全性继续降低,但仍能满足稳定要求,安全系数为 3.911,比不浸泡时降低 36.6%。

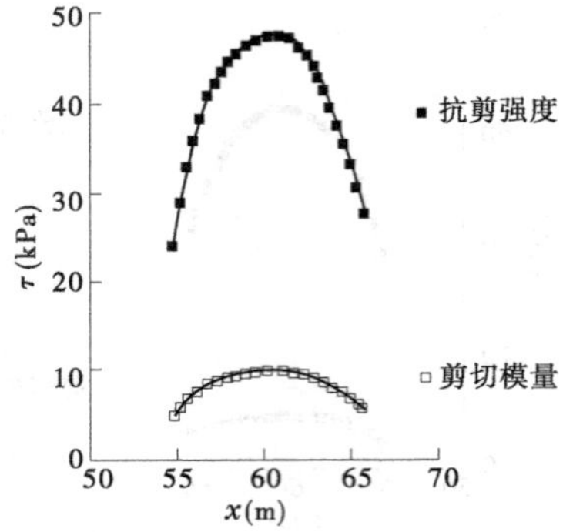

图 5-6 浸泡 24 h 堤坡抗剪强度变化曲线

表 5-3 被洪水浸泡 48 h 的堤岸土层参数

土层编号	土层名称	重度 γ(kN/ m^3)		黏聚力 c(kPa)	内摩擦角 φ(°)	渗透系数 (m/s)
		自然容重	饱和容重			
1	填土(壤土)	17.24	19.31	19.4	20.86	6.66×10^{-7}
2	砂壤土	15.82	18.91	19.4	25.76	4.47×10^{-6}
3	壤土		18.80	21.0	24.2	7.89×10^{-7}
4	砂壤土		19.80	26.0	25.8	6.02×10^{-7}
5	黏土		18.00	39.0	2.1	8.25×10^{-9}
6	冲填土		19.10	10.0	25.8	9.47×10^{-8}

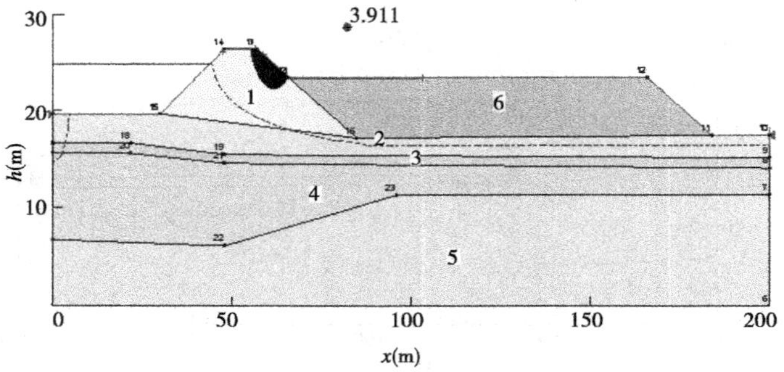

图 5-7 被洪水浸泡 48 h 的堤岸最危险滑动面

从图 5-8 可以看出,从上游向下游方向,滑体的抗剪强度先变大后变小,滑体上部和下部容易产生滑动破坏,再带动整个滑体滑动,产生整体滑移。与图 5-4、图 5-6 相比,图 5-8曲线持续明显下移,说明浸泡时间的延长使滑体整体的抗剪强度继续降低。

5.1.2.4 浸泡 72 h 时堤岸稳定性分析

被洪水浸泡 72 h 的堤岸土性参数见表 5-4,稳定分析结果见图 5-9 及图 5-10 。经过计算,堤岸在 2000 年设防水位状态下被洪水浸泡 72 h 后安全性继续降低,但仍能满足稳定要求,安全系数为 3.295,比不浸泡时降低 46.8%。

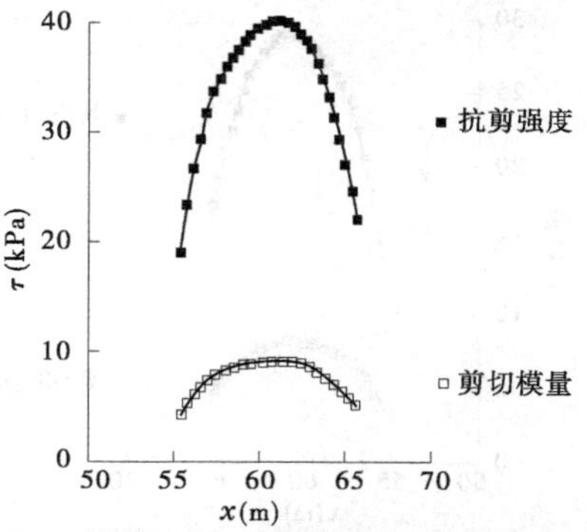

图 5-8 浸泡 48 h 堤坡抗剪强度变化曲线

表 5-4 被洪水浸泡 72 h 的堤岸土层参数

土层编号	土层名称	重度 γ(kN/ m³)		黏聚力	内摩擦角	渗透系数
		自然容重	饱和容重	c(kPa)	φ(°)	(m/s)
1	填土(壤土)	17.24	19.31	13.9	20.13	6.66×10^{-7}
2	砂壤土	15.82	18.91	16.4	25.87	4.47×10^{-6}
3	壤土		18.80	21.0	24.2	7.89×10^{-7}
4	砂壤土		19.80	26.0	25.8	6.02×10^{-7}
5	黏土		18.00	39.0	2.1	8.25×10^{-9}
6	冲填土		19.10	10.0	25.8	9.47×10^{-8}

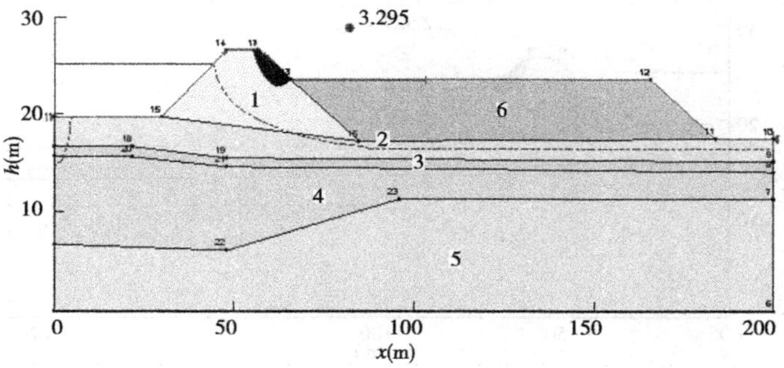

图 5-9 被洪水浸泡 72 h 的堤岸最危险滑动面

从图 5-10 可以看出,从上游向下游方向,滑体的抗剪强度先变大后变小,滑体上部和下部容易产生滑动破坏,再带动整个滑体滑动,产生整体滑移。与图 5-4、图 5-6、图 5-8 相比,图 5-10 曲线持续明显下移,说明浸泡时间的延长使滑体整体的抗剪强度继续降低。

5.1.2.5 浸泡 120 h 时堤岸稳定性分析

被洪水浸泡 120 h 的堤岸土性参数见表 5-5,稳定分析结果见图 5-11 及图 5-12 。经过计算,堤岸在 2000 年设防水位状态下被洪水浸泡 120 h 后安全性继续降低,但仍能满足稳定要求,安全系数为 2.927,比不浸泡时降低 52.8%。

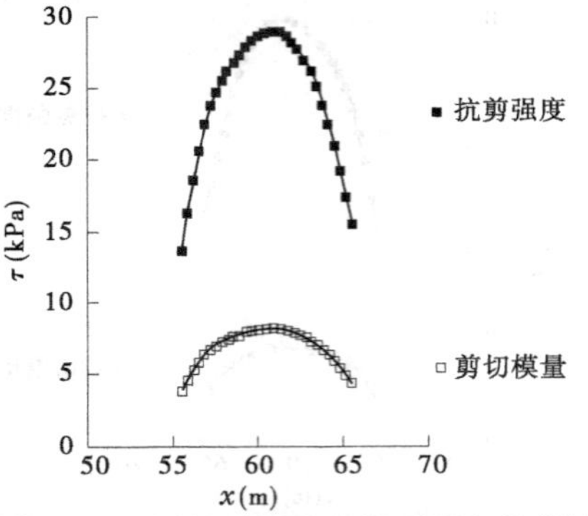

图 5-10　浸泡 72 h 堤坡抗剪强度变化曲线

表 5-5　被洪水浸泡 120 h 的堤岸土层参数

土层编号	土层名称	重度 γ(kN/ m³)		黏聚力 c(kPa)	内摩擦角 φ(°)	渗透系数 (m/s)
		自然容重	饱和容重			
1	填土(壤土)	17.24	19.31	10.9	20.85	6.66×10^{-7}
2	砂壤土	15.82	18.91	9.3	25.93	4.47×10^{-6}
3	壤土		18.80	21.0	24.2	7.89×10^{-7}
4	砂壤土		19.80	26.0	25.8	6.02×10^{-7}
5	黏土		18.00	39.0	2.1	8.25×10^{-9}
6	冲填土		19.10	10.0	25.8	9.47×10^{-8}

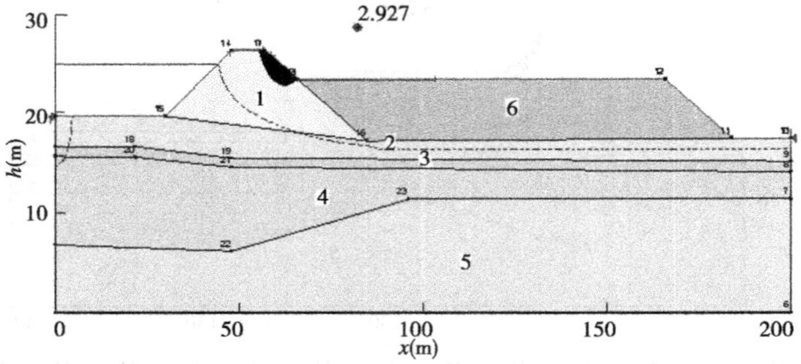

图 5-11　被洪水浸泡 120 h 的堤岸最危险滑动面

从图 5-12 可以看出,从上游向下游方向,滑体的抗剪强度先变大后变小,滑体上部和下部容易产生滑动破坏,再带动整个滑体滑动,产生整体滑移。与图 5-4、图 5-6、图 5-8、图 5-10 相比,图 5-12 曲线持续明显下移,说明浸泡时间的延长使滑体整体的抗剪强度继续降低。

经过稳定分析,堤岸在自然状态下的安全性最稳定,在经过洪水的长时间浸泡之后,滑体抗剪强度降低,堤坡整体稳定性迅速降低,且随着浸泡时间的延长而降低越大。在洪水浸泡 24 h 后,堤岸稳定安全系数降低 30.1%,在浸泡 120 h 后,安全系数降低了

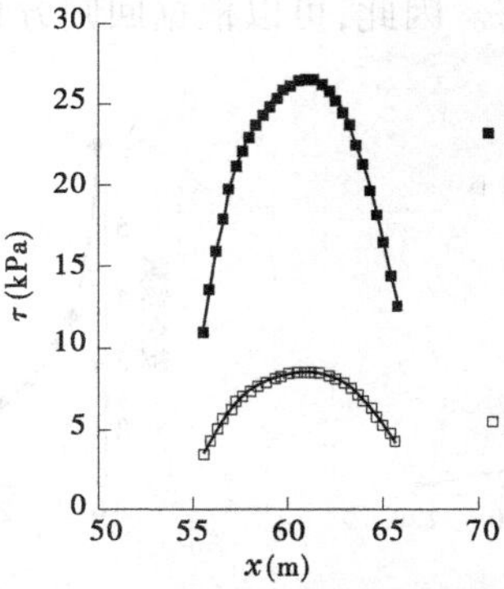

图 5-12　浸泡 120 h 堤坡抗剪强度变化曲线

52.8%,其降低程度是很惊人的,这将大大威胁堤岸的安全稳定性。具体数据见表 5-6 及图 5-13。

表 5-6　各种不同浸泡时间后的堤岸稳定安全系数及其变化

浸泡时间	安全系数	与不浸泡相比安全系数降低(%)
不浸泡	6.200	
浸泡 24 h	4.336	30.1
浸泡 48 h	3.911	36.6
浸泡 72 h	3.295	46.8
浸泡 120 h	2.927	52.8

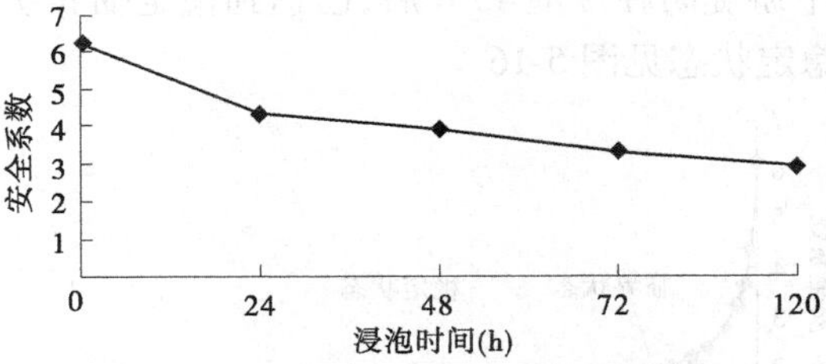

图 5-13　堤岸稳定安全系数—堤岸浸泡时间变化曲线

5.2　洪水浸泡的堤岸稳定性(安全系数)预测

将表 5-6 的数据进行数学方程的回归处理,得到拟合方程如下:

安全系数回归方程:

Richards 模型回归方程: $X_2 = \dfrac{0.686\ 108}{(1-0.997\ 087e^{-0.000\ 183X_1})^{\frac{1}{2.653\ 1}}}$,拟合曲线见图 5-14 。

由图 5-14 可以看出,图中曲线采用 5 点拟合,其中 3 点在曲线上,2 点贴近曲线并在曲线两侧分布均匀,曲线拟合结果准确,可以应用于后面的分析使用。

方程与试验数据拟合结果很好。因此,可以根据回归方程对安全系数进行预测,预测曲线如图 5-15,预测数据见表 5-7。

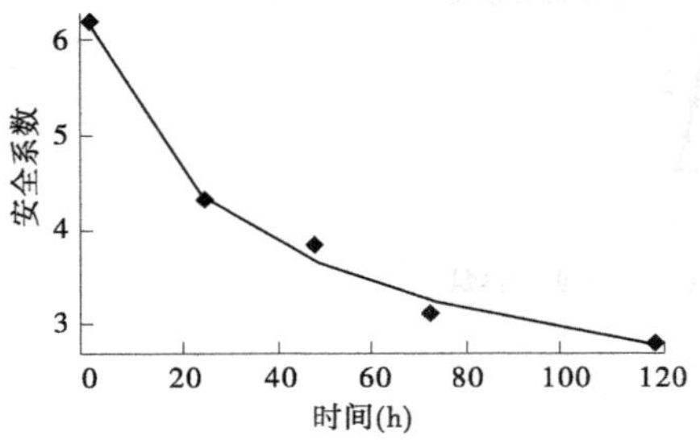

图 5-14　安全系数数据拟合曲线

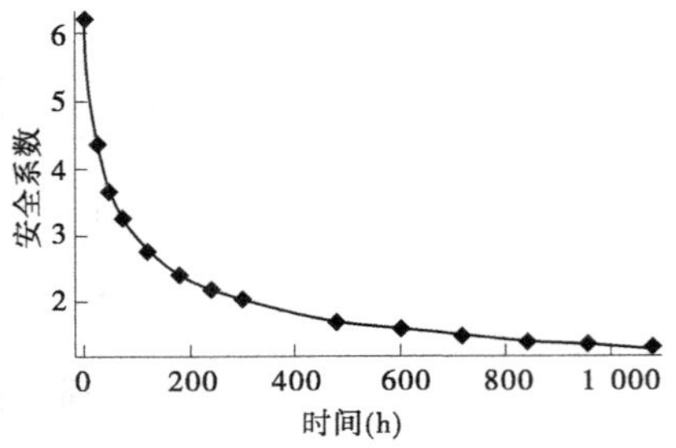

图 5-15　堤岸安全系数预测曲线

表 5-7　堤岸稳定安全系数预测

浸泡时间(h)	180	240	300	480	600	720	840	960	1 080	1 200	1 800	2 500
安全系数	2.421	2.194	2.031	1.724	1.595	1.498	1.421	1.358	1.305	1.259	1.105	0.999

图 5-15 中曲线采用 5 点拟合 9 点预测,预测 9 点均在曲线上,曲线发展趋势稳定,预测结果准确,可以应用于后面的分析使用。

由预测结果可以看出,在堤岸被洪水长期浸泡后,稳定性下降,堤岸安全系数随着浸泡时间的延长而降低,降低幅度有所减缓。在堤岸被洪水浸泡 1 080 h(45 d)后,堤岸安全系数已经降到 1.305。而《堤防工程设计规范》(GB 50286—2013)中一级堤防的安全系数是 1.3,这说明,黄河下游堤防在浸泡 45 d 后,已达到稳定临界状态;如浸泡的时间再延长,则堤防失稳。堤岸稳定状态见图 5-16 。

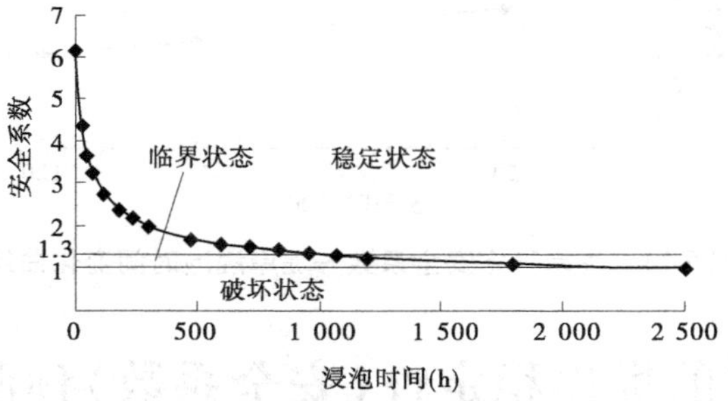

图 5-16　被洪水浸泡后的堤岸稳定状态

5.3　洪水长期浸泡过程堤岸坡体失稳破坏机理

河流洪水高水位长期运行,使得堤岸边坡稳定性降低甚至破坏,破坏原因除与高水位运行的时间长短有关系外,也与坡体本身岩土体物理力学性质有关,具体原因分析如下:

(1)洪水浸泡堤岸,破坏了土在成岩过程中的土粒间所形成的结晶连结、黏土粒间的分子引力、黏性土具有的水胶连结和粒间毛细压力，使得土体凝聚力迅速下降。

(2)洪水浸泡时间越长，堤岸坡体的强度和稳定性降低越大。

(3)洪水的长期浸泡，使得坡体岩土体本身的 c、φ 值弱化，坡体抗剪强度降低。

(4)洪水的长期浸泡，浮托力减小了滑体的有效重量，它降低了滑面的阻滑力，对堤岸边坡的稳定性带来不利影响。

5.4 本章小结

(1)经过对不同时间的洪水浸泡后的堤岸的稳定性进行计算，结论为：堤岸在自然状态下的安全性最稳定，在经过洪水的长时间浸泡之后，其稳定性大大降低，且随着浸泡时间的延长而降低越大。在洪水浸泡 24 h(1 d)后，堤岸稳定安全系数降低 30.1%，在浸泡 120 h(5 d)后，安全系数降低了 52.8%，其降低程度是很惊人的，这将大大威胁堤岸的安全稳定性，使我们对洪水浸泡期的地方稳定性给予高度关注。

(2)为了考察更长时间的洪水浸泡后的堤岸稳定性，利用已有的试验数据及计算成果，对堤岸稳定性进行了预测，结论为：根据试验数据的分析和计算，堤岸在浸泡 120 h 后，安全系数比不浸泡时降低 52.8%；而预测结果为随着浸泡时间的延长，安全系数继续降低，降低幅度有所减小。在洪水浸泡 720 h(30 d)后，堤岸安全系数下降到 1.498；在洪水浸泡 1 080 h(45 d)后，堤岸安全系数下降到 1.305，这对堤岸的稳定性是相当不利的。规范中一级堤防的安全系数是 1.3，这说明，黄河下游堤防在浸泡 45 d 后，已达到稳定临界状态；如浸泡的时间再延长，则堤防失稳。

本章为实际工程中的洪水浸泡期的堤岸土的强度参数确定和堤岸运用提供了参照。

6 洪水位升降期的堤岸渗流规律及变形破坏规律

对于洪峰来去迅猛的大型洪水所产生的渗流动态，经常使江河堤岸发生渗水管涌现象，严重威胁着下游某些堤段的防洪安全。因此，对堤岸渗流动态的研究，具有重要的意义。

以往在堤岸加固设计的渗流计算中，多是以最高洪水位下的稳定渗流计算结果为依据，进行饱和渗流分析，但这样做的结果是与工程实际情况距离较大，故本章采用饱和－非饱和瞬态渗流方法，分析水位升降过程中岸坡内孔隙水压力场的动态变化及其对边坡稳定性的影响。以黄河下游标准化堤岸济南段右岸桩号 28 + 000 为例，分析了洪水升降过程中边坡渗流场特征及稳定性变化规律，并基于渗流分析得到的孔隙水压力场，进行了边坡的变形破坏分析。

6.1 非饱和土特点简介

由于洪水位以上堤岸边坡处于非饱和状态，洪水位以下处于饱和状态，随着水位的变化，坡体内孔隙水压力随之变化，土体可由饱和变为非饱和状态，而非饱和区土中水的运动和饱和区水的运动是相互联系的，将两者统一起来即所谓的饱和－非饱和渗流问题。

达西定律最初是应用于饱和土的，后来的研究表明它也适用于非饱和土。不同之处在于，在非饱和渗流条件下，渗透系数不再是常数，而是一个变数，即 $k_w = k_w(S,e)$，其中 S 为饱和度，e 为孔隙比。在非饱和土中，渗透系数同时受到土的孔隙比和饱和度（或者含水率）变化的强烈影响。当一种土变成非饱和时，空气首先取代某些大孔隙中的水，导致水通过较小孔隙流动，从而使流程的绕曲度增加，如图 6-1 所示。随着含水率的降低，土的基质吸力进一步增加，从而导致水占有的孔隙体积进一步减少，结果是渗透系数降低。

6.2 饱和－非饱和渗流分析的数学模型及求解

6.2.1 饱和－非饱和瞬态渗流分析数学模型

如图 6-2 所示，不可压缩流体通过多孔介质（无内源）的瞬态渗流控制方程为：

$$\mathrm{div}[K\mathrm{grad}H] = g\frac{\partial H}{\partial t} \quad (\text{在}\ \Omega\ \text{域}) \tag{6-1}$$

式中 $\Omega = \Omega_1 \cup \Omega_2$；

K——饱和、非饱和渗透系数张量。

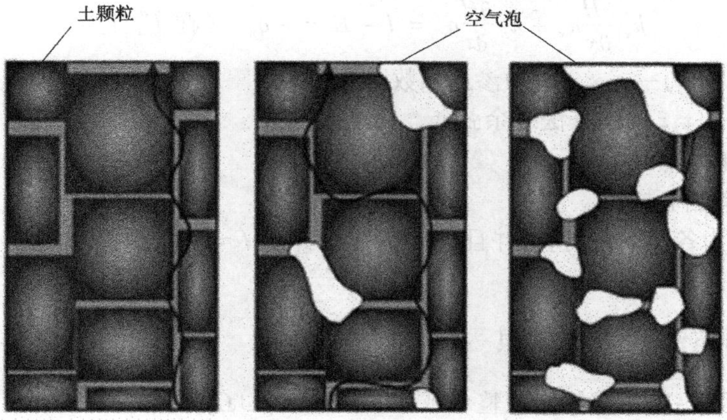

图 6-1　非饱和土中的渗流

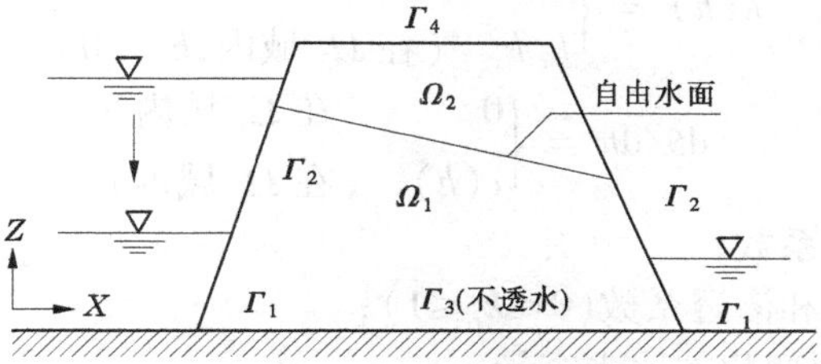

图 6-2　堤岸边界示意图

$$H = z + h \tag{6-2}$$

在饱和区，H 为饱和流全水头；h 为渗透压力水头。在非饱和区，H 为非饱和流全水头；h 为毛细管压力水头（负值）；z 为响应点的位置水头。

$$g = S_s S_w + \mathrm{d}\theta/\mathrm{d}h \tag{6-3}$$

式中　S_s——土体单位贮水率；

S_w——土体饱和度；

θ——土体体积含水量；

g——容水度。

以下的分析不考虑土体本身的压缩性，即 $S_s = 0$，相应则有：

$$g = \mathrm{d}\theta/\mathrm{d}h \tag{6-4}$$

6.2.2　定解条件

初始条件：

$$H(x,z,0) = H_0(x,z) \tag{6-5}$$

边界条件：

$$H(x,z,t) = H_b(x,z,t) \quad (\text{在 } \Gamma_1 \text{ 上}) \tag{6-6}$$

$$H(x,z,t) = z \quad (\text{在 } \Gamma_2 \text{ 上}) \tag{6-7}$$

$$k_x \frac{\partial H}{\partial x} n_x + k_z \frac{\partial H}{\partial z} n_z = 0 \quad (\text{在 } \Gamma_3 \text{ 上}) \tag{6-8}$$

$$k_x \frac{\partial H}{\partial x} n_x + k_z \frac{\partial H}{\partial z} n_z = I - E = -\overline{q_n} \quad (\text{在 } \Gamma_4 \text{ 上}) \tag{6-9}$$

式中　$k_x(h), k_z(h)$——x, z 向的渗透系数；

n_x, n_z——x, z 向的外法线余弦；

E——单位蒸发量；

I——单位降雨量。

假设堤岸为各向同性材料，并且在非饱和边界上 $I = E$。注意到，这里自由面已不作为边界。

6.2.3　高斯点法的基本思想

在此，方程(6-1)的求解域是整个域 Ω，即 $\Omega = \Omega_1 \cup \Omega_2$，方程(6-1)中的系数也相应定义为：

$$k(h) = \begin{cases} k_s & (\text{在 } \Omega_1 \text{ 域内}, h \geqslant 0) \\ k_r k_s & (\text{在 } \Omega_2 \text{ 域内}, h < 0) \end{cases} \tag{6-10}$$

$$\mathrm{d}\theta / \mathrm{d}h = \begin{cases} 0 & (\text{在 } \Omega_1 \text{ 域内}) \\ c(h) & (\text{在 } \Omega_2 \text{ 域内}) \end{cases} \tag{6-11}$$

式中　k_s——饱和渗透系数；

k_r——相对非饱和渗透系数($0 \leqslant k_r \leqslant 1$)；

$c(h)$——随压力变化的比水容量。

在有限元法中进行单元刚度矩阵计算时，采用高斯数值积分，积分时根据各高斯点处 h 值由式(6-10)、式(6-11)据试验结果分别选取 k_r、$c(h)$ 值，这样单元内各点非饱和渗透系数不同的特点就反映出来了。尤其对含有自由面的单元，在各高斯积分点，若某点压力小于零，则该点取相应压力下的非饱和渗透系数计算；若某点压力为正，则该点取饱和渗透系数计算，这对计算稳定很有利。这就是高斯点法的基本思想。

6.2.4　渗流方程的有限元解

方程(6-1)为时域内非线性方程，求解相当困难，采用半离散逐步积分法，先做空间离散，采用 4 节点等参元，设单元函数为：

$$H = \sum_{i=1}^{4} N_i(\zeta, \eta) H_i(t) = [N][H] \tag{6-12}$$

$$\frac{\partial H}{\partial t} = \sum_{i=1}^{8} N_i(\zeta, \eta) \frac{\mathrm{d}H_i(t)}{\mathrm{d}t} = [N][\dot{H}] \tag{6-13}$$

式中　ζ、η——等参坐标；

$H_i(t)$——t 时刻结点 i 的总水头值；

$\mathrm{d}H_i/\mathrm{d}t$——$t$ 时刻结点总水头对时间的变化率值。

$$[N] = [N_1, N_2, \cdots, N_4]$$

N_i 为插值函数的形函数，且

$$N_i(\zeta, \eta, \xi) = \frac{1}{4}(1 + \zeta\zeta_i)(1 + \eta\eta_i) \quad (i = 1, 2, \cdots, 4) \tag{6-14}$$

在第一类边界条件 Γ_ψ 满足的情况下，方程(6-1)相应的有限元加权余值方程为：

$$\int_{\Omega}\left[\nabla^{\mathrm{T}}(k\nabla H)-g\frac{\partial H}{\partial t}\right]W_j^*\,\mathrm{d}\Omega-\int_{\Gamma_q}\left[(k\nabla H)^{\mathrm{T}}\overrightarrow{n}+\overline{q_n}\right]W_i^*\,\mathrm{d}\Gamma=0 \tag{6-15}$$

式中　W_j^* ——加权函数。

在方程(6-15)中引入式(6-12)、式(6-13)，按有限元剖分有 $\Omega=\sum_e\Omega_e$，按伽勒金有限元法，加权函数 W_j^* 取为单元函数 N_j，又设 $k_x=k_z=k$，并不考虑入渗、蒸发情况（$\overline{q_n}\equiv 0$），则有：

$$\sum_e\int_{\Omega_e}\{[N]^{\mathrm{T}}g[N][\dot{H}]+[B]^{\mathrm{T}}k[B][H]\}d\Omega_e=0 \tag{6-16}$$

可写为：

$$[C][\dot{H}]+[K][H]=0 \tag{6-17}$$

其中，$[C]=\sum_e[C]^{(e)}$，$[K]=\sum[K]^{(e)}$，按单元求得：

$$[C]^{(e)}=\int_{\Omega_e}[N]^{\mathrm{T}}g[N]\mathrm{d}\Omega_e=\int_{-1}^{+1}\int_{-1}^{+1}[N]^{\mathrm{T}}g[N]\,|J|\mathrm{d}\zeta\mathrm{d}\eta \tag{6-18}$$

$$[K]^{(e)}=\int_{\Omega_e}[B]^{\mathrm{T}}k[B]\mathrm{d}\Omega_e=\int_{-1}^{+1}\int_{-1}^{+1}[B]^{\mathrm{T}}k[B]\,|J|\,\mathrm{d}\zeta\mathrm{d}\eta \tag{6-19}$$

$$[B]=\begin{bmatrix}\frac{\partial N_1}{\partial x}, & \frac{\partial N_2}{\partial x}, & \frac{\partial N_3}{\partial x}, & \frac{\partial N_4}{\partial x}\\ \frac{\partial N_1}{\partial z}, & \frac{\partial N_2}{\partial z}, & \frac{\partial N_3}{\partial z}, & \frac{\partial N_4}{\partial z}\end{bmatrix}\qquad [J]=\begin{pmatrix}J_{11}, & J_{12}\\ J_{21}, & J_{22}\end{pmatrix}=\begin{bmatrix}\frac{\partial x}{\partial\zeta}, & \frac{\partial z}{\partial\zeta}\\ \frac{\partial x}{\partial\eta}, & \frac{\partial z}{\partial\eta}\end{bmatrix}$$

而 $\begin{pmatrix}\partial/\partial x\\ \partial/\partial z\end{pmatrix}=[J]^{-1}\begin{pmatrix}\partial/\partial\zeta\\ \partial/\partial\eta\end{pmatrix}$

单元的几何等参变换为：

$$x=\sum_{i=1}^{4}N_i(\zeta,\eta)x_i=[N][X]\qquad z=\sum_{i=1}^{4}N_i(\zeta,\eta)z_i=[N][Z]$$

其中，$[X]=[x_1,x_2,\cdots,x_4]^{\mathrm{T}}$，$[Z]=[z_1,z_2,\cdots,z_4]^{\mathrm{T}}$

下面进行时间域的离散，采用后差分格式，即方程(6-16)在 $t+\Delta t$ 时刻成立，在 $t+\Delta t$ 时间步假定：

$$[H]=[H]_{t+\Delta t}\quad,\quad[\dot{H}]=\frac{[H]_{t+\Delta t}-[H]_t}{\Delta t}$$

则有：

$$\{[C]_{t+\Delta t}^{(i-1)}/\Delta t+[K]_{t+\Delta t}^{(i-1)}\}[H]_{t+\Delta t}^{(i)}=\frac{[C]_{t+\Delta t}^{(i-1)}}{\Delta t[H]_t} \tag{6-20}$$

方程(6-20)表示在每个时间步内都需要迭代求解，其中上标 i 表示第 i 次迭代结果，下标 $t+\Delta t$ 表示 $t+\Delta t$ 时刻的值。方程(6-20)就是本文在 $t+\Delta t$ 时间步的迭代格式。

稳定渗流时相应的格式为：

$$[K]^{(i-1)}[H]^{(i)}=0 \tag{6-21}$$

计算起步时，可假设整个域都是饱和的，然后根据求得的[H]值不断调整计算参数，得到相应时刻的结果。

6.3 土－水特征曲线

土－水特征曲线(Soil Water Characteristic Curve，简称 SWCC)是由土壤水动力学引入的概念，其定义为土的含水率与土中吸力的关系曲线，它与非饱和土的结构、土颗粒的组成、孔隙尺寸分布等因素有关，它是反映非饱和土储水能力的特征曲线。土的含水率可以是重量含水率、体积含水率，也可以采用饱和度；吸力可以是基质吸力或总吸力。土－水特征曲线与非饱和土渗流和抗剪强度均有密切的关系，经常用来推求渗透性函数和研究非饱和土的抗剪强度。土－水特征曲线可用仪器(Fredlund SWCC Device)测量，见图 6-3。

典型的土－水特征曲线如图 6-4 所示。从图中可以看出，土的吸湿与脱湿过程并不一致，存在滞后效应。实际应用时为了简化复杂的土水特征曲线关系，一般采用土的脱湿曲线。在脱湿曲线上有两个重要的特征值：进气值和残余含水量。只有当土中的吸力大于进气值时，空气才能进入土中的孔隙，使孔隙水排出，含水量下降。进气值的大小与土中最大孔隙尺寸有关，土中最大孔隙尺寸越大，进气值越小。残余含水量是反映土中残留水的数量，当含水量低于残余含水量时，使土中含水量减少所需基质吸力的变化将会显著增大。残余含水量与土的细孔隙分布及矿物成分等有关。研究表明，含水量为零时，不同类型土的基质吸力大致相同，为略低于 10^6 kPa。

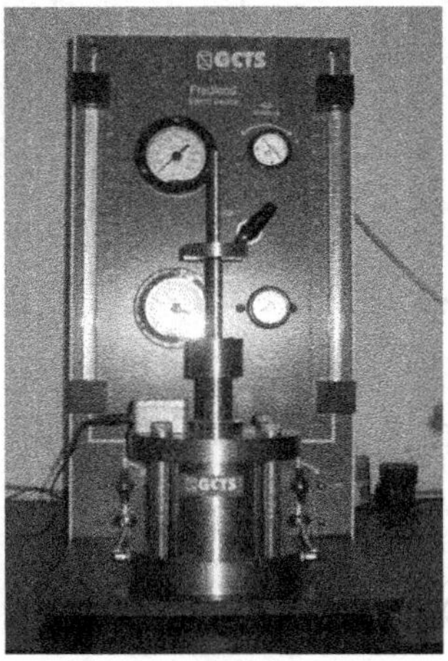

图 6-3　土－水特征曲线测量仪

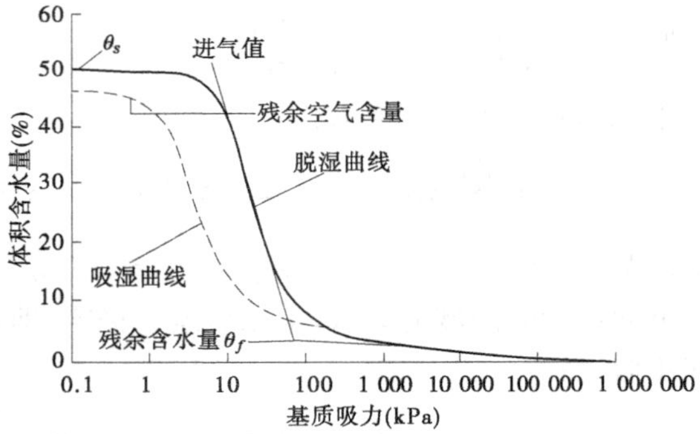

图 6-4　土－水特征曲线的一般形式

土的总吸力是由两部分组成的，即基质吸力($u_a - u_w$)和渗透吸力 π。基质吸力($u_a - u_w$)随饱和度的变化而变化；而渗透吸力则与孔隙水的含水量有关，随含水量的变化要比基质吸力小的多；总吸力的变化基本上等于基质吸力的变化。基质吸力为土中水自由能的毛细部分——它是通过量测与土中水处于平衡的部分蒸汽压而确定的等值吸力。土的含水量与基质吸力之间的关系曲线通常称为土－水特征曲线。

若以基质吸力为横坐标，以体积含水量为纵坐标便可以得到某一围压（30 kPa、180 kPa、380 kPa）下的土－水特征曲线（见图6-5～图6-7），从图中可以看出：

（1）在该围压下基质吸力的值随含水量的减少是逐渐增加的；

（2）当体积含水量小于10%时，基质吸力的值是急剧增加的，也就是当体积含水量发生很小的变化时基质吸力的值却发生很大的变化；

（3）含水量同基质吸力之间的关系是连续的，换言之，在土样发生变干或者是变湿的过程中，二者之间的关系并没有任何中断。

若以围压为纵坐标，基质吸力为横坐标便可以得到围压－基质吸力曲线（见图6-8），由图6-8可以看出基质吸力随围压的增大基本上是减少的。

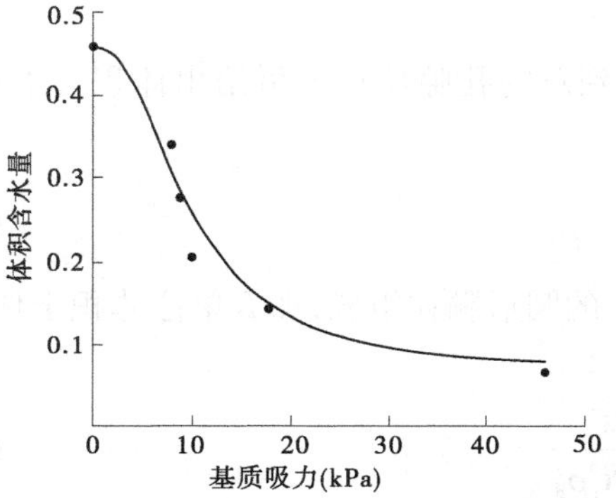

图6-5　净围压为30 kPa时的土－水特征曲线

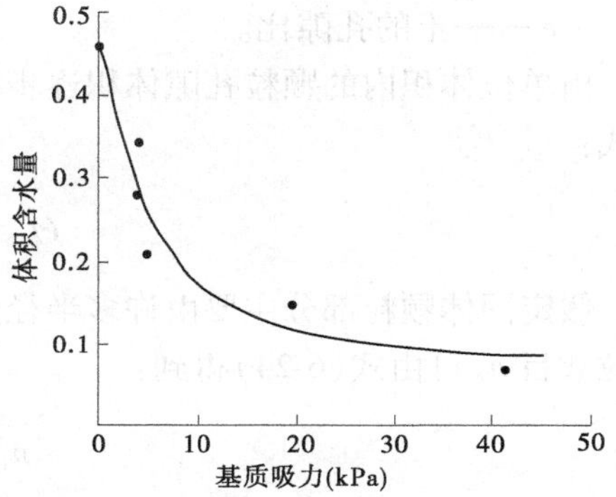

图6-6　净围压为180 kPa时的土－水特征曲线

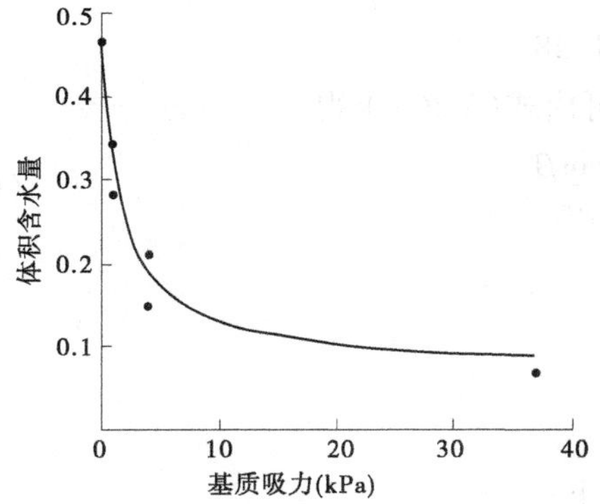

图6-7　净围压为380 kPa时的土－水特征曲线

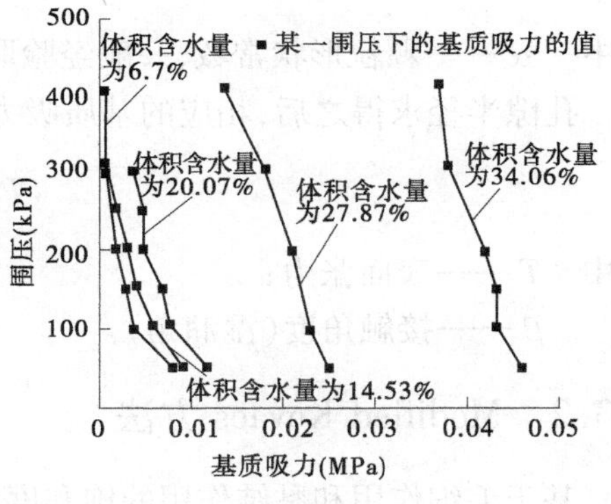

图6-8　围压－基质吸力曲线图

在不考虑应力对土－水特征曲线影响的条件下，含水量是基质吸力的唯一函数。目前，土－水特征曲线还不能根据土的基本物理性质采用理论分析方法推导出，主要通过试验方法测定。同时，很多学者根据试验得到的土－水特征曲线的形状特征，提出了许多经验公式来描述土－水特征曲线。下面介绍四种常用的描述土水特征曲线的方法，即 Arya & Paris 方法、modified Kovacs 方法、Fredlund & Xing 方法和 Van Genuchten 方法。其中，前两种是基于颗粒尺寸的预测方法，而后两种是基于已知拟和曲线参数的闭合形式方程法，各方法的基本原理如下。

6.3.1 Arya & Paris 方法

由孔隙比 e 的定义，变换可得到：

$$V_i = \frac{W_i}{\rho_p} e \tag{6-22}$$

式中 V_i ——单位土体内的孔隙体积(per unit mass of a segment)；

W_i ——单位土体中土粒的重量；

ρ_p ——土颗粒密度；

e ——土的孔隙比。

由单位体积内的颗粒孔隙体积逐步积分得到总的孔隙体积即可给出体积含水量，如下式：

$$\Theta_i = \sum_{i=1}^{n} (V_i \rho_p) \tag{6-23}$$

假定固体颗粒部分主要由许多半径同为 R_i 的圆形颗粒组成，那么单位体积土体内的颗粒数目 n_i 可由式(6-24)得到：

$$n_i = \frac{3W_i}{4\pi R_i^3 \rho_p} \tag{6-24}$$

Arya & Paris(1981)提出了每一部分的孔隙半径可通过下式进行预测：

$$r_i = R_i \left[\frac{4en_i^{1-\alpha}}{6} \right]^{0.5} \tag{6-25}$$

式中 α ——颗粒形状常数，一般经验取值是 1.38。

孔隙半径求得之后，相应的基质吸力 Ψ_i ，可由式(6-26)求得。

$$\Psi_i = \frac{2T\cos\beta}{\rho_w g r_i} \tag{6-26}$$

式中 T ——表面张力；

β ——接触角度(湿润角)。

6.3.2 Modified Kovacs 方法

基于毛细作用和黏结作用的饱和度定义如下：

$$S_r = \frac{\Theta_w}{n} = S_c + S_a^* (1 - S_c) \tag{6-27}$$

$$S_a^* = (1 - S_a) + 1 \tag{6-28}$$

$$S_a = aC_\Psi \frac{\left(\frac{h_{co}}{\Psi_n}\right)^{2/3}}{e^{1/3}\left(\frac{\Psi}{\Psi_n}\right)^{1/6}} \tag{6-29}$$

$$h_{co} = \frac{b}{eD_{10}} \quad 或 \quad h_{co} = \frac{\xi w_L^{1.75}}{e} \tag{6-30}$$

$$b = \frac{0.75}{1.17\lg C_u + 1} \tag{6-31}$$

$$C_\Psi = 1 - \frac{\ln\left(1 + \frac{\Psi}{\Psi_r}\right)}{\ln\left(1 + \frac{\Psi_0}{\Psi_r}\right)} \tag{6-32}$$

$$\Psi_r = 0.86\left(\frac{\xi}{\mathrm{e}}\right)^{1.2} w_L^{1.74} \tag{6-33}$$

$$S_c = 1 - \left[\left(\frac{h_{co}}{\Psi}\right)^2 + 1\right]\exp\left[-m\left(\frac{h_{co}}{\Psi}\right)^2\right] \tag{6-34}$$

式中 S_r——饱和度；

Θ_w——体积含水量；

n——孔隙率；

S_c——由于毛细吸力形成的饱和度；

S_a^*——由于黏结作用(S_a)形成的界限饱和度；

a——拟合参数；

Ψ——吸力；

Ψ_n——用于确定无量纲部分的吸力项；

e——孔隙比；

h_{co}——平均毛细上升高度；

D_{10}——小于某粒径的土粒重量累计百分数为10%时相应的粒径；

C_u——不均匀系数；

w_L——液限；

ξ——常数,近似等于402.2 cm^2；

C_Ψ——修正系数,允许在高吸力下,体积含水量是逐渐降低的,该函数在含水量为零时,吸力达到1 000 000 kPa,这最初是由 Fredlund & Xing(1994)提出的；

Ψ_r——残余含水量对应的吸力；

m——拟合参数。

6.3.3 Fredlund & Xing 方法

Fredlund & Xing(1994)给出了体积含水量的定义：

$$\Theta_w = C_\psi \frac{\Theta_s}{\left\{\ln\left[\mathrm{e} + \left(\frac{\Psi}{a}\right)^n\right]\right\}^m} \tag{6-35}$$

$$a = \Psi_i;\quad m = 3.67\ln\left(\frac{\Theta_s}{\Theta_i}\right);\quad n = \frac{1.31^{m+1}}{m\Theta_s}3.72s\Psi_i$$

式中 Θ_w——体积含水量；

C_Ψ ——修正函数；

Θ_s ——饱和体积含水量；

e——自然对数的底(2.718 28)；

Ψ ——负的孔隙水压力；

a , n , m ——曲线拟合参数；

Ψ_i ——土－水特征曲线拐点处的吸力；

s ——土－水特征曲线拐点处的切线斜率。

6.3.4 Van Genuchten 方法

Van Genuchten(1980)给出了体积含水量的定义

$$\Theta_w = \Theta_r + \frac{\Theta_s - \Theta_r}{\left[1 + \left(\frac{\Psi}{a}\right)^n\right]^m} \tag{6-36}$$

式中 Θ_w ——体积含水量；

Θ_s ——饱和体积含水量；

Ψ ——负的孔隙水压力；

a , n , m ——曲线拟合参数。

6.4 渗透性函数

由于土粒、水和气相之间的体积—质量关系的变化(见图 6-9),在非稳定过渡过程中非饱和土的渗透系数 k_w 有显著的变化。非饱和土的孔隙比变化可能很小,它对渗透系数的影响可能是次要的。但是,饱和度变化对渗透系数的影响则是十分显著的。因而常常将渗透系数表达为饱和度 S 或体积含水量 θ_w 的单一函数。非饱和渗透系数的一般形式如图 6-10 所示。

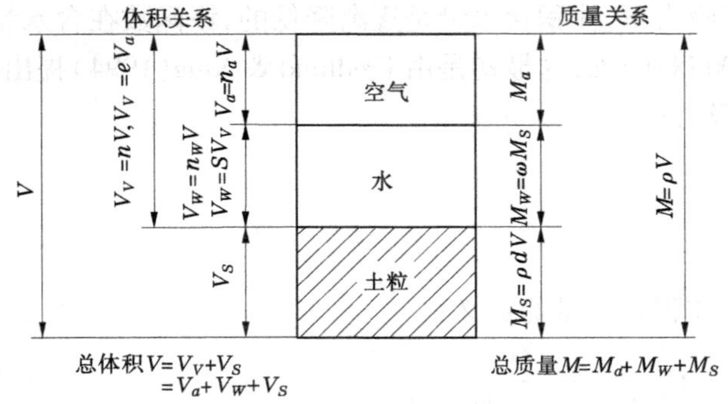

图 6-9 非饱和土的体积—质量关系图

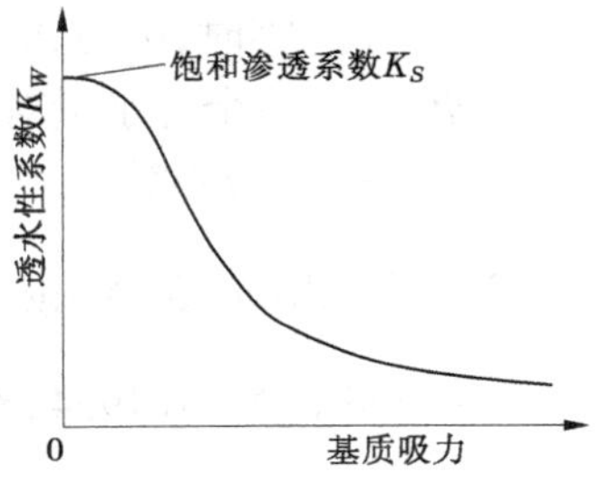

图 6-10 非饱和土渗透系数一般形式

采用实测或估算的体积含水量函数和饱和渗透系数来估算不同基质吸力下的非饱和土渗透系数的方法有三种。即 Fredlund & Xing 方法,Green & Corey 方法和 Van Genuchten 方法。

6.4.1 Fredlund & Xing 方法

$$k_w = k_s \frac{\sum_{i=j}^{N} \frac{\Theta(e^y) - \Theta(\Psi)}{e^{y_i}} \Theta'(e^{y_i})}{\sum_{i=1}^{N} \frac{\Theta(e^y) - \Theta_s}{e^{y_i}} \Theta'(e^{y_i})} \tag{6-37}$$

$$\Theta = C(\Psi) \frac{\Theta_s}{\left\{\ln\left[e + \left(\frac{\Psi}{a}\right)^n\right]\right\}^m} \tag{6-38}$$

式中 k_w ——某一含水量或负孔隙水压力下的水力传导系数,m/s;

k_s ——实测的饱和渗透系数,m/s;

Θ_s ——体积含水率;

e——自然对数的底(2.718 28);

y ——假设的积分变量,表示负孔隙水压力的对数;

i ——“j ”和“N”的计数;

j ——在体积含水量函数曲线上对应于最小的负孔隙水压力;

N ——在体积含水量函数曲线上对应于最大的负孔隙水压力;

Ψ——对应于第 j 间段的吸力;

Θ' ——体积含水量函数的一阶导数;

a ——进气值的近似值;

n ——控制土 - 水特征曲线拐点处斜率的参数;

m ——与残余含水率有关的参数。

校正函数:

$$C(\Psi) = 1 - \frac{\ln\left(1 + \frac{\Psi}{C_r}\right)}{\ln\left(1 + \frac{1\,000\,000}{C_r}\right)} \tag{6-39}$$

式中 C_r ——与残余体积含水率处基质吸力有关的常数。

6.4.2 Green & Corey 方法

Green & Corey(1971)给出的渗透性函数定义:

$$k(\Theta_i) = \frac{k_s}{k_{sc}} \cdot \frac{30T^2}{\mu g \eta} \cdot \frac{\xi^p}{n^2} \cdot \sum_{j=i}^{m} \left[(2j + 1 - 2i) h_i^{-2}\right] \tag{6-40}$$

式中 $k(\Theta_i)$ ——某一含水量或负孔隙水压力下的渗透系数,cm/min;

$\frac{k_s}{k_{sc}}$ ——实测饱和渗透系数与计算饱和渗透系数的比值;

i ——体积含水量函数曲线上间段编号(如 $i = 1$ 分段对应于孔隙中具有最低的含水量,而 $i = m$ 分段对应于孔隙中具有最高的含水量,即饱和含水量);

h_i ——给定间段对应的负孔隙水压力水头，cm；

n —— i 和 m 之间的间断总数；

m ——试验土－水特征曲线上在饱和体积含水量与最小体积含水量之间等分的总数；

Θ ——体积含水量，cm^3/cm^3；

T ——表面张力，Dyn/cm；

ξ ——饱和体积含水量；

η ——水的黏滞系数，$g/(cm \cdot s^{-1})$；

g ——重力加速度，m/s^2；

μ ——水的密度，g/cm^3；

p ——表明不同尺寸孔隙相互作用的常数，一些学者给出了 p 的建议值，Marshall（1958）：2.0；Milling 和 Quirk（1961）：1.3；Kunze，Vehara 和 Graham（1968）：1.0。

渗透性函数的形状取决于式（6-40）中的 $\sum_{j=i}^{m}[(2j+1-2i)h_i^{-2}]$；而 $\frac{30T^2}{\mu g\eta} \cdot \frac{\xi^p}{n^2}$ 这一项对于某一确定函数值来说是常数，当确定了渗透性函数的形状之后，该项取为1.0。

可应用下式计算渗透性函数在零压力时的数值：

$$k_{sc} = \sum_{j=i}^{m}[(2j+1-2i)h_i^{-2}] \tag{6-41}$$

饱和渗透系数 k_s 可通过室内试验或现场原位试验得到，那么渗透性函数的变化就取决于 k_s/k_{sc} 值的大小。

6.4.3 Van Genuchten 方法

Van Genuchten（1980）提出了用下面闭合形式的方程来描述土的渗透性函数，渗透性函数是吸力的函数。

$$k_w = k_s \frac{\{1-(a\Psi^{(n-1)})[1+(a\Psi^n)^{-m}]\}^2}{[(1+a\Psi)^n]^{\frac{m}{2}}} \tag{6-42}$$

式中 k_s ——饱和渗透系数；

a, n, m ——曲线拟合参数，$n = 1/(1-m)$；

Ψ ——所要求的吸力范围。

体积含水量函数的斜率 S_p 可由下式计算。

$$S_p = \frac{1}{(\Theta_s - \Theta_r)}\left|\frac{d\Theta_p}{d(\lg\Psi_p)}\right| \tag{6-43}$$

式中 Θ_s，Θ_r ——对应于饱和体积含水量和残余体积含水量；

Θ_p，Ψ_p ——体积含水量函数曲线上饱和含水量及残余含水量之中点所对应的含水量值和吸力值。

计算了 S_p 之后，可由下面的式子估算拟合参数 m 和 a。

$$m = 1 - \exp(-0.8S_p) \tag{6-44}$$

当 $0 \leqslant S_p \leqslant 1$ 时，

$$m = 1 - \frac{0.5755}{S_p} + \frac{0.1}{S_p^2} + \frac{0.025}{S_p^3} \tag{6-45}$$

当 $S_p > 1$ 时，

$$a = \frac{1}{\Psi}(2^{\frac{1}{m}} - 1)^{(1-m)} \tag{6-46}$$

6.5 洪水升降过程中堤岸边坡暂态渗流场特征分析

洪水来临和下泄排洪期间，在洪水位变动范围内的堤岸坡体随着水位的变化要反复经历非饱和—饱和—非饱和的循环变化过程，使得堤坡土体在水的作用下不断经历吸湿和脱湿过程，造成强度弱化，坡体稳定性降低。

6.5.1 模型建立及边界条件

为了分析洪水位升降过程中堤岸边坡的暂态渗流场特征和稳定性变化规律，选取黄河下游标准化堤岸济南段右岸桩号 28 +000 堤岸断面，建立了如图 6-11 所示的渗流计算模型。模型中水平方向为 *X* 坐标，垂直方向为 *Y* 坐标。通过模型来分析洪水位升降过程中堤坡土体对洪水位的动态响应规律：即暂态体积含水量、孔隙水压力、流速矢量等的变化特征。

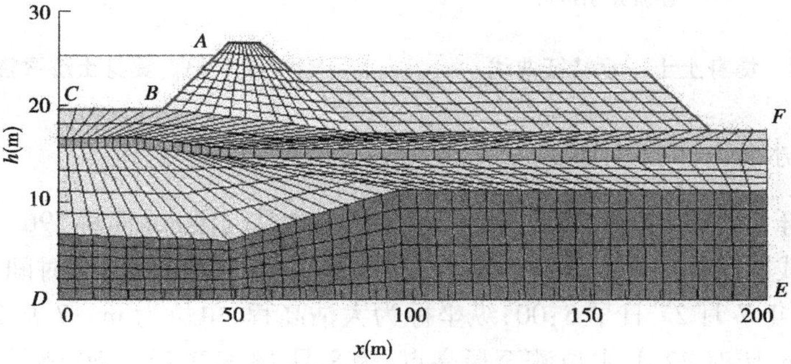

图 6-11 堤坡断面渗流计算有限元模型

根据水文地质条件，确定模型的边界条件：选取底层黏土层为相对不透水边界 *DE*；右侧边界 *FE* 为背河侧耕地区，为透水边界；左侧边界 *CD* 为河床区，为透水边界；*ABC*（即自然水位与洪水位之间）为水位高度随时间变化的变水头边界；地下水位线位于 *F* 点下 1 m 处，可看作定水头边界，计算水位高程为 16.4 m。

6.5.2 土－水特征曲线及非饱和渗透系数的选取

在本章数值分析中，对体积含水量函数和渗透性函数的估计均采用闭合形式方程的 Fredlund & Xing 方法，即根据实测的饱和体积含水量、饱和渗透系数，采用 Fredlund & Xing 方法对土－水特征曲线和渗透性函数曲线进行估计。

根据基本地质资料，计算出堤身土体的饱和体积含水量。基本参数如表 6-1 所示。

表 6-1　堤身土体基本参数表

岩土体名称	干密度 (g/cm^3)	天然密度 (g/cm^3)	饱和密度 (g/cm^3)	孔隙比 e	给水度 (m/d)	饱和渗透系数 (m/s)	饱和体积含水量
堤身土	1.53	1.76	1.97	0.41	0.000 7 ~ 0.4	6.66×10^{-7}	0.46

目前,土体饱和渗透系数和土－水特征曲线一般采用试验方法或前述的经验公式估算来确定,由于非饱和渗透系数直接测定比较复杂,因此往往采用间接方法来确定,即根据土体的饱和渗透系数和土－水特征曲线进行估算。本文采用原状土样室内试验测得的饱和渗透系数,并根据土体的结构、颗粒成分等特征,结合类似的工程实践,采用 Fredlund & Xing 方法对土－水特征曲线和渗透性函数进行了估算,拟合出堤岸堤身土的土－水特征曲线及渗透性函数曲线分别如图 6-12 和图 6-13 所示。

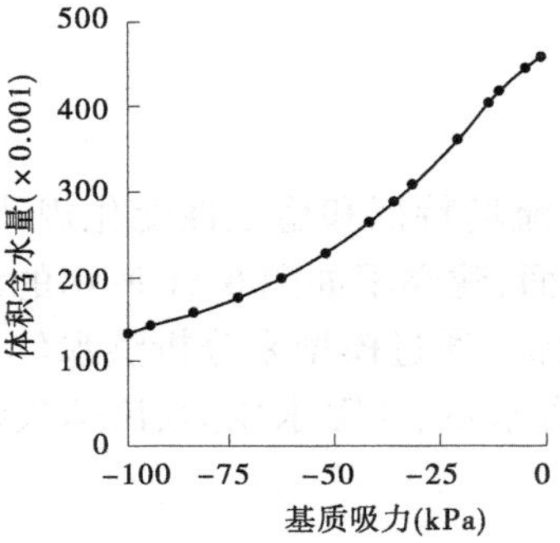

图 6-12　堤身土土－水特征曲线

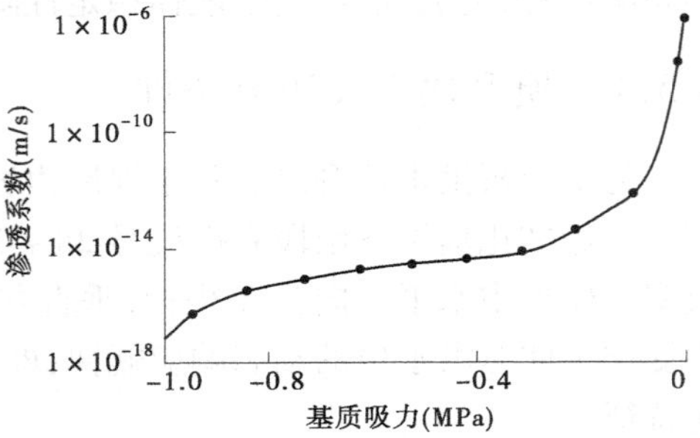

图 6-13　堤身土渗透性函数曲线

6.5.3　洪水水位—时间函数的建立

近年济南泺口水文站测定最大洪水为 1996 年 8 月的洪水(简称“96·8”洪水),洪水水位—时间曲线图见图 6-14(图中水位为大沽高程)。图中横坐标为时间,单位为 h,坐标轴起点为 1996 年 7 月 27 日早 8:00;纵坐标为大沽高程,单位为 m。7 月 27 日早 8:00 的水位为 28.35 m,历时 22 d,水位涨至最高点,为 8 月 18 日凌晨 5:50 测得的 30.94 m。于 11 d 后的 29 日的上午 9:15,水位回落到 28.26 m。

按照《黄河下游 2005－2010 防洪工程建设可行性研究报告》,设计防洪水位为 2000 年设防水位,济南段右岸桩号 28＋000 的 2000 年设防水位为黄海高程 30.3 m。根据实测近年最大洪水数据,取其最高水位,平移至 2000 年设防水位高程,这样可以得到 2000 年设防水位下的洪水涨落曲线。泺口水文站处大沽、黄海高程系的高程差(黄海高程＝大沽高程－1.386 m),并参照 2000 年设防水位黄海高程 30.3 m 以及计算断面相对高程,将图 6-14 转化为图 6-15。

从图中可以看出,水位的整体趋势在 8 月 18 日前是上升,之后是下降的。但局部时间内,多次出现水位升降的反复,这对于坡体稳定是十分不利的。下面就结合饱和－非饱和渗流理论,对水位升降变化条件下的堤岸坡体渗流场进行分析。

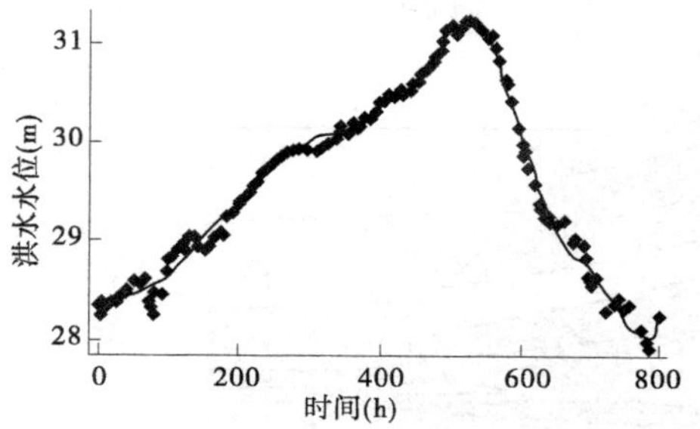

图 6-14　济南泺口水文站"96 · 8"洪水水位—时间曲线图

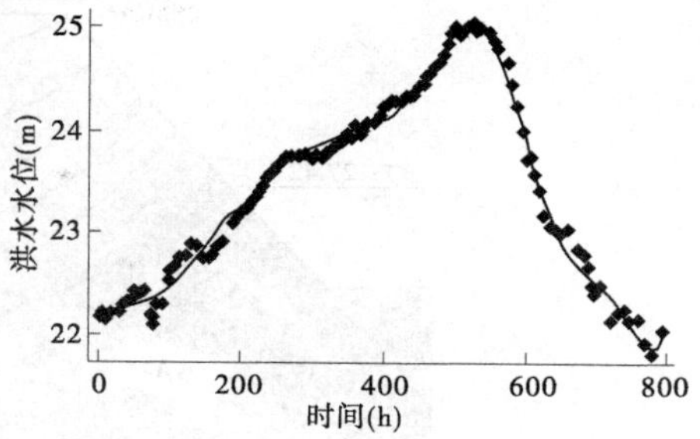

图 6-15　转化为计算断面洪水水位—时间曲线图

6.5.4　洪水上升过程中堤岸暂态渗流场特征分析

依据前述各原理和参数，应用 SEEP/W 软件，对黄河下游标准化堤岸济南段右岸桩号 28 +000 堤段进行饱和 – 非饱和渗流场分析。

6.5.4.1　水位上升过程中坡体内浸润线的暂态变化

水位由 27.42 m 上升至 30.3 m 过程中，堤岸坡体内浸润线的暂态变化如图 6-16 所示。本节使用的水位高程均为黄海高程。

由图 6-16 可以看出，洪水位上升过程中，堤岸坡体内浸润线随水位上升的变化规律基本一致：浸润线的上升滞后于坡外水位的上升，且随着水位的升高滞后效果越明显，表现为浸润线变陡峭，曲线凸向坡外弯曲。

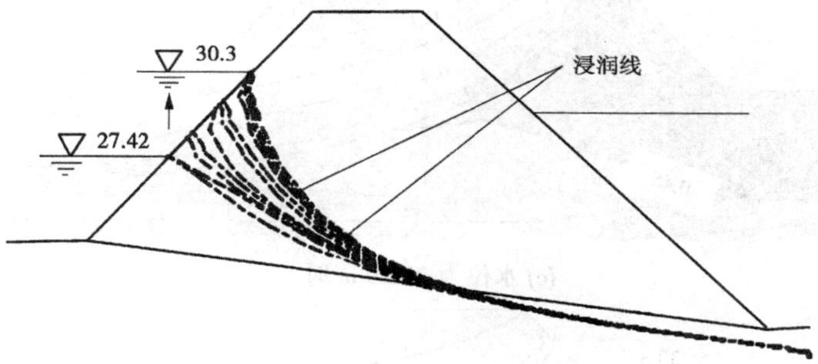

图 6-16　水位由 27.42 m 上升至 30.3 m 过程中堤岸坡体内浸润线的暂态变化

从图 6-16 还可以看出：就某一暂态而言，坡体内暂态浸润线表现出自坡体表面向内部逐渐降低的趋势，即向坡体下部弯曲，这说明洪水位上升过程中，水向坡体内渗透是一个非稳定渗流的过程，距离坡外洪水越远的坡体对涨水响应时间越长。

6.5.4.2　水位上升过程中坡体内体积含水量的暂态变化

水位由 27.42 m 上升至 30.3 m 过程中，堤岸坡体内暂态体积含水量等值线图如图 6-17所示。

体积含水量是表征非饱和、非稳定渗流特征的重要参量之一，它可以形象直观地显示

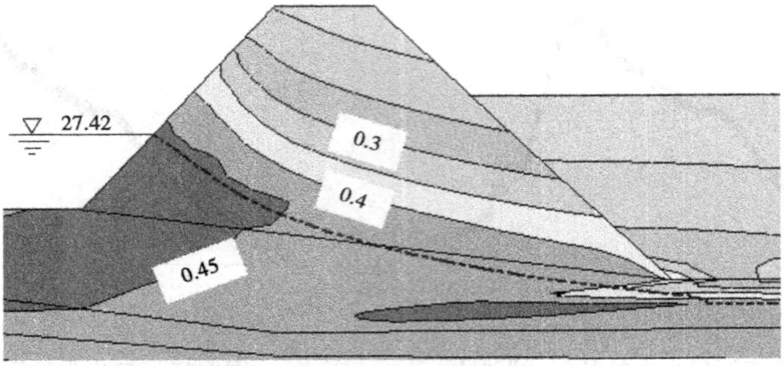

(a) 水位为 27.42 m 时

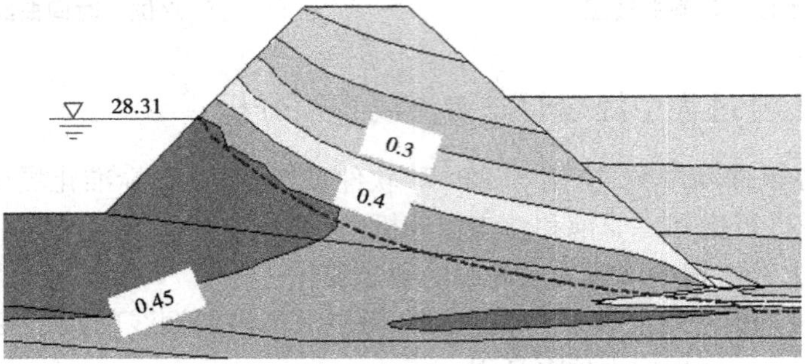

(b) 水位为 28.31 m 时

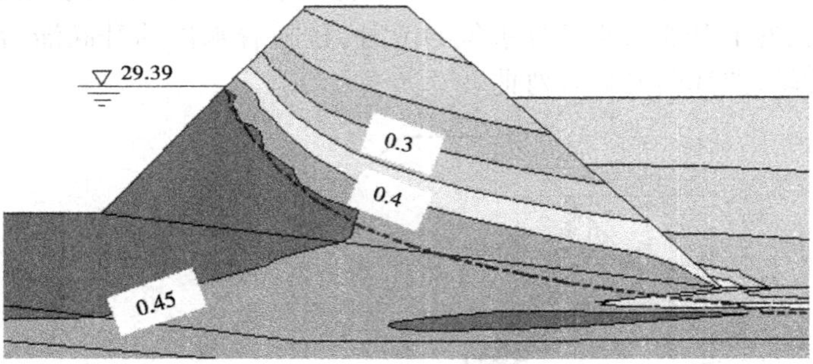

(c) 水位为 29.39 m 时

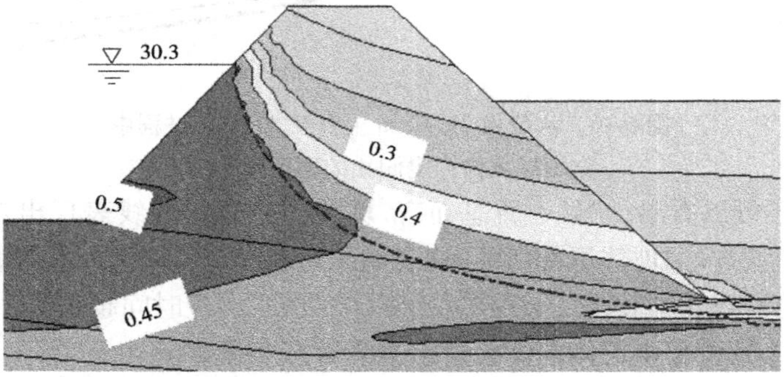

(d) 水位为 30.3 m 时

图 6-17　水位由 27.42 m 上升至 30.3 m 过程中堤岸坡体内暂态体积含水量等值线图

渗流过程中坡体内的水分变化。

由图 6-17 可以看出,随着库水位逐渐上升,坡体暂态渗流场中湿润峰面随之上移。库水变动范围内的饱和区自下而上逐步扩展,上部的非饱和区逐渐减少。

水位由 27.42 m 上升至 30.3 m 过程中坡内土体高度—体积含水量关系图如图 6-18 所示。

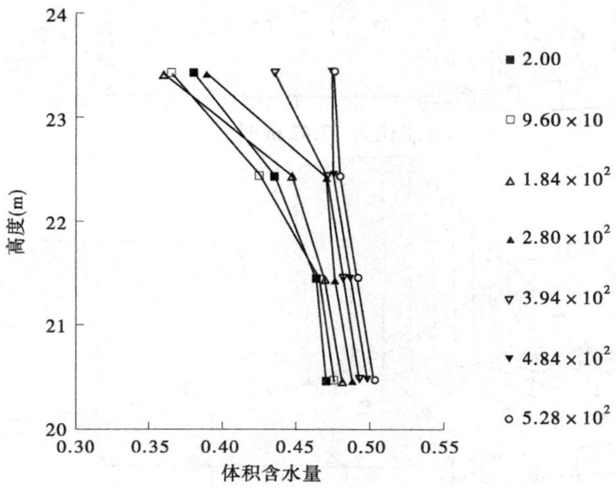

图 6-18　水位由 27.42 m 上升至 30.3 m 过程中坡内土体高度—体积含水量关系图

由图 6-18 可以看出,随着水位的上升,同一点的体积含水量是增大的;水位线不变,随着高度的升高,体积含水量是减小的。这说明,随着坡外水位的升高,坡体内暂态渗流场中湿润峰面自坡体下部随之上移,即坡体下部先趋于饱和,依次为上部土体。

随着坡外洪水水位的升高,坡体高程方向上体积含水量的增加是连续并依次进行的。

6.5.4.3　水位上升过程中坡体内总水头等值线图

水位由 27.42 m 上升至 30.3 m 过程中坡体内暂态总水头等值线图如图 6-19 所示。

总水头也是表征非饱和、非稳定渗流特征的重要指标,它表明坡体被水渗透的程度。从图 6-19 可以看出,随着坡外水位的升高,坡体浸润程度升高,饱和区域内移并且范围扩大。而坡体深处非饱和区域基本不变,说明坡体内部对坡外水位响应的延迟。这是非稳态渗流的特点。

6.5.4.4　水位上升过程坡体内暂态流速矢量图

水位由 27.42 m 上升至 30.3 m 过程中坡体内流速矢量图如图 6-20 所示。

流速矢量也是表征非饱和、非稳定渗流特征的重要参量,它表征了渗透水流的流动性快慢。从图 6-20(a)可以看出,在自然水位(黄海高程 27.42 m)时,局部流速矢量大小和方向基本一致,表现出稳态渗流的特点。随着水位的上升,坡内整体流速增大,流速矢量不再一致,而是出现围绕浸润线的特点,尤其是浸润线下方的流速矢量,越贴近浸润线,其方向与该处浸润线的切线方向越一致,并有自坡体表面向内部流速先增大后减小的特点。

在洪水上升过程中,流速矢量的整体变化趋势为:流速矢量表现出围绕浸润线的特点,且自坡体表面向内部呈现出先增大后减小的趋势,表现出非稳态渗流的特征。

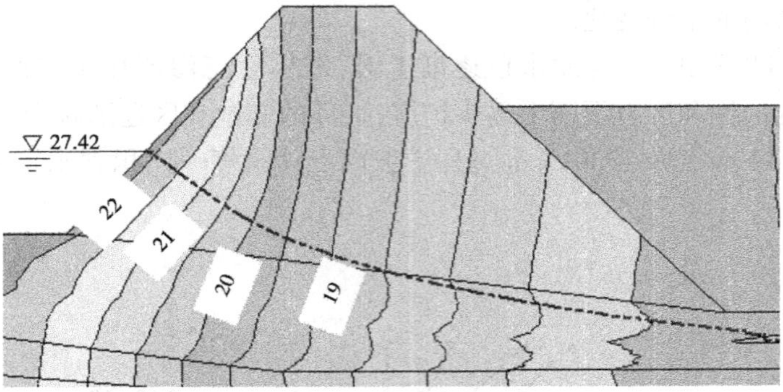

(a) 水位为 27.42 m 时

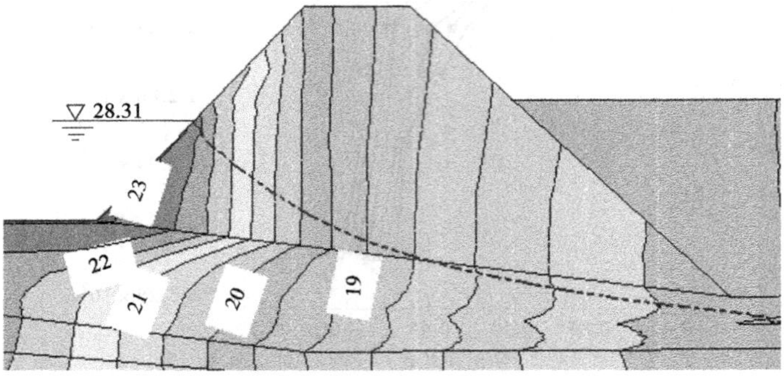

(b) 水位为 28.31 m 时

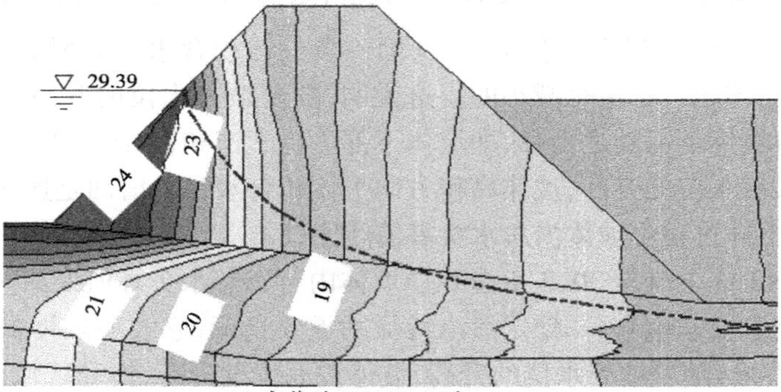

(c) 水位为 29.39 m 时

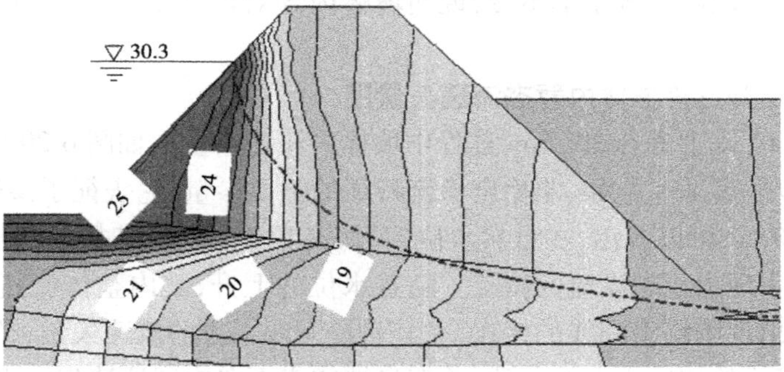

(d) 水位为 30.3 m 时

图 6-19　水位由 27.42 m 上升至 30.3 m 过程中坡体内暂态总水头等值线图　（单位:m）

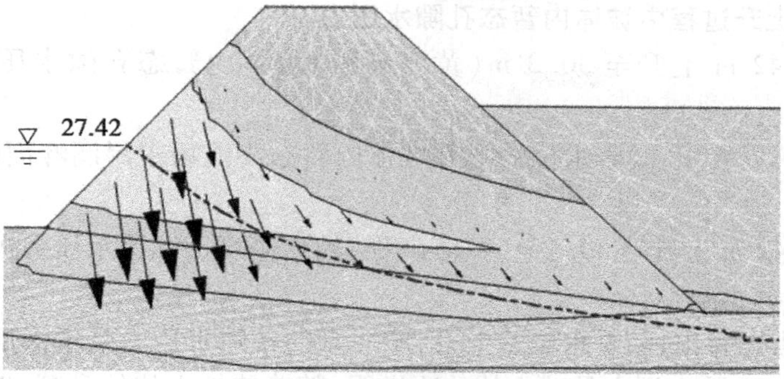

(a) 水位为 27.42 m 时

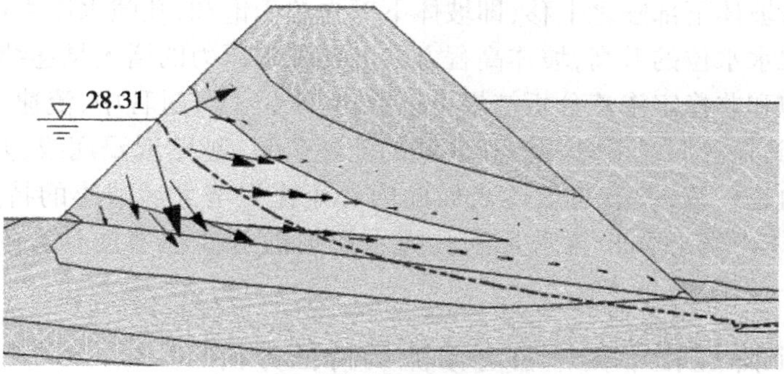

(b) 水位为 28.31 m 时

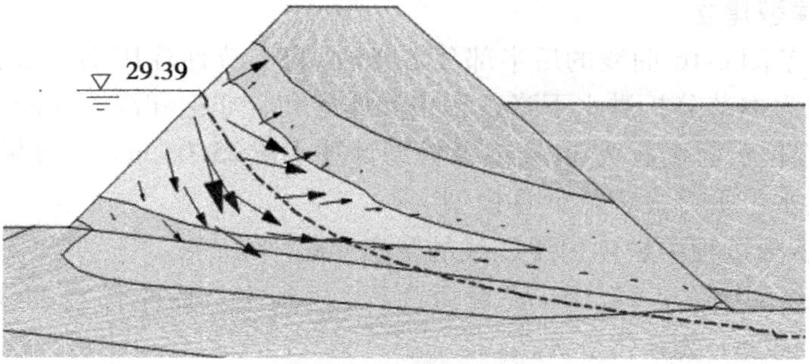

(c) 水位为 29.39 m 时

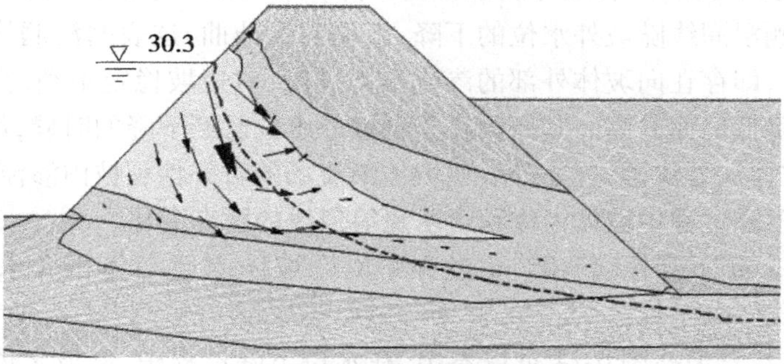

(d) 水位为 30.3 m 时

图 6-20　水位由 27.42 m 上升至 30.3 m 过程中坡体内流速矢量图

6.5.4.5 水位上升过程中坡体内暂态孔隙水压力

水位由 27.42 m 上升至 30.3 m(黄海高程)坡体内暂态孔隙水压力等值线图如图 6-21所示。

由图 6-21 可以看出,随着水位的上升坡体内暂态渗流场中湿润峰面随之上移,孔隙水压力增高。

水位由 27.42 m 上升至 30.3 m(黄海高程)坡内高度—孔隙水压力关系图如图 6-22所示。

由图 6-22 可以看出,随着水位的上升,同一点的孔隙水压力是增大的;水位线不变,随着高度的升高,孔隙水压力是减小的。这说明,随着坡外水位的升高,坡体内暂态渗流场中湿润峰面自坡体下部随之上移,即坡体下部先趋于饱和,孔隙水压力增大。

随着坡外洪水水位的升高,坡体高程方向上孔隙水压力的增大是连续并依次进行的。

从上面非饱和非稳定渗流分析结果可以看出:水位上升过程中,流速矢量出现围绕浸润线的特点,尤其是浸润线下方的饱和区域的流速矢量,越贴近浸润线,其方向与该处浸润线的切线方向越一致,并有自坡体表面向内部流速先增大后减小的特点;在垂直方向上,自下而上坡体内暂态体积含水量和孔隙水压力随着高程增加具有连续依次变化的规律。

6.5.5 洪水下降过程中堤岸暂态渗流场特征分析

6.5.5.1 渗流模型建立

取第 6.5.4 节图 6-16 曲线的后半部分下降段,为本节计算用洪水过程线;图 6-16 中曲线最高点水位为本节分析洪水下降过程中坡体饱和 - 非饱和渗流场的初始水位。换算为2000 年设防水位黄海高程为30.3 m 及模型计算水位 25.05 m。计算模型、边界条件及参数的选取同洪水位上升过程的计算模型。

6.5.5.2 水位下降过程中坡体内浸润线的暂态变化

水位由 30.3 m 下降至 27.05 m(黄海高程)过程中坡内土体浸润线的暂态变化如图 6-23所示。

从图 6-23 可以看出,随着坡外洪水位的下降,坡内浸润线随之下降。各条浸润线有一交点,交点左侧浸润线随坡外水位的下降,出现向上凸曲,这表明浸润线的下降落后于坡外水位的下降,即存在向坡体外部的渗流水力梯度,对边坡稳定不利;交点右侧的浸润线,随着水位的降低反而升高。其原因在于在坡外水位已经下降的时候,坡体内部渗透水流还在继续向坡体深处渗透,这充分表明坡体渗流场的暂态性和坡内渗流响应的滞后性。

6.5.5.3 水位下降过程中坡体内体积含水量等值线的暂态变化

水位由 30.3 m 下降至 27.05 m 过程中堤岸坡体内暂态体积含水量等值线图如图 6-24所示。

从体积含水量等值线图 6-24 可以看出,在水位下降过程中,堤坡土体含水量随坡外水位的下降而下降,饱和区域下移,体积含水量等值线随浸润线的下移而下移,且趋势一致。浸润线之上,坡体内体积含水量是逐渐降低的,浸润线之下处于饱和状态。

水位由 30.3 m 下降至 27.05 m 过程中坡内土体高度—体积含水量关系图如图 6-25

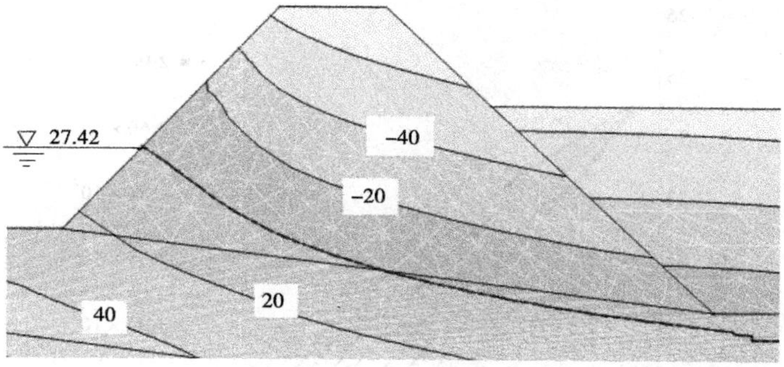

(a) 水位为 27.42 m 时

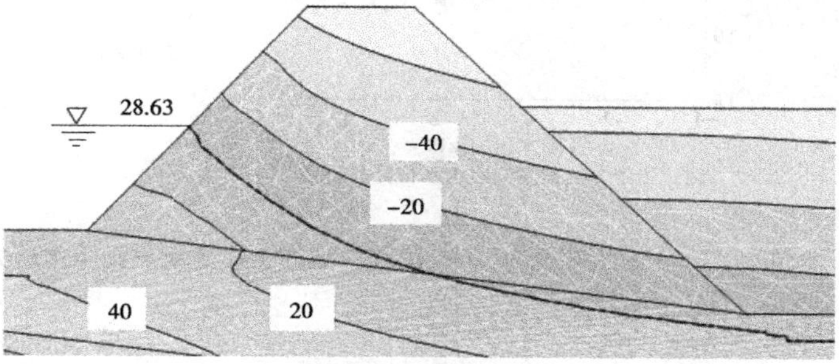

(b) 水位为 28.63 m 时

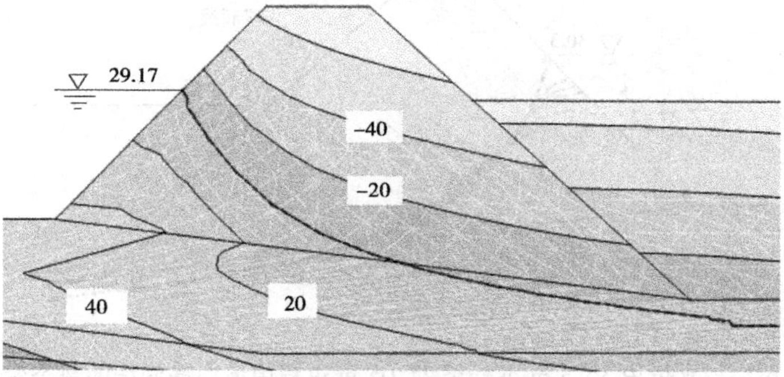

(c) 水位为 29.17 m 时

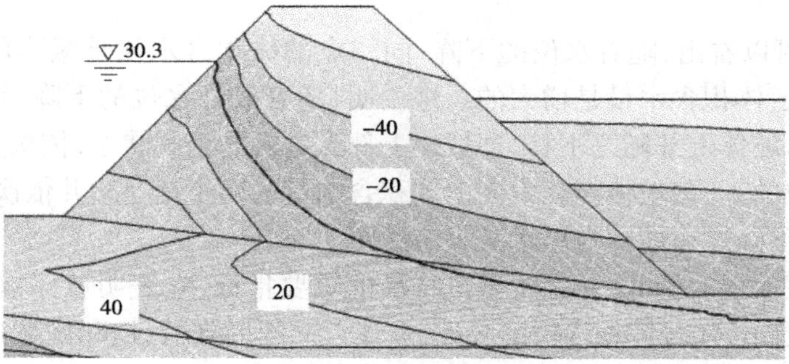

(d) 水位为 30.3 m 时

图 6-21　水位由 27.42 m 上升至 30.3 m 过程中坡体内暂态孔隙水压力等值线图　（单位:kPa）

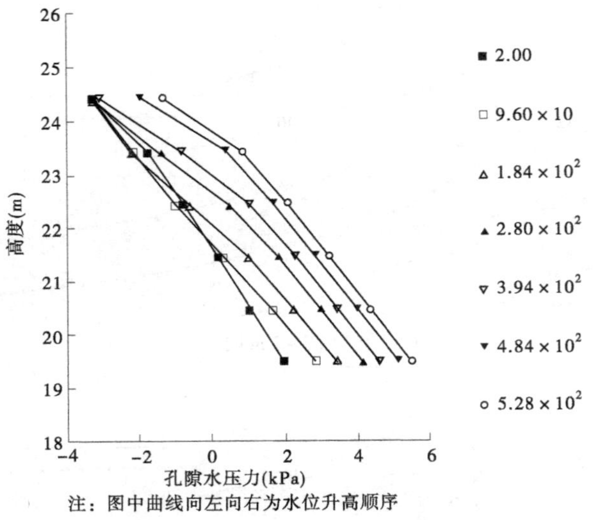

图 6-22 水位由 27.42 m 上升至 30.3 m 过程中坡内土体高度—孔隙水压力关系图

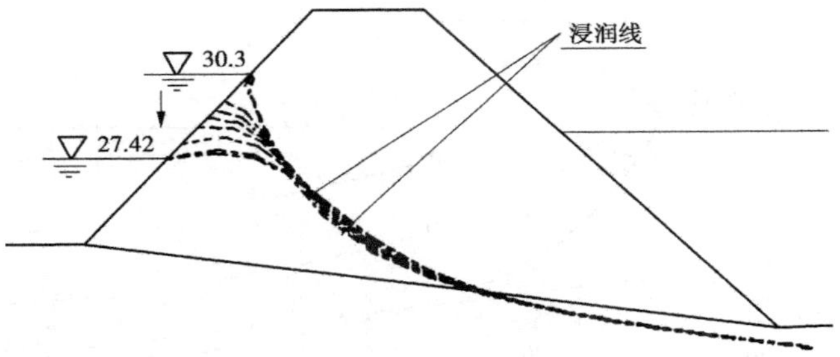

图 6-23 水位由 30.3 m 下降至 27.05 m 过程中坡内浸润线的暂态变化

所示。

由图 6-25 可以看出，随着水位的下降，同一点的体积含水量是减小的；水位线不变，随着高度的降低，体积含水量是增大的。这说明，随着坡外水位的下降，坡体内暂态渗流场中湿润峰面自坡体上部随之下移，即坡体上部先进入非饱和状态，依次是下部土体。随着坡外洪水水位的下降，坡体高程方向上体积含水量的减小是连续并依次进行的。

6.5.5.4 水位下降过程坡体内总水头等值线图

总水头也是表征非饱和、非稳定渗流特征的重要指标，它表明坡体被水渗透的程度。从图 6-26 可以看出，随着坡外水位的降低，坡体浸润程度降低，饱和区域逐渐减小。随着坡外水位的下降，坡体内暂态渗流场中湿润峰面自坡体上部随之下移，即坡体上部先进入非饱和状态，依次是下部土体。随着坡外洪水水位的下降，坡体高程方向上体积含水量的减小是连续并依次进行的。

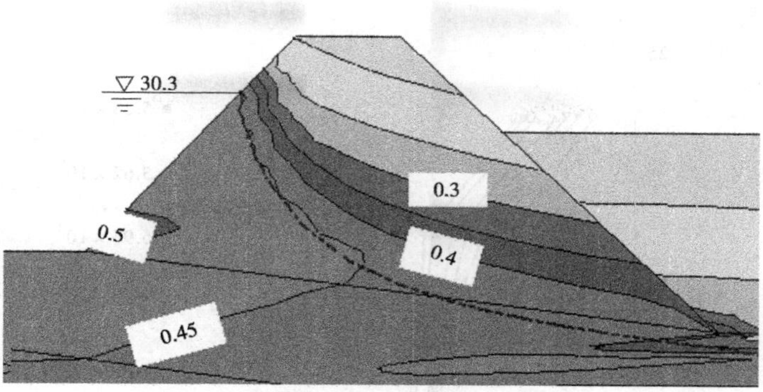

(a) 水位为 30.3 m 时

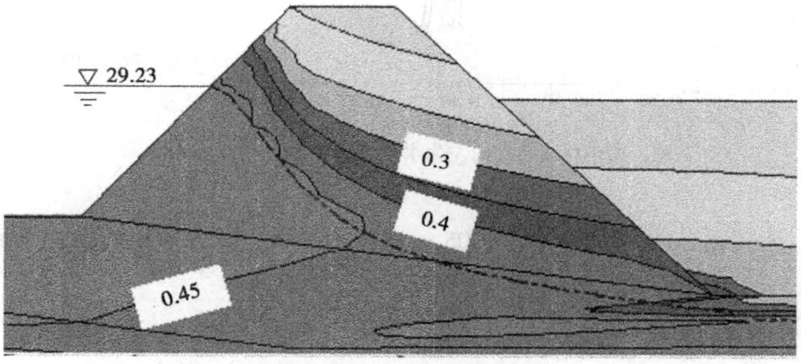

(b) 水位为 29.23 m 时

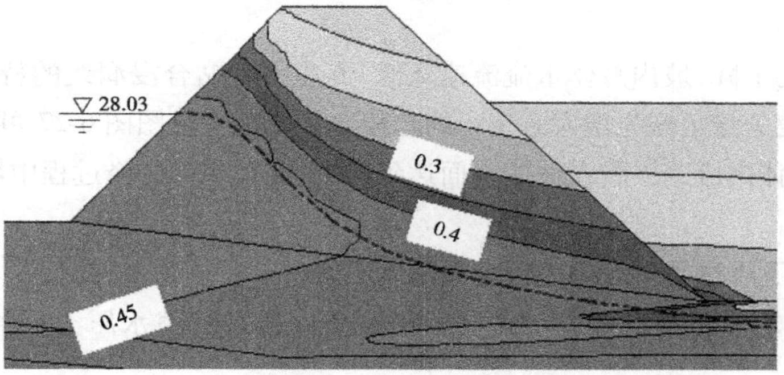

(c) 水位为 28.03 m 时

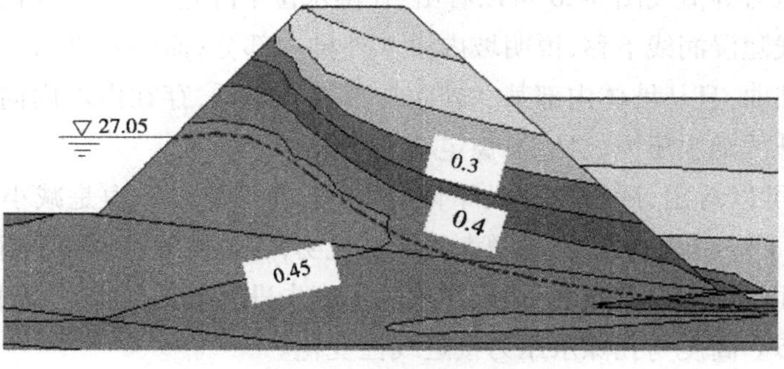

(d) 水位为 27.05 m 时

图 6-24　水位由 30.3 m 下降至 27.05 m 过程中堤岸坡体内暂态体积含水量等值线图

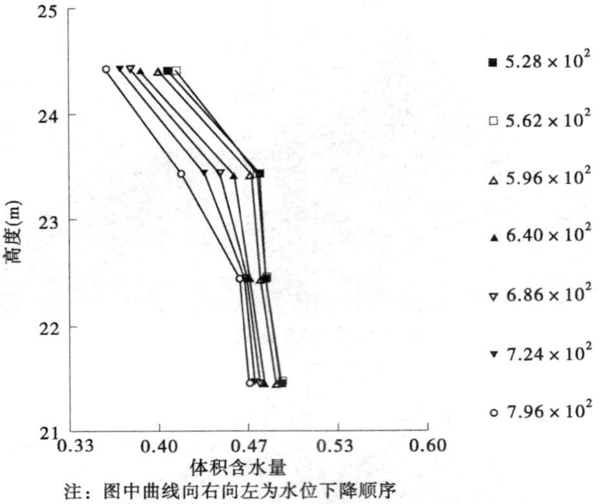

图6-25　水位由30.3 m下降至27.05 m过程中坡内土体高度—体积含水量关系图

6.5.5.5　水位下降过程坡体内暂态流速矢量图

水位由30.3 m下降至27.05 m过程中堤岸坡体内渗流流速矢量图如图6-27所示。

随着水位的下降，坡内总体水流流速降低，流速矢量贴合浸润线的特点逐渐减弱；从水平方向看流速矢量呈现先增大后减小的趋势。从流速矢量图图6-27可以看出，在洪水下降过程中，坡体内流速矢量在坡体表面达到最大，表明水位下降过程中坡体浅部的水力响应最强。

6.5.5.6　水位下降过程中坡体内暂态孔隙水压力

水位由30.3 m下降至27.05 m过程中坡体内暂态孔隙水压力等值线图如图6-28所示。

从孔隙水压力等值线图6-28可以看出：在洪水位下降过程中，坡体内浸润线下移，孔隙水压力等值线随浸润线下移，说明坡内渗水外排一部分；而随着洪水位的持续降低，浸润线前部向上凸曲，且从坡体内部某一处向外部逐渐降低，存在由坡内向坡外的渗流，说明存在指向坡外的动水压力，对边坡稳定不利。

由图6-29可以看出，随着水位的下降，同一点的孔隙水压力是减小的；水位线不变时，随着高度的下降，孔隙水压力是增大的。这说明，随着坡外水位的下降，坡体内暂态渗流场中湿润峰面自坡体上部随之下移，即坡体上部先进入非饱和状态，坡体下部土体依次进入非饱和状态。高度与孔隙水压力接近线性变化。

随着坡外洪水水位的下降，坡体高程方向上孔隙水压力的减小是连续并依次进行的。

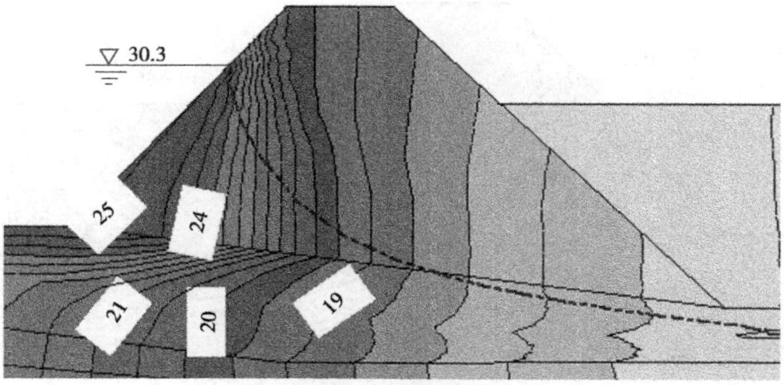

(a) 水位为 30.3 m 时

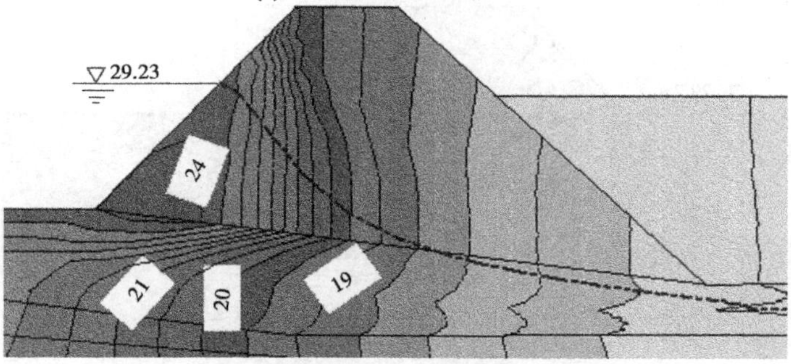

(b) 水位为 29.23 m 时

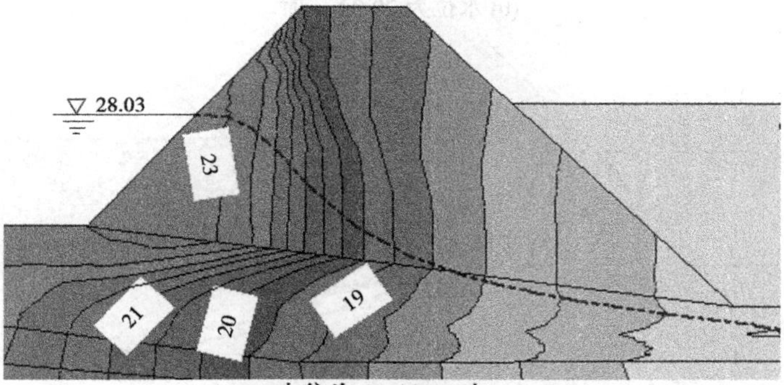

(c) 水位为 28.03 m 时

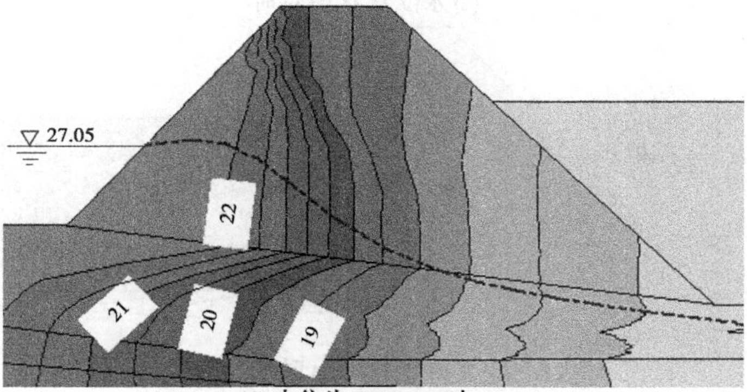

(d) 水位为 27.05 m 时

图 6-26　水位由 30.3 m 下降至 27.05 m(黄海高程)坡体内暂态总水头等值线图

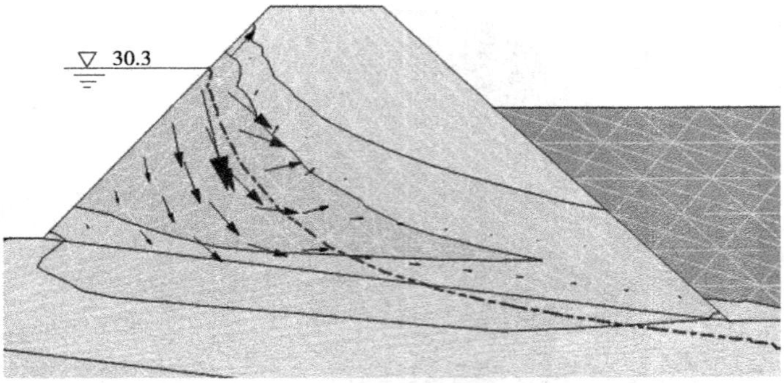

(a) 水位为 30.3 m 时

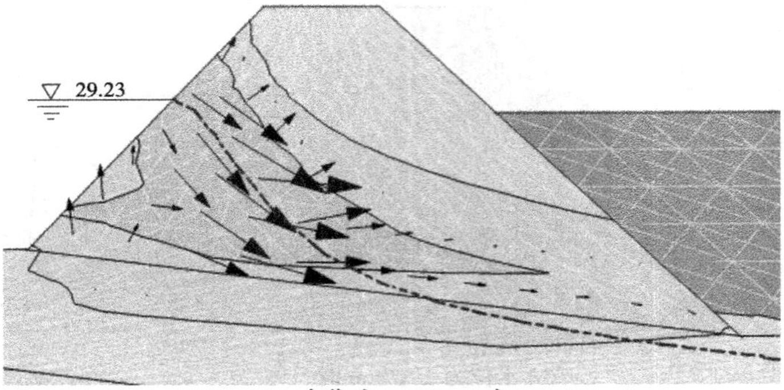

(b) 水位为 29.23 m 时

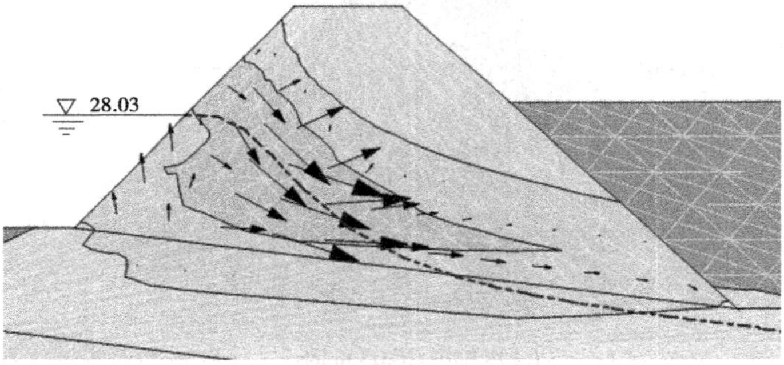

(c) 水位为 28.03 m 时

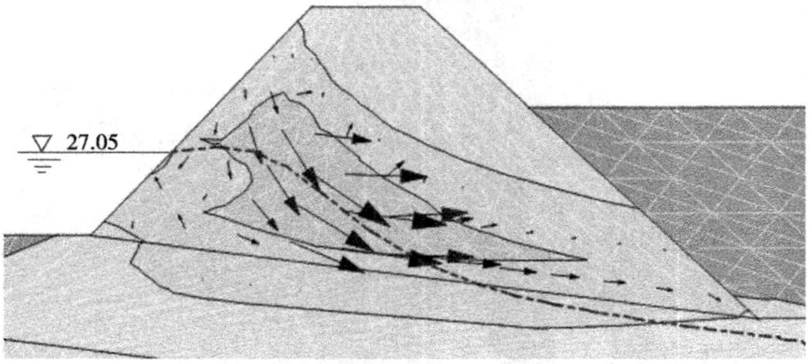

(d) 水位为 27.05 m 时

图 6-27　水位由 30.3 m 下降至 27.05 m 过程中堤岸坡体内渗流流速矢量图

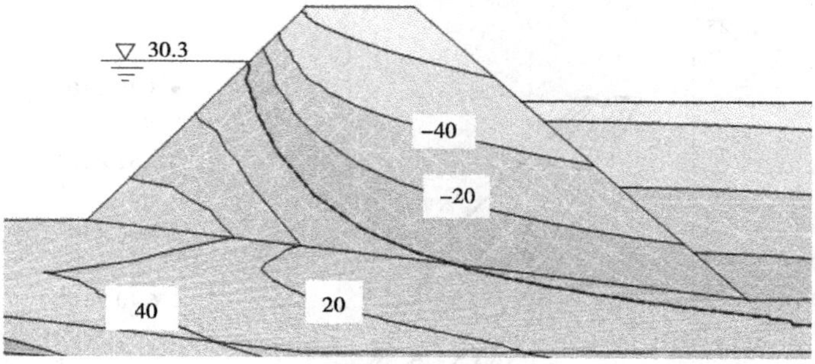

(a) 水位为 30.3 m 时

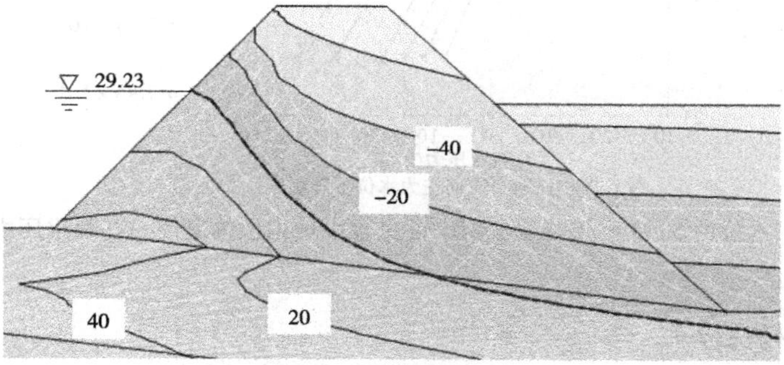

(b) 水位为 29.23 m 时

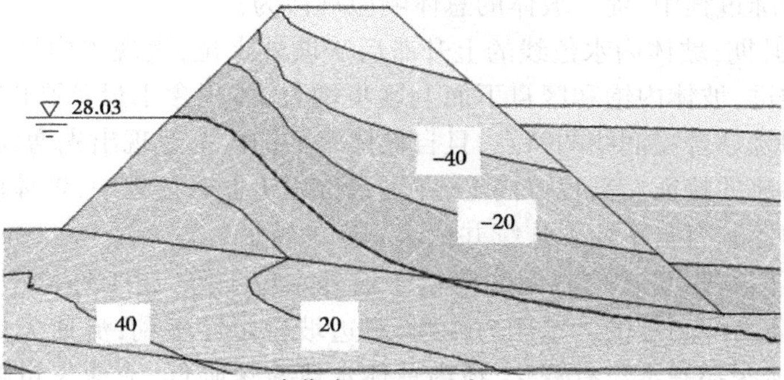

(c) 水位为 28.03 m 时

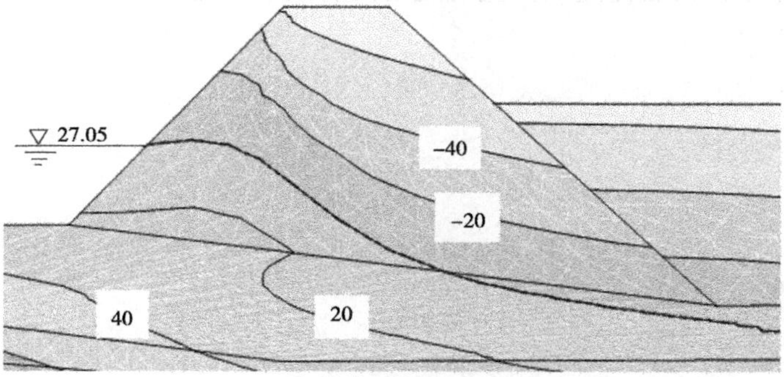

(d) 水位为 27.05 m 时

图 6-28　水位由 30.3 m 下降至 27.05 m 过程中坡体内暂态孔隙水压力等值线图　（单位:kPa）

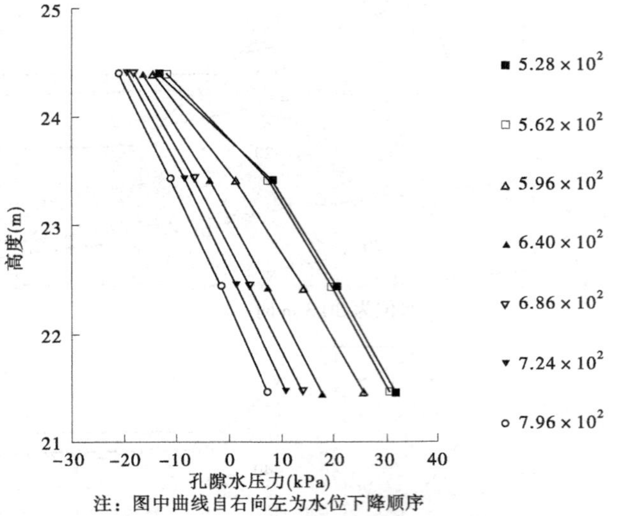

注：图中曲线自右向左为水位下降顺序

图 6-29　水位由 30.3 m 下降至 27.05 m 过程中坡内土体高度—孔隙水压力关系图

6.6　本章小结

在洪水位升降过程中，堤岸坡体的总体响应规律为：

(1)水位上升期，坡体内水位线的上升滞后于坡外水位，表现出内排的特征。随着湿润峰面的向上推进，坡体内饱和区自下而上逐步增大，体积含水量和孔隙水压力增加；流速矢量表现出围绕贴合浸润线的特点，且自坡体表面向内部呈现出先增大后减小的趋势，表现出非稳态渗流的特征。高程方向上，在洪水位逐步上升过程中，坡体内暂态体积含水量和孔隙水压力等具有自下而上连续并依次响应的特征。

(2)在水位下降期，坡体内浸润线滞后于坡外水位下降，属于外排型，具有上凸的形态，即存在由坡体内部向外的动水压力作用，对边坡稳定性不利；流速矢量在坡体浅部变化较大，而在坡体深部基本没有变化，坡内总体水流流速降低，流速矢量贴合浸润线的特点逐渐减弱；从水平方向看流速矢量呈现先增大后减小的趋势。

7　水位变化条件下堤岸模型试验研究

7.1　模型试验研究现状

目前的水利、岩土行业的各种问题的分析方法主要有两种:数值分析方法和模型试验方法。数值分析以计算力学为基础,随着有限元分析法和电子计算机技术的不断发展而得到广泛应用。模型试验以实验力学为基础,基于相似原理用小尺寸的模型来模拟大尺寸的结构。

模型试验研究在水工结构工程中的应用是十分广泛的。由于水工结构模型试验能够真实地反映复杂的地质构造,具有很强的直观性,应用前景十分广泛。而岩土工程行业中的模型试验研究比水工结构工程模型试验研究起步晚,应用范围也没那么广泛,但部分学者也已开始从事相关的研究和探讨了,尤其在利用离心机对土质边坡稳定性研究方面,为土质边坡的稳定分析提供了一个新的研究手段。

7.2　模型试验相似原理

从水工模型试验的角度来探讨一下模型试验的相似原理,然后引用到岩土工程的模型试验中来。实际工程中的水流现象往往是复杂的,许多水力学问题单纯依靠理论分析来求解会遇到很大的困难,此时采用模型试验与理论分析相结合的方式是解决问题的有效途径。试验研究通常是在与原型相似而缩小了几何尺寸的模型上进行,在模型中观测流态和运动要素,然后把模型中的这些实测资料引申到原型上去。这就引出了相似原理的问题来。

流动相似的概念是由几何形状相似的概念推广和发展起来的。在两个几何图形中,若它们的相应长度都保持固定的比例关系,则这两个图形就叫几何相似。但这种相似仅限于静态的相似。而液体运动时,问题要复杂的多,它属于机械运动的范畴。机械运动的流动相似,除要求静态的几何相似外,还要求动态相似,除要求形式相似外,还要求内容相似。

表征液体运动的量具有各种不同的性质,主要有三种:表征流场几何形状的、表征运动状态的以及表征动力的物理量。因此,两个流动系统的相似,可以用几何相似、运动相似以及动力相似来描述。

几何相似是指原型与模型保持几何形状和几何尺寸的相似,也就是原型和模型的任何一个相应的线性长度保持一定的比例关系。

运动相似是指模型与原型两个流动中任何对应点质点的迹线是几何相似的,而且任何对应质点通过相应线段所需的时间又是具有同一比例的。或者说,两个流动的速度场

(或加速度场)是几何相似的,这两个流动就是运动相似的。

原型和模型流动中任何对应点上作用着同名的力,各同名力互相平行且具有同一比值则称该两流动为动力相似。如果原型流动中有重力、阻力、表面张力的作用,则模型流动中在相应点上亦必须有这三种力,并且各同名力的比例要保持相等,否则多一种或少一种力作用或者比值不相等就不是动力相似的流动。

以上三种相似是模型和原型保持完全相似的重要特征。它们是互相联系、互为条件的。几何相似是运动相似、动力相似的前提条件,动力相似是决定流动相似的主要因素,运动相似是几何相似和动力相似的表现,它们是一个统一的整体,是缺一不可的。

模型和原型的流动相似,它们的物理属性必须是相同的,尽管它们的尺度不同,但它们必须服从统一运动规律,并为同一物理方程所描述,才能做到几何、运动和物理的完全相似。

7.3 模型试验设计

根据相似原理设计模型堤岸的尺寸和土质参数,选取相应的土质,在一个透明的有机玻璃箱中做水位骤降引起堤岸失稳的模型试验。这是一套二维模拟试验装置。试验前,在有机玻璃箱侧面标有刻度,土层上侧和坡体上表面放置示踪物,以便测量滑坡的启动和滑移量。有机玻璃箱正前方放置摄像机,将滑坡的整个过程记录下来,以便分析。试验过程,通过对玻璃箱内水位的调节,达到水位骤降的目的,观察水位骤降引起的坡体破坏。对试验现象和试验结果进行分析,对水位骤降引起的堤岸失稳进行定性分析。

7.3.1 试验装置

试验装置为有机玻璃箱,如图 7-1、图 7-2 所示。

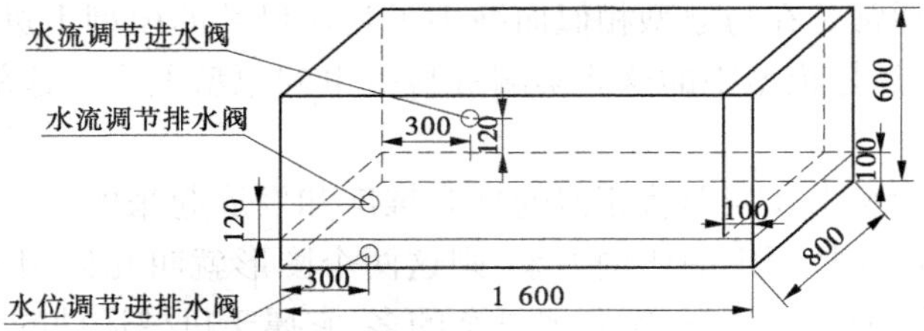

图 7-1 堤岸水位骤降模型试验装置示意图 (单位:mm)

为了便于观察坡体变形直至滑坡的过程,选用高透明度的有机玻璃箱作为主要的试验装置。有机玻璃箱壁厚 12 mm,内部尺寸为 1 600 mm × 800 mm × 600 mm(长 × 宽 × 高)。箱内离箱体底部 100 mm 处设置夹层支撑,并用 12 mm 厚的带孔有机玻璃板覆盖,其孔径为 10 mm,孔距为 50 mm,用以支撑堤岸坡体模型并能模拟坡体内部透水体系,板上铺一层滤纸,既能实现透水又能防止土颗粒落入下部夹层堵塞排水管。水位的变化是通过水位调节进、排水阀给夹层注水或放水来实现,以便模拟水位骤降时的降速和水位高程。靠近水位调节进、排水阀一侧箱壁上设置水流调节进水阀,对面箱壁上设置调节水流

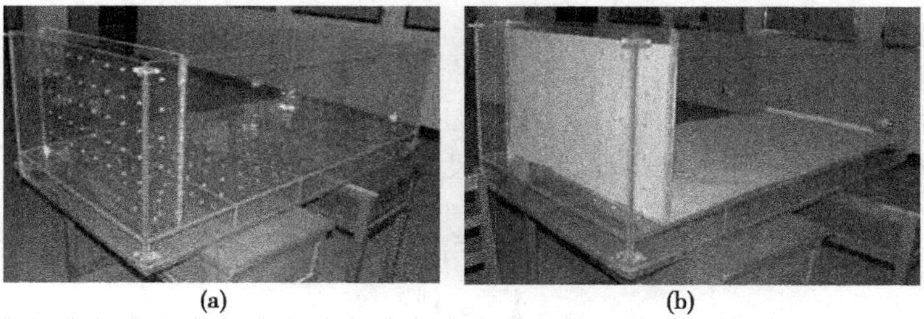

图 7-2　堤岸水位骤降模型试验装置

排水阀，通过调节水流进、排水阀，控制模型水流的流量，以便模拟河道洪水流量。主箱内右端还有一个有机玻璃小箱，尺寸为 100 mm × 800 mm × 500 mm，小箱靠坡体的侧面带孔，孔径 10 mm，孔距 50 mm，用来模拟坡体透水。

7.3.2　试验段堤岸断面资料

黄河下游标准化堤岸济南段临黄大堤右岸桩号 28 +0100，设防水位黄海高程 30.3 m（水深 5.4 m），设防流量 11 000 m^3/s，堤距 3 200 m，堤岸断面图见图 7-3，堤岸土的物理力学性质见表 7-1。

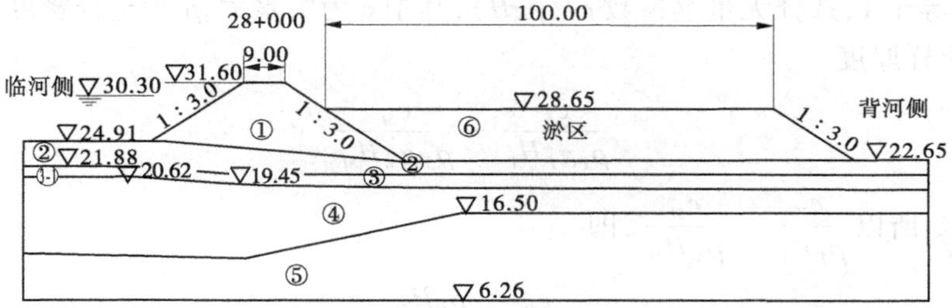

图 7-3　堤岸断面图　（单位：m）

表 7-1　堤岸土的物理力学性质参数

土层编号	土层名称	重度 γ(kN/m^3)		黏聚力 c(kPa)	内摩擦角 φ(°)	渗透系数 (m/s)
		自然容重	饱和容重			
①	填土(壤土)	17.24	19.31	39.8	20.86	6.66×10^{-7}
②	砂壤土	15.82	18.91	25.0	27.76	4.47×10^{-6}
③	壤土		18.80	21.0	24.2	7.89×10^{-7}
④	砂壤土		19.80	26.0	25.8	6.02×10^{-7}
⑤	黏土		18.00	39.0	2.1	8.25×10^{-9}
⑥	冲填土		19.10	10.0	25.8	9.47×10^{-8}

7.3.3 试验相似准则

7.3.3.1 水流的相似准则

模型试验按照重力相似准则设计，各比尺关系为：

$$\lambda_l = \frac{l_P}{l_M} \tag{7-1}$$

$$\lambda_v = \lambda_l^{0.5} \tag{7-2}$$

$$\lambda_Q = \lambda_l^{2.5} \tag{7-3}$$

$$\lambda_n = \lambda_l^{1/6} \tag{7-4}$$

式中：下角 P 代表原型，下角 M 代表模型。λ_l 为长度比尺，λ_v 为速度比尺，λ_Q 为流量比尺，λ_n 为糙率比尺。

模型需满足条件：

(1)雷诺数： $Re > 1\ 000 \sim 2\ 000$ (7-5)

(2)模型水深： $h_M > 1.5$ cm (7-6)

7.3.3.2 堤岸相似准则

地质力学模型试验要求所有无量纲物理量(如应变、内摩擦角、摩擦系数、泊松比等)的相似比尺等于1，选择无量纲参数 $c/(\rho g H)$，其中 c 为黏聚力，ρ 为土样密度，g 为重力加速度，H 为土样厚度。

$$\frac{c_P}{\rho_P g_P H_P} = \frac{c_M}{\rho_M g_M H_M} \tag{7-7}$$

而 $g_P = g_M$，所以 $\frac{c_P}{\rho_P H_P} = \frac{c_M}{\rho_M H_M}$，即

$$\frac{c_P}{c_M} = \frac{\rho_P H_P}{\rho_M H_M} \tag{7-8}$$

7.3.4 模型制作

7.3.4.1 试验所选原堤岸区域

模型选择区域为堤身迎水坡坡体，如图 7-4 所示。

7.3.4.2 模型比尺及模型参数

根据前面的相似原理，计算出本试验模型比尺，见表 7-2。

表 7-2 模型比尺

几何比尺 λ_l	流速比尺 λ_v	流量比尺 λ_Q	糙率比尺 λ_n
25	5	3 125	2
45	6.71	13 584	2
26.5	7.91	30 881	2

根据相似原理及试验段堤岸几何尺寸，几何比尺为 1∶25 的模型尺寸见图 7-5。

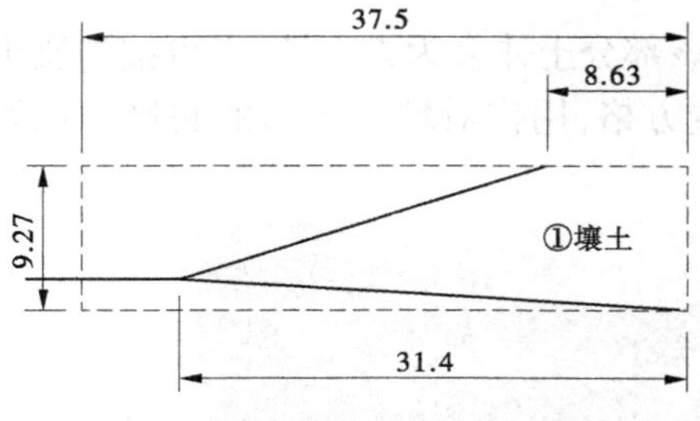

图 7-4　模型对应原堤岸断面　（单位:m）

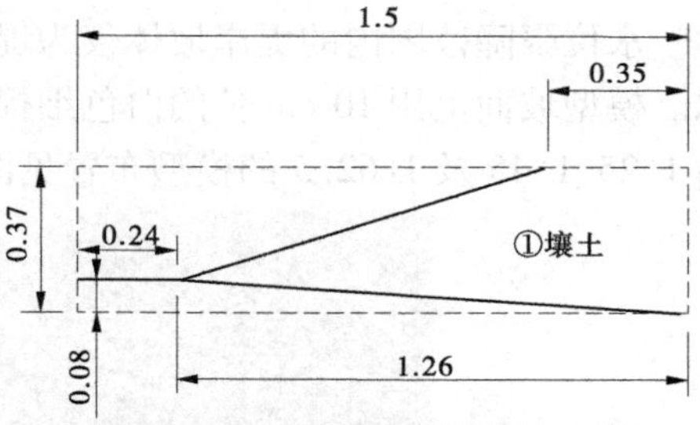

图 7-5　几何比尺 1∶25 的模型断面　（单位:m）

2000 年设防水位水深 5.4 m,设防流量 11 000 m^3/s,天然河道洪水期滩地漫流糙率为 0.035,经计算,对应模型数据见表 7-3。

表 7-3　模型参数

几何比尺	水深（m）	流量（L/s）	糙率
1∶25	0.22	1.1	0.018
1∶45	0.12	0.25	0.018
1∶62.5	0.09	0.11	0.018

根据糙率,模型表面可选清洁、形状正常的较好粗糙程度的土渠。

$$Re = \frac{vR}{\nu}, v = 25\ \text{cm/s}, R = 0.19\ \text{m}, \nu = 20\ ℃\ \text{得}, Re = 2\ 375。$$

模型的土性参数可根据式(7-8)计算。

由式(7-8)可知

$$\frac{c_P}{c_M} = 25\frac{\rho_P}{\rho_M} \tag{7-9}$$

式(7-9)说明,若 $\rho_M = a\rho_P$,则

$$c_M = \frac{a}{25}c_P \tag{7-10}$$

根据式(7-10),我们可以发现,其实这样的模型材料是很难找到的。既要密度增大,又要黏聚力降低。所以,模型土的选取,参照工程经验和类似试验。

7.3.4.3　模型土的选取

由于坡体变形主要是重力和水的渗透压力作用,而室内小型试验不能满足相似性。为了能尽量反映实际,根据无量纲数 $c/(\rho gH)$,必须降低试验用土的黏聚力和内摩擦角。因此,选用黏聚力 c 比较低的砂壤土,其主要物理力学性质见表 7-4。

表 7-4　试验用土物理力学性质指标

天然密度（g/cm^3）	含水率（%）	孔隙比	渗透系数（cm/s）	快剪指标	
				c(kPa)	φ(°)
1.54	9.1	0.929	1.40×10^{-4}	5.8	26.8

水位骤降范围内的堤岸坡体仅为堤身土，该部分土体多为人工填土，可按均质土坡考虑。模型坡面上用 10 cm 长的白色细棉线布置方格，用作对坡体变形的测量。几何比尺为 1∶25、1∶45 及 1∶62.5 的模型布置见图 7-6。

(a) 几何比尺 1:25 模型

(b) 几何比尺 1:45 模型

(c) 几何比尺 1:62.5 模型

图 7-6　模型初始状态图

7.3.5　试验现象与试验结果

首先通过进水阀，慢慢改变箱内水位，使坡体经过固结后稳定下来。水位随时间的变化如图 7-7 所示。水位达到 22 cm 后，静置 2 h，使坡体固结稳定。

改变水位，水位上升和水位缓降过程中，边坡模型没有发生滑坡破坏现象。

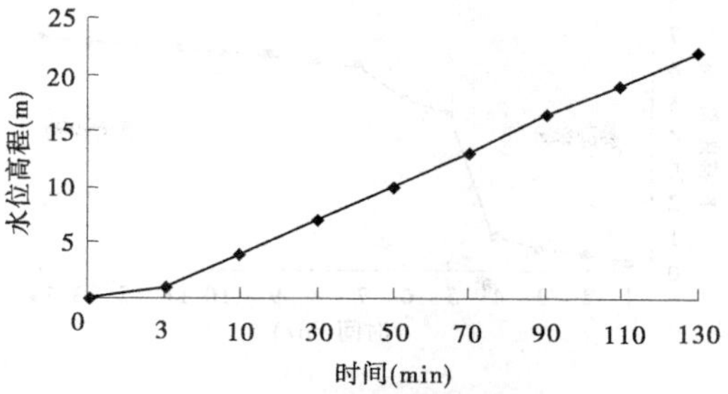

图 7-7　坡体固结水位过程线

改变水位，按照原型 2 m/d、4 m/d、5 m/d 的水位骤降速度，通过排水阀排水，观测坡体的变化，将整个过程用摄像机记录下来以便分析。

在三个模型中观察到的现象和结果基本一致：当水位下降到水位高度 10 cm 左右时，坡面出现张拉裂缝，2 min 后，裂缝长度达 12 cm 左右，宽 0.5 cm（见图 7-8（a））；随着水位的继续降低，裂缝的长度和宽度越来越大，坡体的一部分也开始下滑（见图 7-8（b）），且滑动越来越快，加剧先前裂缝的张裂程度（见图 7-8（c）），当坡脚堆积体达到一定程度时（见图 7-8（d）），滑动速度也就越来越慢，直至滑动停止，整个过程约持续 15 min。

图 7-8　模型坡体破坏过程

由于坡体滑动较快，裂缝的产生几乎与坡体下滑同时发生，故很难将竖向位移与横向位移区分开。设定坡面产生张拉裂缝的时间为滑动开始的时间，张拉裂缝的宽度为滑动的位移，通过图像分析得到坡体滑动位移随时间的变化图，如图 7-9 所示。

7.3.6　试验结果分析

试验过程中，三个模型分别按照三个不同水位骤降速度进行试验，结果显示，几何比尺最大的模型在水位骤降速度最大的情况下，滑移现象最明显，故试验结果以 1∶25 模型

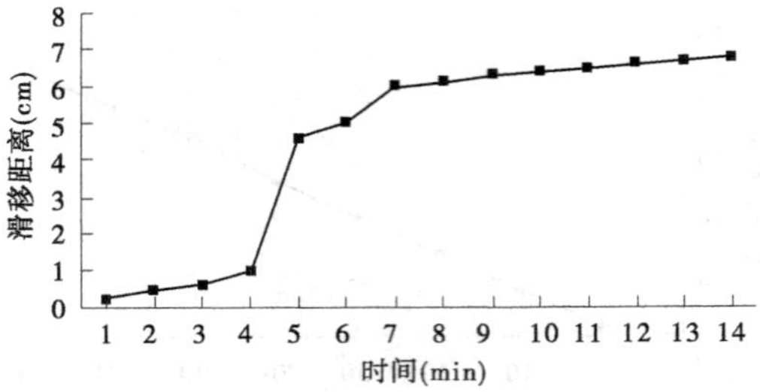

图 7-9 滑移距离与时间关系曲线

为主。因室内小型试验不能完全满足比尺要求,本试验的数据不能完全折算到原型堤岸应用,得到的只是堤岸坡体随水位骤降变化的规律。

从图 7-9 可以看出:在水位骤降过程中,先期并没有产生滑移,只是坡体表面产生小裂缝;在水位下降到一定程度后,滑移距离突然增大,这说明坡体内浸润线高于坡外水位产生的顺坡动水压力以及坡体自重在很短时间内超过坡体的抗滑力,致使坡体产生滑坡;在滑体产生后,滑移又变得连续没有突变,说明滑体在自重作用下,缓慢移动,直至滑移结束坡体稳定。

7.4 本章小结

通过室内小型模型试验,对堤坡在水位骤降条件下的稳定情况进行模拟,结果表明:在水位骤降的速度和降水水位达到一定条件时,滑坡产生,并具有一定的突变性和连续性,可与数值分析结果进行对照。

8 水位升降条件下的堤岸稳定性分析

堤岸稳定总是跟水息息相关的。无水时，一般稳定安全系数都很高，堤岸失稳现象较少。设防水位期的稳定渗流情况下，安全系数虽不及无水条件下高，但不是最危险情况，基本能满足稳定要求。而水位升降期的堤岸坡体渗流场为饱和 - 非饱和渗流场，这就需要考虑饱和 - 非饱和渗流条件下水位升降期的堤岸稳定性。

本章以黄河下游标准化堤岸济南段右岸桩号 28 +000 断面为例，建立稳定分析模型，根据上一章节得到的饱和 - 非饱和暂态渗流场，对其进行水位升降期的堤岸稳定进行分析。

8.1 水位上升期堤岸稳定性分析

洪水上升期间，水对堤坡土体产生浮托作用。浮托力对边坡稳定性的影响是两方面的：一方面，浮托力减小了滑体的有效重量，它降低了滑面的阻滑力，对堤岸边坡的稳定性带来不利的影响；另一方面，滑体重量的减小使其下滑力减小，坡前水位范围内还产生了垂直于坡面的静水压力，有助于边坡的稳定。在进行稳定分析时，应根据具体的工程地质条件和岩土体的力学参数进行综合评判。

第 6 章的图 6-16 为洪水上升期堤岸坡体的暂态渗流浸润线。根据非饱和土强度理论和极限平衡法，计算得到不同水位下堤岸坡体的稳定安全系数，见表 8-1。

表 8-1　洪水上升期堤岸坡体安全系数表

水位（黄海高程，m）	迎水坡整体安全系数	背水坡整体安全系数	水位（黄海高程，m）	迎水坡整体安全系数	背水坡整体安全系数
27.42	3.934	6.447	29.71	5.381	6.444
27.77	4.044	6.419	29.99	5.723	6.413
28.31	4.341	6.431	30.23	6.002	6.424
28.99	4.803	6.508	30.3	6.021	6.509
29.39	5.092	6.425			

洪水位上升期堤岸坡安全系数随水位变化曲线图如图 8-1 所示。

从表 8-1 和图 8-1 可以看出：①随着洪水位的上升，堤岸坡体的迎水面整体稳定性是逐渐升高的，这是由于在洪水的作用下，潜在滑体重量的减小使其下滑力减小和在迎水坡面上的静水压力增大，这些综合作用大于由于浮托力减小了滑体的有效重量而降低的滑面的阻滑力的不利因素，即前面所述的水对堤岸坡体的有利和不利两方面的综合评判。此次洪水的上涨，对堤岸坡体的作用是有利的。②洪水的上涨，对堤岸背水坡的稳定性影响不大，背水坡整体稳定安全系数基本不变。这是因为在水位上升过程是非饱和渗流过程，背水坡对水的响应滞后。

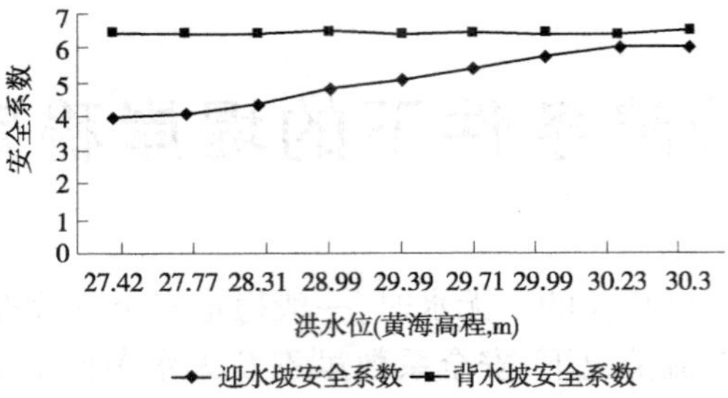

图 8-1 洪水位上升期堤岸坡体安全系数随水位变化曲线图

8.2 水位上升组合洪水浸泡条件下的堤岸稳定性分析

近年济南泺口水文站测定最大洪水为 1996 年 8 月的洪水,洪水水位—时间曲线图见图 6-14(图中水位为大沽高程)。此次涨水过程自 1996 年 7 月 27 日早 8:00 起,水位为 28.35 m,历时 22 d,水位涨至最高点,为 8 月 18 日凌晨 5:50 测得的 30.94 m。

选取其中部分高程的水位,并结合本文第 6 章研究成果,组合洪水位上升期和洪水浸泡工况条件,研究堤岸的稳定性。将水位上涨起始时间设为零,对应的水位高程、洪水浸泡时间及该时间下的堤岸堤身土强度参数见表 8-2。

表 8-2 洪水上升期组合洪水浸泡条件下的堤岸土体强度参数

洪水浸泡时间(h)	水位(黄海高程,m)	壤土黏聚力(kPa)	壤土内摩擦角(°)	洪水浸泡时间(h)	水位(黄海高程,m)	壤土黏聚力(kPa)	壤土内摩擦角(°)
0	27.42	39.8	20.86	448	29.71	4.14	20.85
96	27.77	12.37	20.33	482	29.99	3.92	20.85
180	28.31	8.08	20.85	513	30.23	3.75	20.85
262	28.99	6.16	20.85	528	30.3	3.67	20.85
392	29.39	4.57	20.85				

洪水上升期的堤岸暂态渗流浸润线见图 6-16。根据非饱和土强度理论和极限平衡法,计算得到洪水上升期组合洪水浸泡的不同水位下堤岸坡体的稳定安全系数,见表 8-3 和图 8-2。

表 8-3 洪水上升期组合洪水浸泡条件下的堤岸安全系数

水位(黄海高程,m)	迎水坡整体安全系数	背水坡整体安全系数	水位(黄海高程,m)	迎水坡整体安全系数	背水坡整体安全系数
27.42	3.934	6.447	29.71	4.199	6.444
27.77	3.128	6.419	29.99	4.482	6.413
28.31	3.323	6.431	30.23	4.716	6.424
28.99	3.727	6.508	30.3	4.728	6.509
29.39	3.977	6.425			

从表 8-3 和图 8-2 中可以看出,浸泡使堤岸坡体的稳定性下降,但随着水位上涨至设

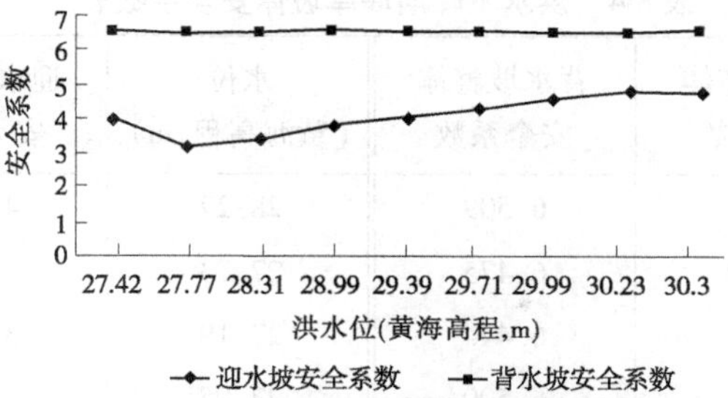

图 8-2　洪水位上升组合浸泡堤岸安全系数随水位变化曲线图

计防洪水位期间,坡体稳定性是升高的。这同单独的水位上升期堤岸稳定性一致。

对比单独考虑水位上升和综合考虑水位上升及洪水浸泡两种情况下的堤岸坡体稳定性,可以看出,洪水上升并组合浸泡情况下的堤岸迎水坡安全系数比单一的洪水上升情况下的迎水坡安全系数要小,而背水坡稳定性不变。因为水位上升过程及浸泡时间内,坡体背水坡危险滑体在浸润线的右上方,也就是说水位变动以及浸泡坡体与否,不影响坡体背水坡的稳定性。具体数据见表 8-1、表 8-3 及图 8-3 。

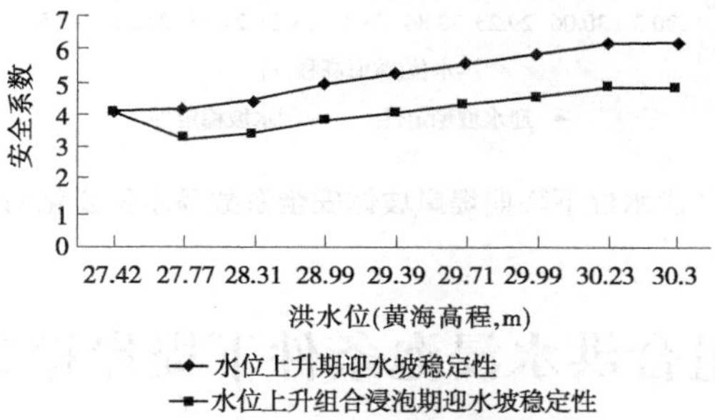

图 8-3　洪水位上升期、洪水上升组合浸泡期堤岸安全系数随水位变化曲线比较图

从图 8-3 中可以看出,浸泡使得堤岸坡体的稳定性下降,但随着水位的上升,坡体的稳定性是提高的,这个规律不受堤坡是否浸泡的影响。

8.3　水位下降期堤岸稳定性分析

从渗流分析结果可以看出(见第 6 章图 6-23),洪水位下降过程中,堤岸坡体内水体产生外排作用,浸润线向坡外凸曲,产生顺坡渗流水压力,增大了坡体的下滑力,对堤岸边坡稳定不利。基于非饱和土强度理论和极限平衡法,进行了洪水位下降过程中堤岸边坡稳定性分析。计算结果见表 8-4 及图 8-4 。

从表 8-4 及图 8-4 可以看出:①洪水下降过程中,堤岸迎水坡整体稳定性降低,这是由于坡内水体的外排产生的顺坡的渗流动水压力增大了坡体下滑力,而且坡外水位下降使得作用在坡面上的静水压力消失,这是对坡体稳定不利的。②水位下降对背水坡的稳定性影响较小。同水位上升期一致,远离坡面的背水坡对水位下降响应滞后。③在水位下降的过程中,堤岸坡体整体稳定性降低。但由于此次洪水过程水位的降幅最大为 3.25 m,降速最大为 5 h 下降 0.17 m,所以对于坡体的整体稳定性影响不大,堤岸整体保持稳定。

表 8-4　洪水下降期堤岸坡体安全系数表

水位（黄海高程，m）	迎水坡整体安全系数	背水坡整体安全系数	水位（黄海高程，m）	迎水坡整体安全系数	背水坡整体安全系数
30.3	6.021	6.509	28.27	4.020	6.429
30.06	5.629	6.475	27.73	3.901	6.488
29.23	4.707	6.444	27.19	3.525	6.530
28.84	4.381	6.500	27.05	3.480	6.425
28.45	4.113	6.412			

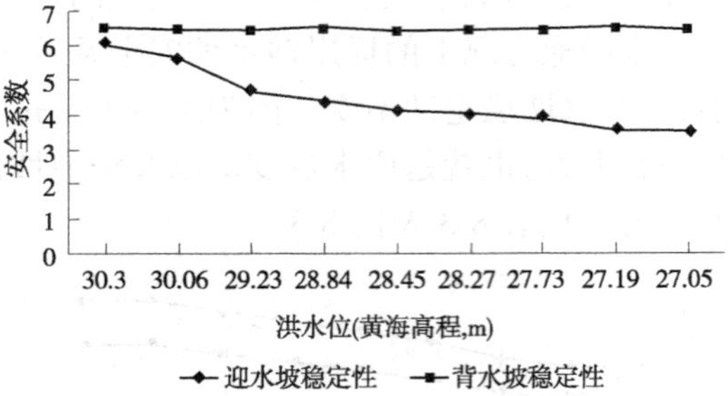

图 8-4　洪水位下降期堤岸坡体安全系数随水位变化曲线图

8.4　水位下降组合洪水浸泡条件下堤岸稳定性分析

此次济南泺口水文站观测“96·8”洪水过程线见图 6-14（图中水位为大沽高程）。此次涨水过程自 1996 年 7 月 27 日早 8:00 起，水位为 28.35 m，历时 22 d，水位涨至最高点，为 8 月 18 日凌晨 5:50 测得的 30.94 m。于 11 d 后的 29 日的上午 9:15，水位回落到28.26 m。

选取水位降落过程部分高程的水位，并结合本文第 6 章研究成果，组合洪水位下降期和洪水浸泡工况条件，研究堤岸的稳定性。将水位上涨起始时间设为零，对应的水位高程、洪水浸泡时间及该时间下的堤岸堤身土强度参数见表 8-5。

洪水下降期的堤岸暂态渗流浸润线见图 6-23。根据非饱和土强度理论和极限平衡法，计算得到洪水下降期组合洪水浸泡的不同水位下堤岸坡体的稳定安全系数，见表 8-6 及图 8-5。从表 8-6 和图 8-5 中可以看出，浸泡使得堤岸坡体的稳定性下降。

比较单独考虑水位下降和考虑水位下降组合洪水浸泡两种情况下的堤岸坡体稳定性，可以看出，洪水下降组合浸泡情况下的堤岸迎水坡安全系数比单一的洪水下降情况下的迎水坡安全系数要小，而背水坡稳定性不变。因为水位下降过程及浸泡时间内，坡体背水坡危险滑体在浸润线的右上方，也就是说水位变动以及浸泡坡体与否，不影响坡体背水坡的稳定性。具体数据见表 8-4、表 8-6 及图 8-6。从图 8-6 中可以看出，比较单独的水位下降过程而言，水位下降并组合洪水浸泡情况下的堤岸坡体的稳定性更差，说明浸泡使堤岸土体的抗剪强度降低。

表 8-5 洪水下降组合洪水浸泡条件下的堤岸土体强度参数表

洪水浸泡时间(h)	水位(黄海高程,m)	壤土黏聚力(kPa)	壤土内摩擦角(°)	洪水浸泡时间(h)	水位(黄海高程,m)	壤土黏聚力(kPa)	壤土内摩擦角(°)
528	30.3	3.67	20.85	652	28.27	3.15	20.85
562	30.06	3.51	20.85	696	27.73	3.00	20.85
600	29.23	3.34	20.85	772	27.19	2.79	20.85
612	28.84	3.29	20.85	782	27.05	2.76	20.85
628	28.45	3.23	20.85				

表 8-6 洪水下降组合洪水浸泡条件下堤岸坡体安全系数表

水位(黄海高程,m)	迎水坡整体安全系数	背水坡整体安全系数	水位(黄海高程,m)	迎水坡整体安全系数	背水坡整体安全系数
30.3	4.728	6.509	28.27	1.543	6.429
30.06	1.673	6.475	27.73	1.504	6.488
29.23	1.590	6.444	27.19	1.415	6.530
28.84	1.584	6.500	27.05	1.398	6.425
28.45	1.566	6.412			

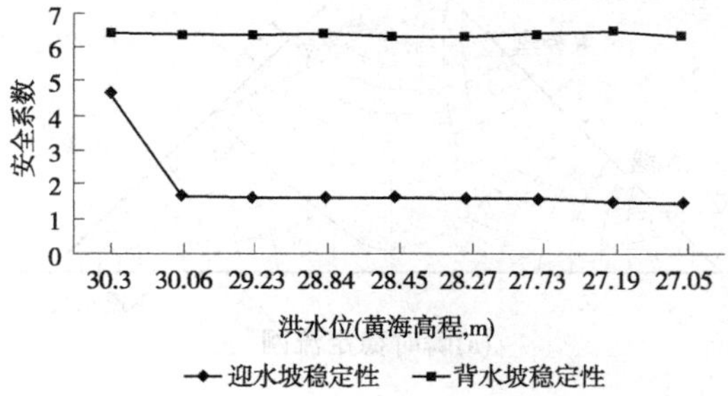

图 8-5 洪水位下降组合浸泡堤岸安全系数随水位变化曲线图

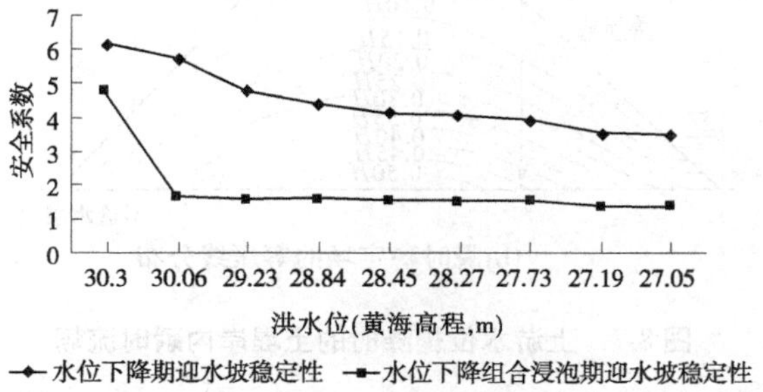

图 8-6 洪水位下降、洪水下降组合浸泡条件下堤岸安全系数随水位变化曲线比较

8.5 水位骤降条件下堤岸稳定性分析

8.5.1 水位骤降的提出

众多的专家学者在研究水库库岸边坡稳定性时均提出,边坡迎水坡的最不利情况为长期蓄水后的水位骤降所引起的滑坡失稳,这主要是由于孔隙水压力来不及消散从而向边坡渗流所致。

关于上游水位骤降的解释,一般是指水位降落如此快,以致在降落过程中,并没有显著的水量从土体中排出,土体中仍全部充水饱和,坡体内的自由水面或浸润线基本保持不变。缓降是指在上游水位的降落过程中,土体充水饱和的自由面也有显著下降,有足够的时间让孔隙水调整高度与坡外水位持平,即不考虑坡体内孔隙水或坡外洪水渗透的影响。

8.5.2 水位骤降发生的条件

8.5.2.1 骤降与缓降判断指标

为了给设计提供方便,需要一个鉴别骤降和缓降的具体指标,或者水位下降后能知道坝体内自由面位置,以便分析坡体稳定性。有一些文献给出最危险的水位下降位置约在1/3 高度处。图 8-7 为坐落在不透水层的土坡在上游水位骤降时坡体内瞬时流场。

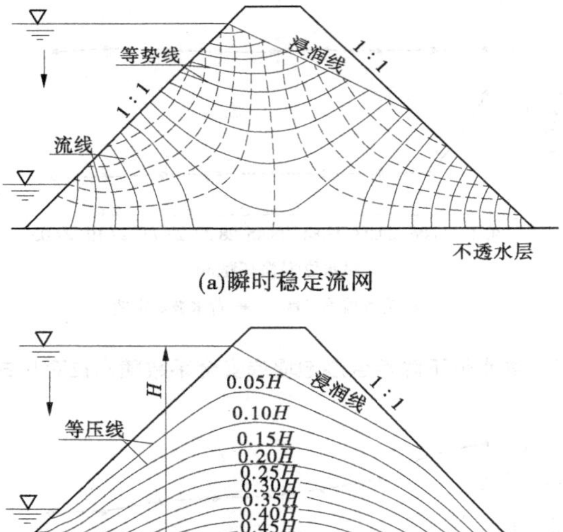

(a)瞬时稳定流网

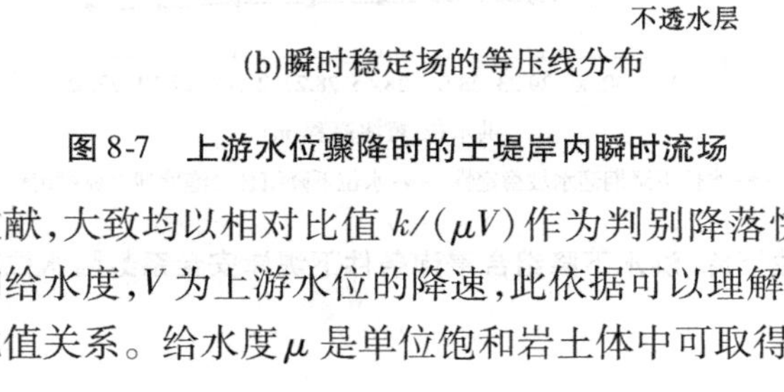

(b)瞬时稳定场的等压线分布

图 8-7　上游水位骤降时的土堤岸内瞬时流场

根据目前一些文献,大致均以相对比值 $k/(\mu V)$ 作为判别降落快慢的依据,k 及 μ 分别为土的渗透系数和给水度,V 为上游水位的降速,此依据可以理解为土体孔隙中水质点降速与水位降速的比值关系。给水度 μ 是单位饱和岩土体中可取得的重力水体积量。这一物理量在水文探测中是衡量岩土给水性能大小的数量指标，μ 通常用小数表示。

现在来看 $k/(\mu V)$ 作为评价骤降与缓降是否合理，讨论如下。

按照流网计算渗流自由面在时段 Δt 内沿流线方向的移动距离 l 应与孔隙水流速 $v' = \frac{v}{\mu}$ 有关，即

$$l = v'\Delta t = \frac{v}{\mu}\Delta t = \frac{\Delta t}{\mu}k\frac{\Delta h}{\Delta l} \tag{8-1}$$

又因时间 t 与水位降速 V 和降距 H 有关，即

$$t = \frac{H}{V}$$

故有

$$l = \frac{\Delta t}{\mu}k\frac{\Delta h}{\Delta l}\frac{H}{tV} = \frac{k}{\mu V}\frac{\Delta t}{t}H\frac{\Delta h}{\Delta l} \tag{8-2}$$

上式就说明了采用此组合参数的合理性。H 为水位落差，$t = H/V$。很明显，当 $k/(\mu V)\to 0$ 时，$l\to 0$，坡体内自由面在水位下降过程中就接近不变动，自然应属于骤降；当 $k/(\mu V)\to\infty$ 时，自由面下降速度几乎和水位降落相同，这时水位降落就不成为一个问题。

施尼特和策列（Schnitter and Zeller，1957）的水库试验认为，在 $k/(\mu V) < 1/10$ 时，自由面下降极缓，可以按照库水位骤降考虑问题，计算坝坡稳定时应采用完全饱和土体；若 $k/(\mu V) > 10$ 时，孔隙水将与库水位同步下降，随之泄尽，渗流对稳定没有作用；在它们之间可以按照缓降考虑问题。而谢斯图塔可夫（1960）认为，$k/(m^2\mu V) < 1/20$ 时可按骤降问题考虑，这里增加的一个因素 m 为上游坝坡坡率。乌里希（Uhlig，1962）研究了这个指标的范围为 $0.25 < k/(\mu V) < 100$，并给出了包括坡率在内的计算浸润线或自由面下降的甚为复杂的经验公式。勃劳恩斯（Brauns，1977）对有排水底层的坝坡试验研究为 $k/(\mu V) < 1/10$ 时为骤降，$k/(\mu V) > 5$ 时为同步下降。利用上述这些指标，可以作为管理运用水库的参考，放空水库时，不能太快，保证上游坝坡的稳定。

从上述已有研究成果，取相对比值 $k/(\mu V)$ 作为水位降落快慢的指标来判别对坝坡稳定性影响的大小是合理的。因为研究的坝型和条件不同，各家给出指标的数据大小也不同。根据学者毛昶熙对上游坝坡排水条件不好的均质土坝和心墙砂壳坝的分析计算结果，也可规定：$k/(\mu V) < 1/10$ 时为骤降，此时坝体内渗流自由面在水位降落后仍保持有总水头的 90% 左右，故可近似认为自由面没有下降，而用原有稳定自由面作为坝坡稳定分析的最危险水利条件，以策安全；$k/(\mu V) > 60$ 时水位下降很慢，此时坝体自由面只保持有总水头的 10% 左右，已不致影响坝坡的稳定性，可以不必考虑；当 $k/(\mu V) > 100$ 时，自由面就与水位同步下降。因此，只有在 $1/10 < k/(\mu V) < 60$ 范围内，应当按照实际下降过程计算自由面的下降位置，以便设计一个安全经济的坝坡断面。

8.5.2.2 黄河下游堤岸水位骤降速度的提出

根据 $k/(\mu V) < 1/10$ 时为骤降的判断标准，首先需要测得堤岸土体给水度。参数的测定野外实地进行，采用抽水试验的方法，具体数值见表 8-7。

表 8-7 堤岸土性参数

土层编号	土层名称	渗透系数(m/d)	给水度 μ
1	填土(壤土)	0.057 542	0.151 12
2	砂壤土	0.386 208	0.743 30
3	壤土	0.068 170	0.148 30
4	砂壤土	0.052 013	0.129 20
5	黏土	0.000 713	0.003 72
6	冲填土	0.008 182	0.014 80

为了运行管理的方便,上面的建议数据“$k/(\mu V)<1/10$,$k/(\mu V)>60$”也可换算为水位下降速度,即 $V>10k/\mu$ 时发生骤降,$V<k/(60\mu)$ 时视为缓降,计算结果见表 8-8。

表 8-8 堤岸水位骤降判断指标计算

土层编号	土层名称	渗透系数(m/d)	给水度 μ	$10k/\mu$ (m/d)	$k/(60\mu)$ (m/d)
1	填土(壤土)	0.057 542	0.151 12	3.808	0.006
2	砂壤土	0.386 208	0.743 30	5.196	0.009
3	壤土	0.068 170	0.148 30	4.597	0.008
4	砂壤土	0.052 013	0.129 20	4.026	0.007
5	黏土	0.000 713	0.003 72	1.917	0.003
6	冲填土	0.008 182	0.014 80	5.528	0.009

由于土的性质不同,$V>10k/\mu$ 计算结果不同,在工程应用中,取最小值作为验算标准,即黏土的 1.917 m/d。基于工程需要,这里可取整数 2 m/d,即 $V>2$ m/d 时,堤岸边坡发生水位骤降,稳定分析按水位骤降时的渗流条件进行计算。

从表 8-8 中 6 号土层的指标可以看到,发生缓降的水位降速标准很小,基于工程应用和参考其他学者研究成果,这里选取 0.1 m/d 作为计算关键值,即 $V<0.1$ m/d 时不必考虑骤降,坡内水位线与坡外水位同时下降,按照缓降来计算堤岸边坡稳定。

8.5.3 水位骤降时浸润线的确定

迎水坡稳定性的最不利情况是在长期保持高水位的骤降过程,这时由于从坡面出流的不稳定流的渗透力作用与倾向迎水坡的浸润线以上滑动体部分的浮力消失,会使斜坡稳定性下降。

自由面下降的位置对设计坡体有决定性的意义,我们根据几个典型土坝的计算资料,取自由面最高点加以分析时,如图 8-8 所示。图 8-10(a)代表透水地基上的大致均质土坝,其自由面最高点在满水时的坡面与水面交点向下引的铅垂线上;图 8-10(b)代表心墙砂壳坝,其自由面最高点沿着心墙上游坡面下降。

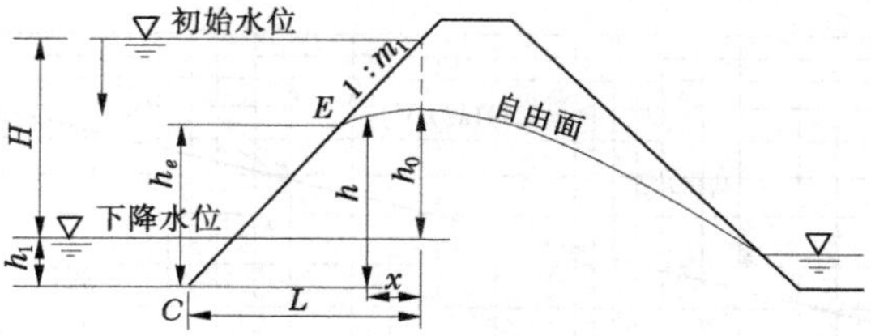

(a)均质土坝

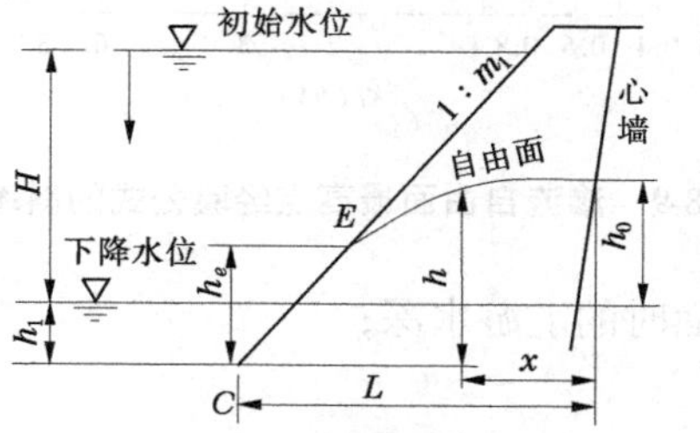

(b)心墙砂壳坝

图 8-8　水位降落时自由面的位置

图 8-9 中,设最高点的水头 h_0 是以水位最大降距 H 终了时的水位为基面计算,降落过程任一时刻 t 只取到水位降落所需总时间 T 为止;因为坝坡稳定分析时,水位降落停止前是其最危险的水位,超过此时刻,由于自由面继续下降,而与水位的高差渐小,危险程度也就渐减,在设计中已不必要引用。这样就能幸运地近似得到各种参数值 $k/(\mu V)$ 情况下的直线关系为:

$$\frac{h_0}{H} = 1 - m\left(\frac{t}{T}\right) \tag{8-3}$$

经过几座土坝计算结果验证了式(8-3)并确定斜率 m,如图 8-9 所示,因而得到计算渗流自由面或浸润线最高点水头的经验公式为:

$$\frac{h_0}{H} = 1 - 0.31\left(\frac{t}{T}\right)\left(\frac{k}{\mu V}\right)^{1/4} \tag{8-4}$$

因为已知土坝的组合参数 $k/(\mu V)$ 情况下,h_0/H 与 t/T 是直线关系,所以就能把水位降落停止在任一所需要的位置。应用式(8-4)核算土坝上游各级坝坡段局部稳定性,只要把核算的水位和时间都作为总降距 H 和总时间 T 考虑就行了。

渗流自由面下降过程中的最高点位置 h_0 确定以后,就可应用巴普罗夫斯基的分段法计算渗出点 E 的高度 h_0 和自由面的位置,参看图 8-9,从最高点到渗出点间坝体段的渗流量方程为:

$$\frac{q}{k} = \frac{(h_1 + h_0)^2 - h_e^2}{2(L - m_1 h_e)} \tag{8-5}$$

由渗出点 E 到透水坡脚 C 的坡面渗出量为:

$$\frac{q}{E} = \frac{h_e - h_1}{m_1}\left(1 + \ln\frac{h_0}{h_e - h_1}\right) \tag{8-6}$$

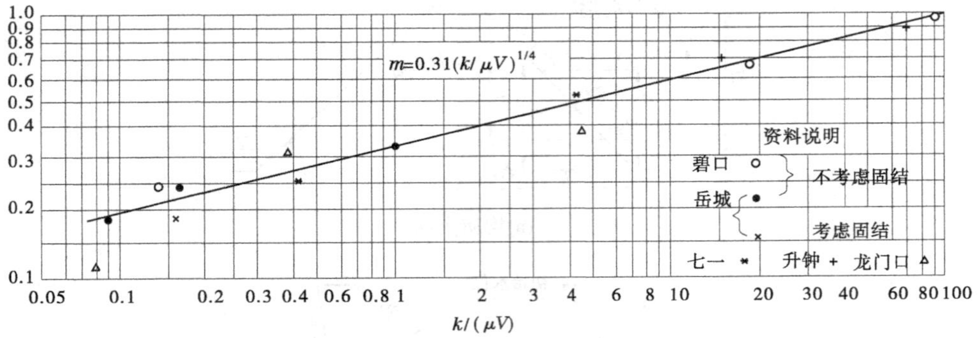

图 8-9　渗流自由面最高点经验公式的斜率验证

式中　h_1——计算下降水面时的上游水深；

m_1——上游坡率；

L——计算的自由面最高点到上游透水坡脚的水平距离。

以上三个量都是已知值。使式(8-5)和式(8-6)相等就可解得 h_e，然后算出 q/k，再引用式(8-5)计算离开最高点水平距离 x 处的自由面高度 h，即：

$$h = \sqrt{(h_1 + h_0)^2 - 2x(q/k)} \tag{8-7}$$

求出自由面(浸润线)位置，即可计算渗流作用下的堤坡稳定性。

8.5.4　水位骤降过程中堤岸边坡渗流场模拟及稳定性变化

坡体对水位的响应规律除与岩土体自身的性质密切相关外，还与水位骤降速度有非常紧密的关系。本节以黄河下游堤岸济南段右岸桩号 28 +000 断面为例，其 2000 年设防水位为黄海高程 30.3 m，堤岸迎水坡坡顶黄海高程 31.6 m，坡脚为黄海高程 24.9 m，水深 5.4 m，迎水面坡比 1∶3。下面模拟并分析，不同水位骤降速度情况下的堤岸边坡渗流场及稳定性。

8.5.4.1　水位骤降速度对堤岸边坡渗流场的影响

本节以水位骤降 2 m/d、3 m/d、4 m/d、4.5 m/d、5 m/d 为例，分析 24 h 后的堤岸坡体渗流场，如图 8-10 所示。图中两条浸润线分别是：上面一条是 2000 年设防水位稳定渗流期的浸润线，下面一条是以不同速度骤降 24 h 后的暂态渗流场浸润线。

从图 8-10 可以看出：①洪水水位的骤降速度越大，坡体内浸润线变化越大；②浸润线有明显的拐点，拐点前半段的浸润线随坡外水位而变化，形成连续水位线，坡体内水位线明显高于坡外水面，这就使得坡内水位产生向坡外的水力梯度；③水位骤降速度越大，坡体内外水位差越大，产生顺坡渗流的动水压力越大，对迎水坡稳定越不利；④骤降末了时刻浸润线拐点后半段要高于初始水位线，说明坡内渗水响应明显滞后，坡外水位已经下降，坡内水体还在由饱水区向非饱和区渗透。渗透位移不随坡外水位骤降速度影响，仅与时间相关。

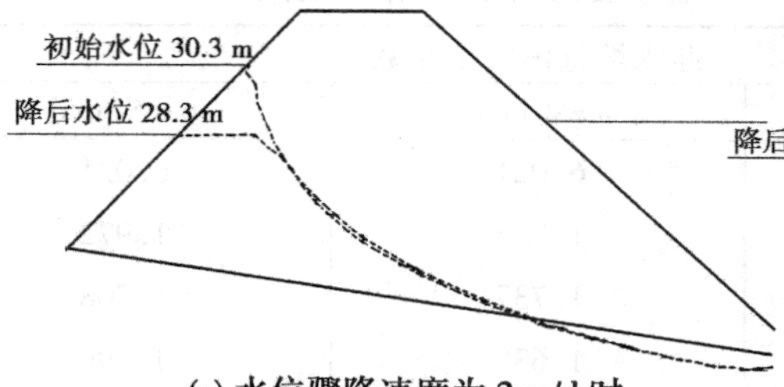

(a) 水位骤降速度为 2 m/d 时
堤岸坡体浸润线变化

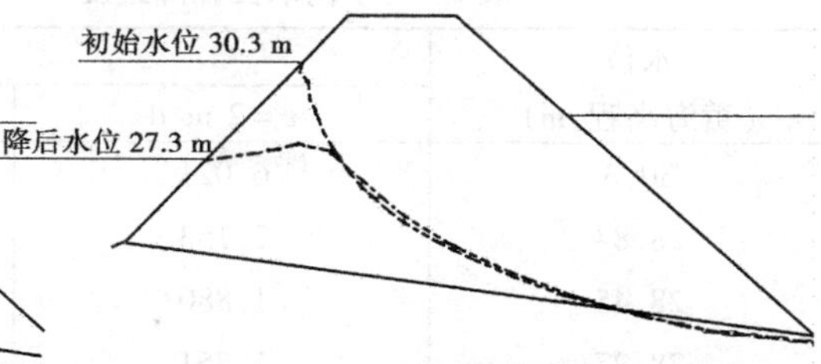

(b) 水位骤降速度为 3 m/d 时
堤岸坡体浸润线变化

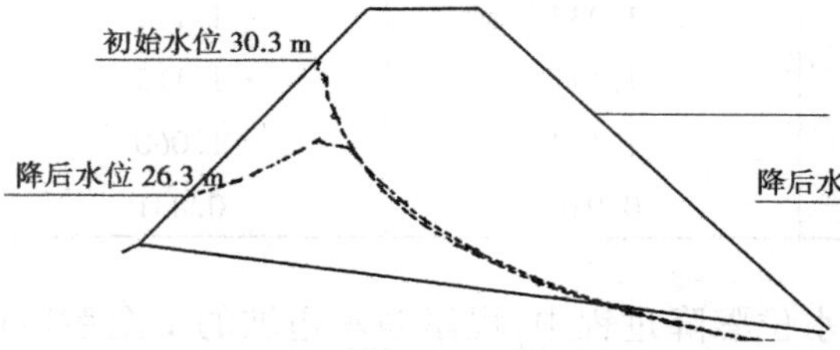

(c) 水位骤降速度为 4 m/d 时
堤岸坡体浸润线变化

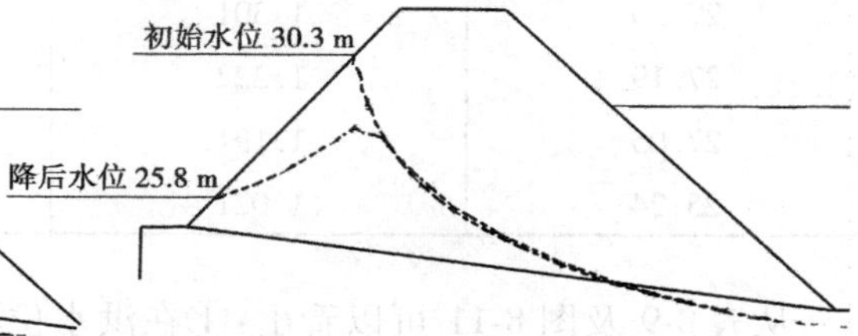

(d) 水位骤降速度为 4.5 m/d 时
堤岸坡体浸润线变化

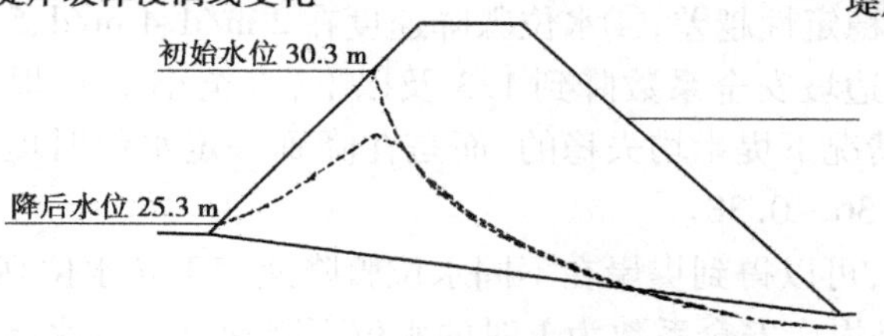

(e) 水位骤降速度为 5 m/d 时
堤岸坡体浸润线变化

（注：图中的水位高程为黄海高程）

图 8-10　不同骤降速度的堤岸坡体渗流场

8.5.4.2　水位骤降速度对堤岸边坡稳定性的影响

从水位骤降后堤坡渗流分析结果（见图 8-10）可以看出，洪水骤降过程中坡体内浸润线高于坡外水位，产生顺坡渗流，增大了下滑力，不利于堤岸迎水边坡的稳定。基于非饱和土渗流原理和极限平衡法，进行水位骤降条件下的堤岸稳定性分析。计算结果见图 8-11 及表 8-9。

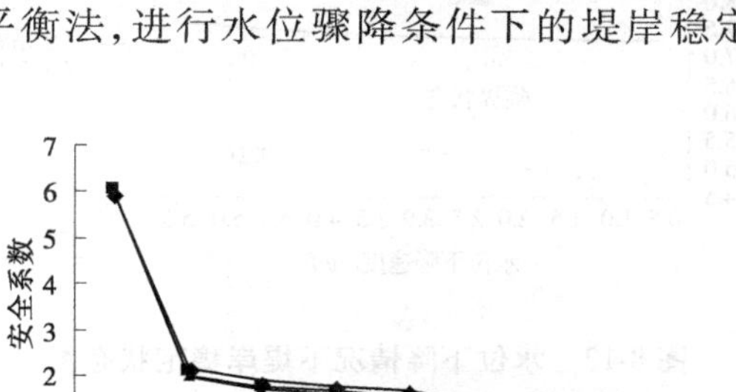

图 8-11　不同水位骤降速度下水位降至不同高程的坡体稳定性

表 8-9　不同水位骤降速度 v 下时各水位高程堤岸坡体稳定性

水位（黄海高程，m）	迎水坡整体安全系数		
	v = 2 m/d	v = 4 m/d	v = 5 m/d
30.3	6.021	6.021	6.021
28.84	2.153	1.988	1.972
28.45	1.880	1.737	1.708
28.27	1.751	1.638	1.596
27.73	1.659	1.514	1.449
27.30	1.301	1.235	1.175
27.19	1.222	1.171	1.113
27.05	1.191	1.173	1.060
25.24	1.021	0.910	0.831

从表 8-9 及图 8-11 可以看出：①在洪水位骤降过程中，堤岸迎水边坡的安全系数迅速减小，稳定性迅速降低；②水位骤降速度越大，堤岸稳定性降低越大；③对同一水位骤降速度，洪水位越低，堤岸稳定性越差；④水位骤降速度在 2 m/d、4 m/d、5 m/d 时，洪水位降到 27.3 m 左右时，堤岸边坡安全系数降到 1.3 及以下，直至小于 1，堤岸失稳；⑤在水位骤降条件下，不是所有情况下堤岸均失稳的，而是在降到一定水位时堤岸失稳，该水位与堤岸坡体高度的比为 0.36 ~ 0.38。

由上面的计算结果，可以得到堤岸在不同水位骤降速度下各水位高程时的稳定状态，见图 8-12 。图中虚线是堤岸安全系数为 1 时的水位下降速度—洪水高程曲线，实线为安全系数为 1.3 时的水位下降速度—洪水高程曲线。当安全系数大于 1.3 时，堤岸稳定，实线以上区域；当安全系数小于 1 时，堤岸已经破坏，即虚线以下区域；当安全系数大于 1 而小于 1.3 时，堤岸处于临界状态，即实线与虚线中间区域。从图中可以查出在某一水位下降速度时，洪水水位降至某一高程处的堤岸稳定状态。

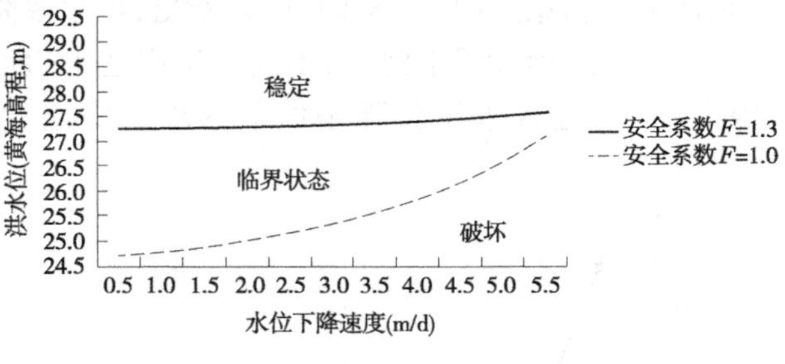

图 8-12　水位下降情况下堤岸稳定状态图

从图 8-12 中可以得出，虽然水位下降速度不同，但堤岸稳定安全系数在 1.3 时的洪水高程基本一致，在 27.3 ~ 27.5 m 的范围内变动，此时的水深为 2.4 ~ 2.6 m，而堤岸坡高为 6.7 m，则水深与坡高比为 0.36 ~ 0.39 。也就是说，在水深与坡高比达到 0.36 ~ 0.39时，堤岸迎水坡稳定性趋于失稳状态。

8.5.5 水位骤降组合洪水浸泡条件下的堤岸稳定性

从第8.5.4节中可以看到，在洪水骤降过程中坡体内浸润线高于坡外水位，产生顺坡渗流，增大了下滑力，不利于堤岸迎水边坡的稳定。若河流洪水在浸泡堤岸多日的情况下，发生水位骤降，则堤岸坡体的稳定性如何呢？这是对于堤岸稳定最不利的工况组合。下面基于济南泺口"96·8"洪水过程的上升期为堤岸的浸泡时间，即528 h，计算分析不同水位骤降速度条件下的各洪水降落水体时堤岸迎水坡的稳定性。计算结果见表8-10及图8-13。

表8-10 洪水浸泡528 h后不同水位骤降速度 v 下各水位高程堤岸坡体稳定性

水位（黄海高程，m）	迎水坡整体安全系数		
	v = 2 m/d	v = 4 m/d	v = 5 m/d
30.3	6.021	6.021	6.021
28.84	1.712	1.664	1.553
28.45	1.475	1.433	1.303
28.27	1.408	1.333	1.199
27.73	1.278	1.214	1.127
27.30	1.101	1.109	0.975
27.19	0.934	0.918	0.790
27.05	0.918	0.905	0.561
25.24	0.438	0.215	0.101

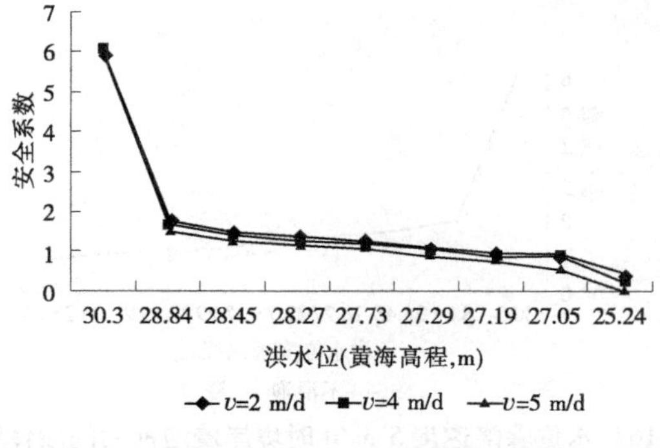

图8-13 堤岸浸泡528 h后不同水位骤降速度下各水位高程的坡体稳定性

从表8-10及图8-13可以看出，堤岸在经过洪水长期浸泡后浸泡遭遇水位骤降情况是最不利工况。水位骤降速度在2 m/d和4 m/d时，水位从设防水位的30.3 m降落到27.73 m时，堤岸坡体的迎水坡的安全系数已经降到1.3以下，即低于堤防设计规范规定的一级河道堤防的规定安全系数1.3，也就是说，丧失了安全储备，面临失稳。当安全系数小于1时，堤岸失稳。水位骤降速度在2 m/d和4 m/d时，水位从设防水位的30.3 m降落到27.19 m时，堤岸迎水坡安全系数小于1。水位骤降速度在5 m/d时，水位从设防水位的30.3 m降落到28.45 m时，堤岸安全系数降到1.3，水位骤降到27.30 m时，堤岸安全系数小于1，失稳破坏。

相同水位骤降速度下，堤岸浸泡与不浸泡情况下的稳定性比较见图 8-14 ~ 图 8-16 。从图 8-14 ~ 图 8-16 可以看出，堤岸在经过洪水浸泡后遭遇水位骤降比不经过洪水浸泡而水位骤降时稳定性降低。

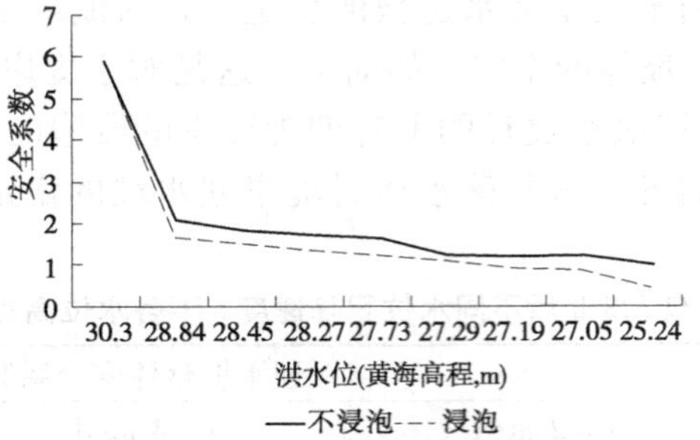

图 8-14　水位骤降速度 2 m/d 时堤岸浸泡前后的坡体稳定性

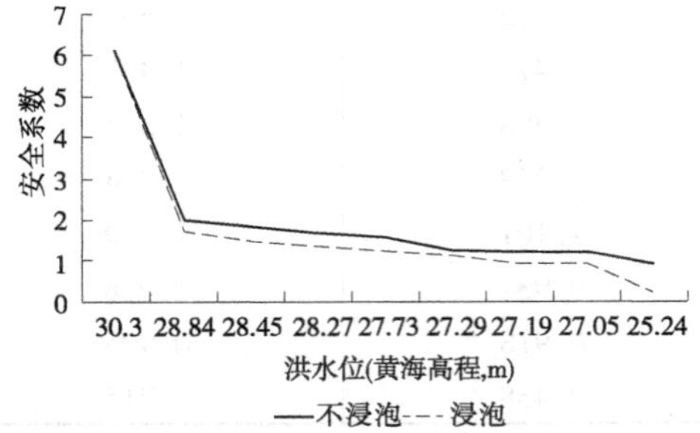

图 8-15　水位骤降速度 4 m/d 时堤岸浸泡前后的坡体稳定性

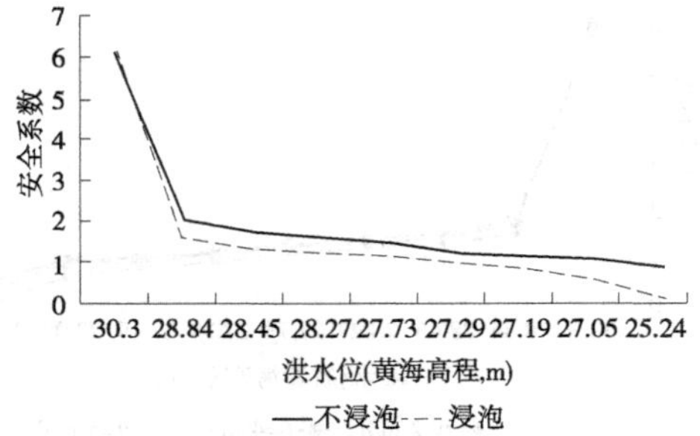

图 8-16　水位骤降速度 5 m/d 时堤岸浸泡前后的坡体稳定性

由上面的计算结果，可以得到堤岸在不同水位骤降速度组合浸泡条件下在各水位高程时的稳定状态，见图 8-17 。图中虚线是堤岸安全系数为 1 的时候的水位下降速度—洪水高程曲线，实线为安全系数为 1.3 时的水位下降速度—洪水高程曲线。当安全系数大于 1.3 时，堤岸稳定，即实线以上区域；当安全系数小于 1 时，堤岸已经破坏，即虚线以下区域；当安全系数大于 1 而小于 1.3 时，堤岸处于临界状态，即实线与虚线中间区域。从图中可以查出在某一水位下降速度时，洪水水位降至某一高程处的堤岸稳定状态。

从图 8-17 中可以得出，虽然水位下降速度不同，堤岸稳定安全系数在 1.3 时的洪水高程变化不大，在 27.8 ~ 28.4 m 内变动，此时的水深为 2.9 ~ 3.5 m，而堤岸坡高为 6.7 m，则水深与坡高比为 0.43 ~ 0.52 ，也就是说，在水深与坡高比达到 0.43 ~ 0.52 时，堤岸

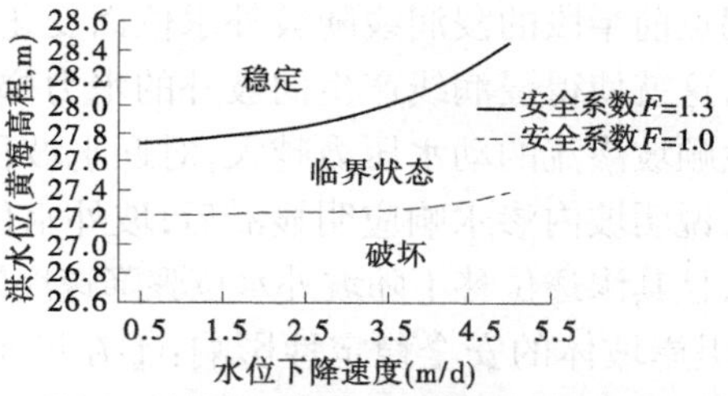

图 8-17　水位下降组合浸泡情况下堤岸稳定状态图

迎水坡已经接近失稳;堤岸稳定安全系数在 1 时的洪水高程基本一致,在 27.23 ~ 27.39 m 的范围内变动,此时的水深为 2.33 ~ 2.49 m,而堤岸坡高为 6.7 m,则水深与坡高比为 0.35 ~ 0.37 。也就是说,在水深与坡高比达到 0.35 ~ 0.37 时,堤岸迎水坡已经失稳。

8.5.6　水位骤降过程中堤岸失稳破坏机理

关于上游水位骤降的解释,一般是指水位降落如此快,以致在降落过程中,并没有显著的水量从土体中排出,土体中仍全部充水饱和,坡体内的自由水面或浸润线基本保持不变。

一般而言,自然边坡经过长期的地质作用,在自然营力的作用下,绝大多数已经趋于稳定,但在河流高水位运行后,由于水位的升高,边坡的水文地质条件发生了很大的改变,其岩土物理力学性质出现恶化,表现为岩土体的抗剪强度降低,浮托力增大,原处于极限平衡状态或接近极限平衡状态的岸坡往往发生失稳破坏。特别是在水位骤降时,由于岩土体排水不畅,岸坡中的地下水形成了滞后的渗透力,使得坡体的下滑力急剧增加,促使滑坡产生。其破坏机理如下:

(1)水位骤降引起坡体内地下水渗流运动,产生渗透力是导致边坡失稳的一个重要因素。渗透力的大小与浸润线形状、土体渗透系数、土体饱水面积大小及潜在滑动面倾角等多种因素有关。其中,坡体内浸润线的确定比较复杂,其形状与土体的渗透系数、给水度以及水位的降落速度有关。

(2)黏性土体岸坡具有较好的保水性,洪水骤降时,坡外侧向水压力突然消失,而岸坡又来不及排水,停留在土体内部的水流增大了岸坡的重量。

(3)在水位降落的情况下,边坡失稳的主要原因是由于其内部孔隙水压力增加,土体有效应力(或抗剪强度)降低的结果。水位骤降使得破坏时孔隙水压力迅速增大,在短时间内难以消散,因而造成土体抗剪强度大幅度降低,且由于土体的高含水量使土体流动性增强,因而破坏往往具有突发性,破坏土体流动距离大。

8.6　本章小结

(1)判断参数($k/\mu V$)作为评价水位骤降与缓降是合理的,并以此推导出黄河下游标准化堤岸的水位骤降速度为 2 m/d。

(2)在水位骤降过程中,坡体对水位的响应规律除与土体自身的性质密切相关外,还与水位骤降速度有非常紧密的关系。①洪水水位的骤降速度越大,坡体内浸润线变化越大;

②浸润线有明显的拐点，拐点前半段的浸润线随坡外水位而变化，形成连续水位线，坡体内水位线明显高于坡外水面，这就使得浸润线产生向坡外的水力梯度；③水位骤降速度越大，坡体内外水位差越大，产生顺坡渗流的动水压力越大，对迎水坡稳定越不利；④浸润线拐点后半段要高于初始浸润线，说明坡内渗水响应明显滞后，坡外水位已经下降，坡内水体还在由饱水区向非饱和区渗透，且其渗透位移不随坡外水位骤降速度影响，仅与时间相关。

(3)水位骤降速度对堤岸坡体的安全稳定性影响：①在洪水位骤降过程中，堤岸迎水边坡的安全系数迅速减小，稳定性迅速降低；②水位骤降速度越大，堤岸稳定性降低越大；③对同一水位骤降速度，洪水位越低，堤岸稳定性越差；④水位骤降速度在 2 m/d、4 m/d、5 m/d 时，洪水位降到 27.3 m 左右时，堤岸边坡安全系数降到 1.3 及以下，直至小于 1，堤岸失稳；⑤在水位骤降条件下，不是所有情况下堤岸均失稳的，而是在降到一定水位时堤岸失稳，该水位与堤岸坡体高度的比为 0.36 ~ 0.38。

(4)浸泡使堤岸坡体的稳定性下降。洪水上升并组合浸泡情况下的堤岸迎水坡安全系数比单一的洪水上升情况下的迎水坡安全系数要小，而背水坡稳定性不变。洪水下降组合浸泡情况下的堤岸迎水坡安全系数比单一的洪水下降情况下的迎水坡安全系数要小，而背水坡稳定性不变。因为水位下降过程及浸泡时间内，坡体背水坡危险滑体在浸润线的右上方，也就是说水位变动以及浸泡坡体与否，不影响坡体背水坡的稳定性。

(5)堤岸在经过洪水长期浸泡后遭遇水位骤降工况是堤岸迎水坡最不利工况，洪水水位从设防水位的 30.3 m 降落到 27.73 m 时，堤岸坡体的迎水坡的安全系数已经降到 1.3 以下；水位降落到 27.2 m 时，堤岸迎水坡安全系数小于 1。水位骤降速度在 5 m/d 时，水位从设防水位的 30.3 m 降落到 28.5 m 时，堤岸安全系数降到 1.3，水位骤降到 27.3 m时，堤岸安全系数小于 1，失稳破坏。

(6)在水位骤降发生时，虽然水位下降速度不同，但堤岸稳定安全系数在 1.3 时的洪水高程基本一致，在 27.3 ~ 27.5 m 内变动，此时的水深为 2.4 ~ 2.6 m，而堤岸坡高为 6.7 m，则水深与坡高比为 0.36 ~ 0.39 ，也就是说，在水深与坡高比达到 0.36 ~ 0.39 时，堤岸迎水坡稳定性趋于失稳状态；水位骤降组合洪水浸泡工况下，堤岸稳定安全系数在 1 时的洪水高程基本一致，在 27.23 ~ 27.39 m 内变动，此时的水深为 2.33 ~ 2.49 m，而堤岸坡高为 6.7 m，则水深与坡高比为 0.35 ~ 0.37 。也就是说，在水深与坡高比达到 0.35 ~ 0.37时，堤岸迎水坡已经失稳。

(7)水位骤降过程中，坡体失稳破坏机理如下：①水位骤降引起土体内地下水渗流运动，产生渗透力是导致边坡失稳的一个重要因素；②黏性土体岸坡具有较好的保水性，洪水骤降时，坡外侧向水压力突然消失，而岸坡又来不及排水，停留在土体内部的水流增大了岸坡的重量；③在水位降落的情况下，边坡失稳的主要原因是由于其内部孔隙水压力增加，土体有效应力(或抗剪强度)降低的结果。

(8)通过对水位下降期(及水位下降组合洪水浸泡期)的堤岸边坡的稳定分析，得到洪水水位以不同下降速度降至不同水位时的堤坡稳定状态图，给出了堤坡的稳定状态、临界状态和破坏状态。这三种状态下对应的洪水下降速度以及下降后的洪水水位，可以从图上清晰明了的查出，以方便应用和推广。

9 结 论

9.1 主要结论

洪水灾害已成为我国自然灾害中频发和影响严重的自然灾害之一。作为江河主要保护设施的堤岸,其重要性显而易见。为了更好地保护江河两岸的人民生命财产安全,对堤岸做各种不同条件下的稳定性研究具有重要的意义。

本书结合黄河下游标准化堤岸,以济南段右岸桩号 28 +000 为例,研究在洪水位长期浸泡下和水位升降尤其是骤降条件下的堤岸稳定性。应用饱和 - 非饱和渗流理论对水位升降条件下的堤岸土体特性、堤岸坡体渗流场、坡体暂态渗流场特征、堤岸稳定性、堤岸失稳破坏机理等进行了深入的分析研究,取得了以下主要成果:

(1)由于洪水的长期浸泡,使黄河下游堤岸堤身土的压缩系数增加,压缩模量降低,并随着浸泡时间的延长而降低幅度变大。壤土、砂壤土在浸水 5 d 后,土的压缩系数比不浸水时分别增加了 1.46 倍和 0.64 倍。浸水时间相同时,壤土比砂壤土更容易被压缩,变形更大。

(2)由于洪水的长期浸泡,从直剪试验结果可以看出,土体的凝聚力随浸泡时间的增长大幅度下降,浸泡 5 d 后,壤土的最大降幅为 72.6%,砂壤土的最大降幅为 62.8%,从 UU 试验结果可以看出,壤土浸泡后的 c、φ 值比不浸泡时降低明显,而浸泡时间的不同却影响不大,这是由于黏粒含量低的土饱和后,不排水试验对其影响较大;浸水使砂壤土的强度指标降低的主要是黏聚力 c ,摩擦角 φ 的降低相对较小。

(3)经过对不同时间的洪水浸泡后的堤岸的稳定性进行计算:堤岸在自然状态下的安全系数较大,经过洪水的长时间浸泡之后,其稳定性降低,且随着浸泡时间的延长而降低加剧。在洪水浸泡 1 d 后,堤岸稳定安全系数降低 30.1%;在浸泡 5 d 后,安全系数降低了 52.8%。

(4)利用已有的试验数据,对洪水浸泡后的堤岸稳定性进行了预测:随着浸泡时间的延长,安全系数继续降低,降低幅度有所减缓。在洪水浸泡 720 h(30 d)后,堤岸安全系数下降到 1.498;在洪水浸泡 1 080 h(45 d)后,堤岸安全系数下降到 1.305。

(5)水位上升期,坡体内地下水位线的上升滞后于坡外水位,表现出内排的特征。随着湿润峰面的向上推进,坡体内饱和区自下而上逐步增大,体积含水量和孔隙水压力增加;流速矢量表现出围绕贴合浸润线的特点,且自坡体表面向内部呈现出先增大后减小的趋势,表现出非稳态渗流的特征。高程方向上,在洪水位逐步上升过程中,坡体内暂态体积含水量和孔隙水压力等具有自下而上连续并依次响应的特征。

(6)在水位下降期,坡体内浸润线滞后于坡外水位下降,属于外排型,具有上凸的形态,即存在由坡体内部排向外部的渗流压力,对边坡稳定性不利;流速矢量在坡体浅部变化较大，而在坡体深部基本没有变化，坡内总体水流流速降低，流速矢量贴合浸润线的特点逐渐减弱；从水平方向看流速矢量呈现先增大后减小的趋势。

(7)在水位骤降过程中，坡体对水位变化的响应规律除与岩土体自身的性质密切相关之外，还与水位骤降速度有非常紧密的关系。①洪水水位的骤降速度越大，坡体内浸润线变化越大；②浸润线有明显的拐点，拐点前半段的浸润线随坡外水位而变化，形成连续水位线，坡体内水位线明显高于坡外水面，这就使得浸润线产生指向坡外的水力梯度；③水位骤降速度越大，坡体内外水位差越大，产生顺坡渗流的动水压力越大，对迎水坡稳定越不利；④浸润线拐点后半段要高于初始浸润线，说明坡内渗水响应明显滞后，坡外水位已经下降，坡内水体还在由饱水区向非饱和区渗透，且其渗透位移不随坡外水位骤降速度影响，仅与时间相关。

(8)水位骤降速度对堤岸坡体的安全稳定性影响：①在洪水位骤降过程中，堤岸迎水边坡的安全系数迅速减小，稳定性迅速降低；②水位骤降速度越大，堤岸稳定性降低越大；③对同一水位骤降速度，洪水位越低，堤岸稳定性越差；④水位骤降速度在 2 m/d、4 m/d、5 m/d 时，洪水位降到 27.3 m 左右时，堤岸边坡安全系数降到 1.3 及以下，直至小于 1，堤岸失稳；⑤在水位骤降条件下，不是所有情况下堤岸均失稳的，而是在降到一定水位时堤岸失稳，该水位与堤岸坡体高度的比为 0.36～0.38。

(9)洪水位变化并组合浸泡情况下的堤岸迎水坡安全系数比单一的洪水位变化情况下的迎水坡安全系数要小，而背水坡稳定性不变。堤岸在经过洪水长期浸泡后遭遇水位骤降工况是堤岸迎水坡最不利工况，洪水水位从设防水位的 30.3 m 降落到 27.73 m 时，堤岸坡体的迎水坡的安全系数已经降到 1.3 以下；水位降落到 27.2 m 时，堤岸迎水坡安全系数小于 1。水位骤降速度在 5 m/d 时，水位从设防水位的 30.3 m 降落到 28.5 m 时，堤岸安全系数降到 1.3，水位骤降到 27.3 m 时，堤岸安全系数小于 1，失稳破坏。

(10)水位骤降过程中，坡体失稳破坏机理如下：①水位骤降引起坡体内地下水渗流运动，产生渗透力是导致边坡失稳的一个重要因素；②黏性土体岸坡具有较好的保水性，洪水骤降时，坡外侧静水压力突然消失，而岸坡又来不及排水，停留在土体内部的水流增大了岸坡的重量；③在水位降落的情况下，边坡失稳的主要原因是由于其内部孔隙水压力增加，土体有效应力(或抗剪强度)降低的结果。

(11)通过室内模型试验，对堤坡在水位骤降条件下的稳定性进行了模拟，结果表明：在水位骤降的速度和降水水位达到一定条件时，滑坡产生，并具有一定的突变性和连续性。

9.2 主要创新点

(1)基于实际工程中，土工试验部分只针对黄河堤岸取土土样进行试验，没有考虑洪水浸泡问题的现状，本书提出新的试验方案，即被洪水浸泡不同时间后的堤岸土体强度的土工试验，为堤岸土体的现有试验工况做出补充，该试验结果可对黄河大堤的其他堤段的实际工程运用中的类似情况，提供试验依据和参考。

(2)针对多年黄河下游来水情况，考虑黄河堤岸在被洪水浸泡几十天的情况下的稳定性，建立了洪水长期浸泡后黄河下游标准化堤岸稳定性分析模型，获得了洪水长期浸泡后的堤岸稳定性结果，对现有黄河堤岸稳定性评价体系做出补充，并对黄河下游标准化堤岸在类似工况下的运行安全稳定问题，提供了参考。

(3)鉴于在以往的黄河大堤稳定性分析中，均基于饱和渗流理论进行渗流、稳定分析，与黄河大堤实际临水条件和工程运行状况相差较大，本书基于饱和-非饱和渗流理论，建立了饱和-非饱和渗流有限元模型，对水位升降特别是水位骤降条件下的堤坡暂态响应规律、暂态稳定性进行了系统研究，得到了堤坡在不同水位、不同洪水下降速度情况下的动态稳定性变化规律，并分析了洪水长期浸泡耦合水位骤降条件下的堤坡稳定性。

(4)采用水工模型试验与地质力学模型试验相结合的方法，建立了黄河下游标准化堤岸水工模型，对水位骤降引起的堤岸失稳状态进行了模型试验研究，获得了水位骤降条件下堤岸的稳定状态模型，其特点是在水位骤降的速度和降水水位达到一定条件时，滑坡产生，并具有一定的突变性和连续性，为后续研究提供了参考数据。

(5)获得了堤坡随洪水浸泡时间变化的稳定状态图、洪水水位以不同速度下降至不同水位时的稳定状态图、洪水水位下降组合洪水浸泡条件下的稳定状态图，依据图中两条安全系数曲线划分出稳定状态、临界状态和破坏状态三个区域，并可从图中得到各状态下对应的安全系数及浸泡时间、洪水下降速度以及下降后的洪水水位，可应用于工程实践并加以推广。

9.3 展 望

(1)没有考虑降雨、地震组合工况条件下的堤岸坡体渗流场特征和稳定性，有待进一步深入研究和探讨。

(2)室内小型模型试验对原型堤岸的模型是定性的，应考虑大型的离心模型试验，对水位骤降条件下堤岸坡体的变形和稳定性进行更精确的模拟。

(3)水位升降及水位骤降诱发边坡失稳的机理非常复杂，仍处于理论探索阶段，可考虑结合大型模型试验与理论分析以及数值分析，对水位升降诱发滑坡的机理进行研究。

参考文献

[1] 胡一三.黄河下游的防洪体系[J].人民黄河,1996(8):4-6.

[2] 宋玉杰,李树林.黄河大堤的现状问题及加固措施[J].人民黄河,1993(12):13-16.

[3] 汪自力,陈士俊.堤防渗流与防冲[M].北京:中国水利水电出版社,2003.

[4] 毛昶熙,段祥宝,毛佩郁.堤防渗流与防冲[M].北京:中国水利水电出版社,2003.

[5] 周建,余嘉澍.防洪堤稳定性的研究[J].水利学报,2002(7):98-103.

[6] 刘灼华,谢丽.考虑渗流和洪水浸泡作用的地方工程稳定性分析[J].人民珠江,2004(3):13-15.

[7] 廖红建,俞茂宏,赤石胜,等.地下水位变化影响切坡稳定的试验研究[J].工程勘察,1998(1):33-37.

[8] 廖红建,韩波,殷建华,等.人工开挖边坡的长期稳定性分析与土的强度参数确定[J].岩土工程学报,2002,24(5):564-564.

[9] 陈燕飞,潘林勇,王延贵.洪水位对河岸崩塌影响机理的研究[J].中国农村水利水电,2004(11):93-95.

[10] 王思敬,马凤山,杜永廉.水库地区的水岩作用及其地质环境影响[J].工程地质学报,1996,4(3):1-9.

[11] 唐晓松,郑颖人.水位下降过程中孔隙水压力对边坡稳定性的影响[J].水利水运工程学报,2007,3(1):1-6.

[12] 李顺群,肖成志,吕毅兰,等.粒间吸引力对非饱和土变形及强度的影响分析[J].武汉理工大学学报:交通科学与工程版,2008,232(6):1169-1172.

[13] [日]中村浩之.论水库滑坡[J].水土保持通报,1990,10(1):53-64.

[14] 钟立勋.意大利瓦依昂水库滑坡事件的启示[J].中国地质灾害与防治学报,1994(2):77-84.

[15] 张永生,梁立孚,周健生.水位骤降对土质渠道边坡稳定性影响的弹塑性有限元分析[J].哈尔滨工程大学学报,2004,25(6):737-739.

[16] 彭良泉,王钊.对边坡稳定性分析中危险水利条件的研究[J].人民长江,2003,34(5):39-41.

[17] 刘新喜,夏元友,张显书,等.库水位下降对滑坡稳定性的影响[J].岩石力学与工程学报,2005,24(8):1439-1444.

[18] 刘新喜,夏元友,练操,等.库水位骤降时的滑坡稳定性评价方法研究[J].岩土力学,2005,26(9):1427-1436.

[19] 时卫民,郑颖人.库水位下降情况下滑坡的稳定性评价[J].工程勘察,2004(1):25-30.

[20] 崔政权,曾新平.长江三峡工程库区库岸稳态及崩、滑体专论[R].武汉:水利部长江水利委员会综合勘测局,1996.

[21] Henkel D J. Investigation of Long Term Failures in London Clay Slopes at Wood Green and Northnolt[J]. International Conference on Soil Mechanics and Foundation Engineering Proceedings,1957,2:315-320.

[22] Neuman S P. Galerkin approach to unsaturated flow in soils. In:Finite Element in Flow Problems[M]. UAH Press. Huntsrille,Alabalma,1974.

[23] 王钊.土坡稳定和渗流[M].武汉:武汉水利电力大学出版社,2000.

[24] Morgenstern N R. Stability charts for earth slopes during rapid drawdown[J]. Geotechnique,1963,13:

121-131.

[25] Griffiths D V, Lane P A. Slope stability analysis by finite elements[J]. Geotechnique, 1999, 49(3): 387-403.

[26] Lane P A, Griffiths D V. Assessment of stability of slopes under drawdown conditions[J]. Journal of Geotechnical and Geoenviromental Engineering, 2000, 126(5): 443-450.

[27] 夏麾,刘金龙.库水位变化对库岸边坡稳定性的影响[J].岩土工程技术,2005,19(6):292-295.

[28] 刘金龙,栾茂田,袁凡凡,等.水位下降情况下库岸边坡的稳定性分析[J].华北水利水电学院学报,2005,26(4):24-27.

[29] 朱冬林,任光明,聂德新,等.库水位变化下对水库滑坡稳定性影响的预测[J].水文地质工程地质,2002(3):6-9.

[30] 刘会.三峡库区水位变化对库岸影响的探讨[J].人民长江,2008,39(16):91-93.

[31] 刘才华,陈从新,冯夏庭.库水位上升诱发边坡失稳机理研究[J].岩土力学,2005,26(5):769-773.

[32] 王四巍,焦德智,刘汉东.水位骤降对边坡稳定性的影响的研究[J].华北水利水电学院学报,2005,26(4):21-23.

[33] 刘才华,陈从新,冯夏庭,等.地下水对库岸边坡稳定性的影响[J].岩土力学,2005,26(3):419-422.

[34] 钱家欢.土力学[M].南京:河海大学出版社,1995.

[35] 陈仲颐,周景星,王洪瑾.土力学[M].北京:清华大学出版社,1994.

[36] 陆培毅.土力学[M].北京:中国建材工业出版社,2000.

[37] 殷宗泽.土力学与地基[M].北京:中国水利水电出版社,1999.

[38] 王成华.土力学原理[M].天津:天津大学出版社,2002.

[39] [日]松冈元.土力学[M].罗汀,姚仰平,译.北京:中国水利水电出版社,2001.

[40] 张振营.岩土力学[M].北京:中国水利水电出版社,2000.

[41] 钱家欢,殷宗泽.土工原理与计算[M].北京:中国水利水电出版社,1996.

[42] 孙君实.条分法的提法及其数值计算的最优化方法[J].水力发电学报,1983(1):52-64.

[43] 孙君实.条分法的数值分析[J].岩土工程学报.1984,16(2):1-12.

[44] 杨健.边坡稳定性的综合评价方法及应用[D].北京:中国水利水电科学研究院,2001.

[45] James Michael Duncan. State of the art: Limit Equilibrium and Finite – Element Analysis of Slopes[J]. Geotech Engineering, 1996, 122(7): 89-92.

[46] Chen Zuyu. Random trials used in determinning global minimum factors of safety of slopes[J]. Canadian Geotechnical Journal, 1992, 29(2): 35-40.

[47] 刘汉东.岩土工程数值计算方法[M].郑州:黄河水利出版社,1995.

[48] 龚晓南.土工计算机分析[M].北京:中国建筑工业出版社,2000.

[49] 史恒通,王成华.土坡有限元稳定分析若干问题探讨[J].岩土力学,2000,6:153-155.

[50] 杨静,何江达,胡德金.土质边坡稳定分析中条分法与有限元法的比较[J].四川水力发电,2003,3:27-29.

[51] 郑颖人,赵尚毅,张鲁渝.用有限元强度折减法进行边坡稳定分析[J].中国工程科学,2002,10:57-61.

[52] 邵龙潭,唐洪祥,韩国城.有限元边坡稳定分析方法及其应用[J].计算力学学报,2001,18(1):81-87.

[53] Duncan J M. State of the art: Limit equilibrium and finite element analysis of slopes[J]. Journal of

Geotechnical Engineering, 1996,122(7).
[54] 黄昌乾,丁恩保.边坡工程常用稳定性分析方法[J].水电站设计,1999(1):53-58.
[55] 陈祖煜.土质边坡稳定分析—原理、方法、程序[M].北京:中国水利水电出版社,2003.
[56] Chen Zuyu and Morgenstern, N. R. Extensions to the generalized method of slices for stability analysis [J]. Canadian Geotechnical Journal,1983,20(1):99-112.
[57] 潘家铮.建筑物的抗滑稳定和滑坡分析[M].北京:水利出版社,1980.
[58] 姚耀武,陈东伟.土坡稳定可靠度分析[J].岩土工程学报,1994,16(2):80-87.
[59] 王家臣,骆中洲.关于边坡可靠性分析的几点看法[J].中国煤炭,1994(7):18-20.
[60] 王正国,田小宝.边坡可靠性的蒙特卡洛分析[J].中国矿业,1999,8:11-15.
[61] 郑铎,吴世伟.土体稳定可靠度分析方法初探[R].全国第三届工程结构可靠度学术会议论文集,南京,1992.
[62] 吴世伟.结构可靠度分析[M].北京:人民交通出版社,1990.
[63] 胡继才,万福钧,吴珍权,等.应用模糊数学[M].武汉:武汉测绘科技大学出版社,1998.
[64] 俞敏,胡杰刚,全红波,等.桂柳高速公路边坡稳定性二级模糊综合评价[J].中国地质灾害与防治学报,2003,14(3):130-135.
[65] 刘思峰,郭天榜,党耀国,等.灰色系统理论及其应用[M].北京:科学出版社, 1999.
[66] 邓聚龙.灰色预测与决策[M].武汉:华中工学院出版社,1986.
[67] 刘法贵.灰色数学及其应用[M].开封:河南大学出版社,2002.
[68] 王泽华,孙颖娜,张菊容.遗传算法在边坡稳定分析中的应用[J].东北水利水电, 2002(11):1-5.
[69] 周杨,乐金朝,崔萌.遗传算法在路基边坡稳定分析中的应用[J].河南科学,2003,21(3):320-322.
[70] 焦李成.神经网络系统理论[M].西安:西安电子科技大学出版社,1991.
[71] 彭长胜,杨有海.用人工神经网络评价边坡的稳定性[J].兰州铁道学院学报:自然科学版,2003,22(4):98-100.
[72] 周刚,石鹏.人工神经网络在土坡稳定性评价中的应用[J].城市道桥与防洪,2003(6):95-97.
[73] 张颖,刘艳秋.软计算方法[M].北京:科学出版社,2002.
[74] 李人厚,秦世引.智能控制理论和方法[M].西安:西安交通大学出版社,1994.
[75] 王凌.智能优化算法及其应用[M].北京:清华大学出版社,2001.
[76] 洪毓康.土质学与土力学 [M].2版.北京:人民交通出版社,1987.
[77] 蔡伟铭,胡中雄.土力学与基础[M].北京:中国建筑工业出版社,1991.
[78] 赵明华,邹新军,蒋德松.边坡稳定分析及其在堤防工程中的应用[J].湖南大学学报,2001,28(3):97-101.
[79] 马存明,周亦唐,白良.关于土坡稳定中几个特殊问题的研究[J].昆明理工大学学报,2000,25(4):66-70.
[80] 戴永志.两种堤岸稳定分析方法的比较[J].水利水电科技进展,2002,22(4):30-33.
[81] 秦鸣.土坡稳定的优化分析[J].华东交通大学学报,1996,13(2):55-59.
[82] 涂帆.土坡稳定分析的三种方法[J].华侨大学学报:自然科学版,1990,11(2):158-164.
[83] 戴自航,沈蒲生.土坡稳定分析普遍极限平衡法的数值解研究[J].岩土工程学报,2002,24(3):327-331.
[84] 戴自航,刘志伟,刘成禹,等.考虑张拉与剪切破坏的土坡稳定数值分析[J].岩石力学与工程学报,2008,27(2):375-382.
[85] 栾茂田,金崇磐,林皋.土体稳定分析极限平衡法改进及其应用[J].岩土工程学报, 1992,14:20-29.

[86] 中华人民共和国水利部. SL 237—1999 土工试验规程[S]. 北京:中国水利水电出版社,1999.
[87] 国家技术监督局,中华人民共和国建设部. GB 50286—2013 堤防工程设计规范[S]. 北京:中国计划出版社,2013.
[88] 汪自力,陈士俊,杨静熙,等. 堤岸渗流与防冲[M]. 北京:中国水利水电出版社,2003.
[89] 高骥,等. 饱和-非饱和土渗流研究[R]. 黄委会水科院资料,1989, 12(黄科技第 90029 号).
[90] 汪自力,高骥,李信,等. 饱和-非饱和三维瞬态渗流的高斯点有限元分析[J]. 郑州工学院学报,1991,12(3):84-90.
[91] 雷志栋. 土壤水动力学[M]. 北京:清华大学出版社,1988.
[92] 魏进兵. 水位涨落诱发水库滑坡的机制研究[D]. 武汉:中国科学院武汉岩土力学研究所,2006.
[93] 徐则民,黄润秋,范柱国. 滑坡灾害孕育—激发过程中的水岩相互作用[J]. 自然灾害学报,2005,14(1):1-9.
[94] 黄润秋,王士天,张倬元,等. 中国西南地壳表层动力学过程及其工程环境效应研究[M]. 成都:四川大学出版社,2001.
[95] Desai C S. Drawdown analysis of slopes by numerical methods[J]. Journal of Geotechnical Engineering, ASCE, 1977,103(7):667-676.
[96] Cousins B F. Stability charts for simple earth slopes[J]. Journal of Geotechnical Engineering, ASCE, 1978,104(2):267-279.
[97] Wood D M. Soil behaviour and critical state soil mechanics[M]. Cambridge University Press,1990.
[98] D. G 弗雷德隆德,H. 拉哈尔佐. 非饱和土力学[M]. 陈仲颐,张在明等译. 北京:中国建筑工业出版社,1997.
[99] Fredlund D G, Anqing Xing. Equations for the soil-water characteristic curve[J]. Canadian Geotechnical Journal, 1994, 31:521-532.
[100] Van Genuchten M. Th, A closed-form equation for predicting the hydraulic conductivity of unsaturated soils [J]. Soil Science Society of America Journal, 1980,44:892-898.
[101] Green R E, Corey J C . Calculation of hydraulic conductivity: A further evaluation of some predictive methods[J]. Soil Science Society of America Proceeding. 1971,35:3-8.
[102] 时卫民. 三峡库区滑坡与边坡稳定性实用分析方法研究[D]. 重庆:后勤工程学院,2004.
[103] 刘新喜. 库水位下降对滑坡稳定性的影响及工程应用研究[D]. 武汉:中国地质大学,2003.
[104] 陈祖煜. 库水位骤降期土石坝坡稳定分析总应力法的计算步骤[J] . 水利水电技术,1985,16(9):30-32.
[105] 彭良泉,齐美苗,胡静. 从一例工程实例浅析水库水位变化对库岸的影响[J]. 岩石力学与工程学报,2001,20(S1):922-926.
[106] 郑颖人,唐晓松. 库水作用下的边(滑)坡稳定性分析[J]. 岩土工程学报,2007,29(8):1115-1121.
[107] 郑颖人,时卫民,孔位学. 库水位下降时渗透力及地下水浸润线的计算[J]. 岩石力学与工程学报,2004,23(18):3203-3210.
[108] 张文杰,詹良通,凌道盛,等. 水位升降对库区非饱和土质岸坡稳定性的影响[J]. 浙江大学学报,2006,40(8):1365-1370.
[109] 毛昶熙. 渗流计算分析与控制[M]. 北京:中国水利水电出版社,2003.
[110] 张均锋,孟祥跃,朱而千. 水位变化引起分层边坡滑坡的实验研究[J]. 岩石力学与工程学报,2004,23(16):2676-2680.
[111] 刘家平,侯俊平,费文平. 水工结构模型试验的研究现状[J]. 中国农村水利水电,2005(8):85-86.
[112] 张均锋,孟祥跃,俞善炳,等. 含弱透水夹层饱和砂土坡体滑坡的实验研究[J] . 岩石力学与工程

学报,2003,22(12):2001-2005.
[113] 罗先启,葛修润.滑坡模型试验理论及其应用[M].北京:中国水利电力出版社,2008.
[114] 马永潮.滑坡整治及防护工程养护[M].北京:中国铁道出版社,1996.
[115] 沈泰.地质力学模型试验技术的进展[J].长江科学院院报,2001,10:32-36.
[116] [意]富马加利.静力学模型与地力学模型[M].蒋彭年,彭光履,译.北京:水利出版社,1979.
[117] 龚召熊,郭春茂,高大水.地质力学模型材料试验研究[J].长江水利水电科学研究院院报,1984(1):24-28.
[118] 沈泰,邹竹荪.地质力学模型材料研究和若干试验技术的探讨[J].长江科学院院报,1988(4):12-23.
[119] 沈泰.地质力学模型在三峡工程中的应用[C]//陈德基.工程地质及岩土工程新技术论文集.北京:中国地质大学出版社,1949:178-288.
[120] Chen Jin, Sheng Tai. Experiment study on the stresses and stability of Geheyan Cravity Arch Dam of the Qingjiang River[C] // Practice and Theory of Arch Da m. Proceedings of the International Symposium on Arch Dam. Nanjing: Hohai University Press, 1992.
[121] 宋克强,杨作栋.黄土滑坡模型试验研究[J].水土保持学报,1991,5(2):14-21.
[122] 唐红梅.山体滑坡室内启动模型试验[J].山地学报,2002,20(1):112-115.
[123] 罗先启,刘德富,吴剑,等.雨水及库水作用下滑坡模型试验研究[J].岩石力学与工程学报,2005,24(14):2476-2483.
[124] 胡修文,唐辉明.三峡库区赵树岭滑坡稳定性物理模拟实验研究[J].岩石力学与工程学报,2005,6.